연세대학교 국가관리연구원 총서 37

한국 사회와 미래의 사회통합

이 종 수 편저

法 文 社

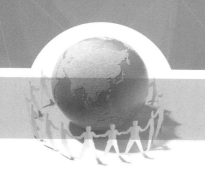

[책을 내는 마음]

　사실, 사회통합이라는 용어를 계속적으로 사용하는 데에는 망설임이 있다. 그것은 오랫동안 국가중심의 사고와 지배계층 중심의 하향적 단합, 그리고 일말의 획일성을 전제로 하는 어감을 내포하여 왔기 때문이다.

　이제 사회통합은 새로운 의미를 갖는다. 사회 구성원들의 평화적 공존, 시민사회 중심의 공공성, 그리고 서로 다른 다양성을 존중하는 배려가 개념의 핵심적 요소이다. 한국 사회의 미래에 있어서도 사회통합은 새로운 요소들을 근간으로 수용될 수 있는 개념이다. 새롭게 사회가 요구하는 의미와 접근, 그리고 정책들을 주목하고 여기서 제기되는 쟁점들을 분석하여 제시하려는 것이 이 책의 근본 목적이다.

　연세대학교 국가관리연구원은 2017년 기획연구의 주제로 사회통합을 선정한 바 있다. 전통적 의미를 넘어 한국 사회가 새로운 의미의 소속감과 연대의식 그리고 공공성을 강력히 요청하고 있기 때문이었다. 이에 대한 성찰을 바탕으로 우리는 한국 사회의 갈등과 긴장을 진단하고, 새롭게 요구되는 대안을 적확하게 모색할 필요가 있다.

　당초의 계획으로는 2017년 말 대통령 선거를 전후하여 사회통합에 대한 연구결과를 널리 홍보하고, 다양한 연찬의 재료로 제공할 예정이었다. 그러나 갑작스런 박근혜 대통령 탄핵사태가 발생하면서 대선이 6개월 이상 앞당겨져, 부차적 세미나들을 간소화하고 연구결과를 책으로 묶어내게 되었다. 사회통합에 대한 논의를 성숙시키고, 바람직한 대안을 사회적으로 모색토록 하는 데에는 어려움이 야기되었으나, 네 분의 연구자들이 좋은 연구결실을 도출하고 그것을 묶어낼 수 있게 된 것을 다행스럽게 생각한다.

  책이 나오기까지 국가관리연구원의 윤민재 박사가 편집을 위해 수고를 아끼지 않았으며, 출판사의 담당자들께서도 헌신적으로 노력해 주었다. 모두에게 감사하며, 이 책이 미래 한국 사회의 통합논의와 통합정책에 이바지할 수 있기를 소망한다.

                                       2017년 8월 20일
                             연세대학교 국가관리연구원장 이 종 수

[차 례]

제 **1** 장

사회통합에 대한 시각과 접근

사회통합에 대한 시각과 접근

이 종 수 (연세대 행정학과)

제 1 절 현상의 진화와 선택적 개념화

서양에서 사회통합이라는 개념은 뒤르켐(Émile Durkheim)에 의해 처음 사용되었는데, 실제적 현상으로 떠오른 배경에는 근대사회가 있었다 (Durkheim, 1997). 봉건주의가 해체된 후 정치적으로는 개인의 독자성을 중시하는 민주주의가 싹트고, 경제적으로는 자본주의가 확대되는 속에서 사회통합은 새로운 과제였다. 비록 봉건제후나 군주로부터 국가가 강력한 권력을 넘겨받아 중심적 역할을 수행하고 있었음에도 불구하고, 사회발전은 개별적이고 수평적인 권리 주체들 사이의 갈등해소와 결집을 전제로 하였을 때만이 가능한 상황이었다.

20세기 들어온 이후 사회통합 개념은 계속 변화와 진화를 경험하였다. 20세기 중반까지만 해도 억압적 국가권력과 전체주의가 지배하는 대부분의 나라에서 그것은 국가권력에 대한 순응과 획일적 가치관의 공유를 의미했다. 이탈리아와 독일, 스페인에서 역사적인 사례들이 전형적으로 출현하였고, 국가가 주도하는 사회통합이 공공성의 이름으로 강요되었다. 한국처럼 강력한 국가주도의 개발연대를 경험한 국가들에 있어서도 사회통합은 유사한 선택적 개념화를 겪었다. 지배세력의 이익이자 국가권력의 교조를 수용하는 동시에 다양성을 제한하는 개념으로 사회통합은 유용하게 활용되어 왔다(이종수, 2015).

국가가 주도하는 강제적 사회통합 패러다임 속에서는 일차적으로 분리,

해체, 분열, 갈등을 위험시 하였다. 분리와 해체는 근대의 국민국가가 극복하고자 했던 요소들의 잔재이자 미래를 향한 발전의 걸림돌로 간주되었으며, 분열과 갈등은 국가 중심성에 대한 도전이자 지배세력의 이익을 훼손하는 일탈이었다. 마르크스와 밀(John Stuart Mill)이 분열과 갈등에 대하여 대립적인 차이를 보인 것은(Duncan, 1977), 단순히 그들의 개념적 해석의 차이에서 유래된 것이었다기보다는, 상이한 현상의 존재와 충돌에 대한 관찰의 결과였다고 보는 것이 타당하다. 국가 중심성과 시민중심의 민주주의, 그리고 지배적 이익 사이의 충돌이 상이한 변화의 전망을 동시에 내포하고 있었던 것이다.

근대를 통과하며 이루어진 국가의 형성, 그리고 19세기에 들어와 구조화 된 사회경제적 성층을 전제로 하는 어떤 사회의 내적 통합에 대한 논의는 '차별'과 '배제[1]'를 중심으로 만개하였다. 차별은 사회 내 주류세력에 의해 정당한 권리를 박탈당하고 불이익을 부여받는 현상으로 인종, 성, 계층, 종교 등 다양한 경계 사이에서 관찰되었다. 차별이 이루어지는 경계는 대개 생래적이거나 구조화 된 집단을 단위로 하는 사이에 형성되어 있었다. 20세기 중반을 전후하여 전세계적으로 이에 대한 저항과 반대가 심해지면서 차별을 설명하고 극복함으로써 평등을 지향하고자 하는 노력이 광범하게 확산되었다.

이에 비해 사회적 배제(social exclusion) 개념은 1974년 프랑스의 사회정책장관 René Lenoir에 의해 제창되어 확산되었다고 볼 수 있다. 차별이라는 개념에 비해 사회적 배제는 구조화 된 집단 뿐 아니라 개인에게까지 관심을 넓히는 담론의 확대를 가져다주었다. 주류집단 내에서도 존재하는 부조리와 불평등이 사회통합의 담론 속으로 대거 편입되었는데, 예컨대 편부모, 성소수자, 고령자, 장애인 같은 구성원들이 완전한 사회활동의 기회를 부여받지 못하고 사회적 관계나 제도로부터 분리되는 현상들도 주목의 대상이 되었

---

1 사회적 배제(social exclusion)라는 개념은 시원적으로 아리스토텔레스까지 거슬러 올라갈 수 있고, 근대 계몽주의 속에서도 뿌리를 찾을 수 있다. 그러나 현대에 들어온 이후에는 1974년 프랑스에서 나타나 유럽을 중심으로 확산되었다. 유럽의 각국은 주택, 고용, 보건, 시민참여의 영역에서 개인의 불이익과 불평등을 광범하게 관찰하고 시정하려는 담론에 사회적 배제라는 어휘를 사용하였다. https://en.wikipedia.org/wiki/Social_exclusion 참조.

다. 또, 문제시되는 불평등의 정도에 있어서도 사회적 혜택과 이익의 배분차원 뿐 아니라 참여의 기회가 저조한 수준까지도 포함하는 담론의 확장이 나타났다.

현대에 이르러서도 사회통합의 의미는 해당 국가의 사회적 현상을 따라 다르게 수용되어 왔다. 국가권력이 강력한 권위주의 사회에서는 계층이나 이념, 인종, 세대, 지역, 성의 영역을 넘어 국가가 영도하는 가치관과 신념 그리고 정책을 적극적으로 수용하는 상태를 의미했다. 여기서 사회통합은 내용 차원에 있어서는 획일적, 형성과정에 있어서는 하향적, 국가와 시민사회의 관계에 있어서는 국가중심적 성격을 강하게 내포하였다. 이러한 사회에서 사회통합은 다양한 사회적 성층들이 유사한 가치관을 보유하여 강한 구심력과 응집력을 형성하고 갈등을 해소하는 것을 목표로 하였다. 국가권력이 억압적 지위를 독점하는 상태에서 사회의 구성단위들로 하여금 단일적 가치관을 갖거나 강력한 응집력을 보유하며 지배적 이익에 순응하도록 요구하는 주문과 같은 개념으로 사용되는 예가 빈번하였다(박길성 외, 2016).

이러한 개념은 20세기 후반 새로운 사회통합의 패러다임에게 자리를 이양하게 된다. 국가중심성을 해체하고, 사회 내 다양성을 인정하며, 공존을 추구하는 개념이 지배하게 된 것이다. 통합을 추구하는 과정과 방법에 있어서도 하향식보다는 상향적 과정이 선호되게 되었다.

모든 바람직한 사회발전의 전제로서 우리가 민주적 다원주의를 수용한다면, 사회통합의 의미로서 조화로운 '공존'을 주목하지 않을 수 없게 된다. 공존은 획일성을 전제로 하지 않으며, 국가의 억압적 역할을 전제로 하지도 않는다. 또한 어의적으로 갈등 자체의 부재보다는 갈등의 해결을 통한 상생을 내포하고 있다. 여기서 개인의 경험에 따른 자각과 제도의 성숙이 결합하게 된다면 사회통합은 한 걸음 더 진화하여 타자에 대한 존중과 공동체에 대한 헌신으로 승화하게 된다. 이 때의 사회통합은 일종의 '좋은 사회'에 대한 합의의 한 형태(이종수, 2015), 내지는 민주적 공공성[2]이 지배하는 공동체(이종수, 2017)를 지향하는 개념으로 볼 수 있다.

---

2 민주적 공공성은 종종 국가가 지배하는 전통적 의미의 공공성과 대비된다. 이에 관해서는 준이치 사이토(2009) 〈민주적 공공성〉, 윤대석 외 옮김. 서울: 이음을 참조할 것.

사회통합의 개념을 통시적 진화의 관점에서 일람해보면, 우리는 금세 공시적 관점에서 다양한 논자들이 구사하는 선택적 개념화 현상을 포착할 수 있다. 뿐만 아니라 사회통합이라는 개념에 대하여 형성되어 있는 찬성과 반대의 대립적인 입장의 차이와 배경을 이해할 수 있게 된다. 한국 사회를 놓고 볼 때에도, 전통적 의미의 사회통합을 주장하는 시각이 존재하는가 하면, 새로운 의미에서 사회통합을 규정하고 대안을 강구하는 시각이 존재한다. 이와 함께 사회통합의 유용성과 가능성을 모두 의심하는 시각도 엄연히 존재한다. 사회통합의 유용성을 의심하는 그룹은 대체로 사회통합 개념이 단일한 가치와 이익을 전제로, 국가주도 하에, 하향적으로 강요되는 일종의 주문과 같은 것이라는 비판과 회의를 품고 있는 사람들이다.

이 책은 당연히 사회통합을 새로운 민주적 다원주의 관점에서 열려진 공존의 개념으로 보는 곳에서 출발한다. 이 개념상의 위치를 어떻게 선택하느냐에 따라 매우 상이한 진단과 처방이 내려질 수 있음은 물론이다. 이 책의 저자들은 민주적 다원주의를 전제로 하는 공존을 지향하는 개념을 가지고 한국에서 사회통합이 어떤 상태에 있으며, 이를 위협하는 요인은 무엇이고, 향후 어떤 지향이 필요한지를 분석하였다. 가치관과 이익이 다원화 되고, 사적 영역의 변화가 급속히 진행되는 환경 속에서 구성원들이 갈등 해소 및 공존을 하는, 나아가서는 '좋은 사회'를 향한 덕(이종수, 2015)이 사회적 구심력을 이루는 상태를 모색하고자 하였다.

제 2 절 사회통합을 위한 접근과 문제제기

사회통합의 현황을 진단하고 처방을 모색할 수 있는 접근의 차원은 지극히 다양하다. 어떤 의미에서 모든 사회현상이 사회통합과 관련되어 있고, 사회통합에 관한 접근의 통로 역할을 할 수 있다. 예컨대, 경제적 격차의 해소와 같은 구조적 차원으로부터 타인에 대한 배려의 가치관에 이르기까지, 사회통합은 구조는 물론 개인의 의식에 이르는 차원을 모두 포함한다. 또, 통합을 위한 수단에서 보자면 법률의 개정과 정부정책의 결정 같은 제도적 차원부터 시작하여 축제와 공동체적 어울림의 기회를 확대하는 노력에 이르기까지 그 스펙트럼은 실로 다양하다.

이 책의 필자들은 사회통합을 구조뿐 아니라 개인의 행태, 그리고 제도뿐 아니라 신뢰나 사회자본 같은 문화, 정부의 역할뿐 아니라 시민사회의 활동에 이르는 다양한 시각으로 관찰하고 분석하였다. 하나의 고정된 시각을 설정하지 않고, 네 개의 주제에 부합하는 시각과 접근을 자유롭게 견지하였다. 먼저 한국의 사회통합 수준을 진단하고 평가해 볼 수 있는 전반적 시각을 정리한 후, 정치적 이념과 여성, 그리고 인종주의의 가능성 문제를 핵심 주제로 선택하여 논의를 진행하였다.

한준 교수는 한국에 있어서 사회통합의 현황과 과제가 무엇인지를 분석한다. 한 교수는 사회통합을 시민사회의 형성과 변화에 불가분의 관계를 갖는 것으로 파악한다. 이런 시각에서 그는 시민사회가 통합된 사회의 이상인지, 혹은 전제인지를 질문함으로써 논의를 시작한다. 여기서 필자는 시민사회의 이상과 현실적 시민사회를 구분한다. '시민사회의 이상에서는 자발적 결사 혹은 시민단체들이 다양한 분야에 조직되고, 이들 조직에 참여하는 시민들은 조직에서의 활동을 통해 민주적 시민으로 교육되며, 시민사회의 조직들이나 개인들은 사사로운 이해관계보다는 합리적 의사소통을 통해 공공선을 추구한다.' 이에 반해 현실적 시민사회는 문화적 배경과 역사적 파열음 그리고 불평등한 비균질성을 대거 포함하고 있다.

한준 교수가 주목하는 사회통합의 주요 요인들은 사회적 자본, 참여, 신뢰, 사회적 고립과 집단별 관용 및 포용, 사회 불평등과 갈등해소이다. 이러한 개념적 지표를 통해 그는 사회통합이라는 개념을 구성하는 동시에, 한국의 사회통합 실태를 분석하여 실증적인 자료들을 제시하고 있다. 한국에서 시민사회가 뒤늦은 국가에 대한 저항을 통해 자율권을 확대하여 왔지만, 동시에 개인과 국가에 대한 구심력과 신뢰의 저하를 경험하는 상태에 있다는 필자의 지적은 흥미롭다. 사회적으로 의식과 지향 면에서 냉소주의와 스노비즘이 강화되고, 사회적 관계가 점점 더 단기적이고 도구화되며, 사회적 조직과 집단은 폐쇄적이고 이기적으로 변하였다고 진단한다. 그 결과 공공성을 추구하기도 점점 어려워진 환경인데, 사회통합을 촉진하기 위해서는 구성원들의 사회에 대한 참여와 관계의 형성, 그리고 낯설거나 다른 사람들에 대한 관용과 어려운 사람들에 대한 관심 및 도움이 필요하다고 결론짓는다.

엄한진 교수는 사회통합과 관련된 요소 중에서 인종주의를 주목한다. 한국의 사회통합을 위협하는 요소로서 인종주의가 개재될 여지를 의심하는 사람들에게 엄 교수는 '한국 사회에서 인종주의의 가장 큰 문제점은 그것을 인식조차 하지 못하는 것'이라 지적한다. 엄교수는 '인종주의의 징후와 공존의 방법론'에서 한국 사회에서도 인종주의가 확산될 수 있다는 우려를 개진하며, 인종주의가 어떤 양상을 띠고 있는지 종합적으로 진단한다. 이를 토대로 그는 현재 시도되고 있는 인종주의에 대한 대응방식을 비판적으로 검토하고 대안적인 반인종주의의 이론적 토대와 다양한 영역에 적용할 수 있는 보편적 지침을 제시하고 있다. 그는 인종주의의 실재 가능성을 다문화정책에 대한 반대운동, 인종주의 사건과 외국인 범죄, 그리고 일상생활에서의 인종주의적 증상들로 설명하고 있다.

인종주의에 대한 해결책으로 글은 개개인의 각성과 착취구조에 대한 교정을 제시한다. 계몽보다는 개개인들이 경험을 통해 인종주의가 무용하다는 것을 느끼는 것이 중요하며, 사회경제적인 차원에서는 인종주의로 표현되는 감정을 낳은 착취 구조에 교정을 가하는 것이 중요하다는 것이다. 그런데, 한국 사회에서의 인종주의 현상은 이주민들과의 관계에서 직접 유발되기보다 위로부터의, 즉 한국 정부 및 학계의 소위 '다문화' 정책 및 담론, 다양성 담론 등에 대한 반발에서 비롯된 측면이 큰 것으로 보인다. 따라서 기존의 '다문화' 담론과 정책에 대한 근본적인 성찰을 필자는 요구한다.

공간, 시간적 분리를 지양하고, 부작용을 최소화 할 수 있는 보편주의적 접근을 인종주의 예방과 해소에 적용할 것을 필자는 제안한다. 이주민만을 대상으로 하지 않고 선주민도 포함하는 통합적이고 보편주의적인 접근방식이 필요한 것으로 해석한다. 보편주의적 접근의 일부로 필자는 '이주민에 대한 교육은 이주민 자신뿐만 아니라 이주민을 맞이하는 선주민 집단에도 필수적이다. 결국 이주민과 선주민의 교류, 공동프로그램 운영이 필요한 것'이라고 조언한다. 두 집단이 생애주기를 공유하면서 오랜 기간 한 사회에서 공존하기 위해서는 서로에 대한 이해가 필요하기 때문이다.

마지막으로 엄한진 교수가 제시하는 거시적 발전방향은 국민국가 중심의 사고를 넘어서는 일이다. 토박이와 이주민 사이의 공존은 이주민 출신 국가와 수용국 간의 공존 없이는 불가능하기 때문이다. 그리고 한국처럼 단일의 혈통에 대한 의식을 강조하는 국민국가적 사고 하에서는 차이와 상이점에 대한 배타의식이 극대화 될 수밖에 없기 때문이다.

윤민재 교수는 한국 사회의 이념갈등을 비판하고, 그 동안 상실된 공공성을 회복하는 방안을 논구한다. 필자는 한국 사회의 갈등수준을 논하되 단순한 갈등수준을 넘어 갈등관리 수준을 함께 설명하는 것이 흥미롭다. 갈등관리 지수가 높은 국가는 덴마크(0.923), 스웨덴(0.866), 핀란드(0.859), 네덜란드(0.84)등 북유럽 국가들이고, 이에 비해 한국의 갈등관리 능력은 매우 낮은 실정으로 나타난다.

한국사람들은 진보와 보수의 갈등, 정규직과 비정규직의 갈등, 계층사이의 갈등을 주요 사회갈등으로 생각하고 있다. 한편 세대갈등과 지역갈등은 다른 갈등보다는 덜 심각한 것으로 생각한다. 이념갈등은 민주화 이후 오히려 더 심화되고 있다. 이념갈등은 매우 복합적인 문제이며 정치적인 과제이기도 하다. 한국에서 이념갈등은 북한과의 관계에서 발현되고 확대되어 지역, 세대 간 갈등과 중첩되고 현실정치 구조에 의해 왜곡되어, 실상은 그 경계가 매우 모호한 측면을 내포한다. 이 과정에서 보수주의가 내포했던 과오를 필자는 지적하며 네 가지의 대안을 제시하고 있다. 1) 복지갈등과 세대갈등 해소를 위한 정책개발, 2) 갈등의 제도화 및 정치의 정상화, 3) 세대공감과 소통 프로그램 개발, 그리고 신뢰 강화, 4) 시민사회와 정치권 간의 거버넌스의 창안이 그것이다.

김혜영 교수는 여성 및 가족의 변화와 사회정책을 다루고 있다. 남녀 간의 불평등 기제에 대한 관심이 한국에서 점증되는 상황에서, 성불평등 역시 사회통합을 위해 중요한 과제이다. 남녀 모두 기대수명이 확대되는 가운데 여성의 교육과 사회참여는 크게 증가하는 반면, 차별적 노동시장은 여전히 엄연하다. '거세어진 경쟁의 파고 속에서 여성은 쉽게 폄하되고 수구적 논리와 맞싸우면서도 과거처럼 유급노동에서 면제된 전업주부로도 돌아가지 못하는 모순적 상황에 직면하고 있다'는 것이 김 교수의 지적이다.

다양한 실증적 자료들로 성불평등의 구조를 보여주며, 필자는 돌봄과 가사노동에 대한 성별분담이 요원하고, 노동시장에서의 여성지위 역시 변함없이 낮다고 진단한다. 여기서 필자는 가족정책의 패러다임 전환을 역설한다. 누군가는 돌보고 누군가는 가족을 부양하는 일인생계부양자 가족정책 패러다임을 넘어, 일·가정생활의 양립이 가능한 사회환경으로 나아가야 할 필요성을 역설하고 있다. 가족정책의 총체성과 입체성 역시 강조된다. 어떤 특정한 과제만을 추진하는 전달체계로서의 가족정책이 아니라, 정책추진의 주요한 관점인 동시에 사회정책의 총합으로 기능할 수 있는 포괄적 추진체계가 바람직하다는 것이다. 영역으로 보자면 가족정책은 조세, 복지, 돌봄, 여성 및 아동, 청소년, 인구정책을 아우르며 관통하는 것이어야 한다는 관점이다.

이 책의 필자들은 모두 사회의 다양한 갈등이 단순한 행정이나 통치의 문제로 풀릴 수는 없다는 데 공감하고 있다. 개헌, 제도개선, 정책의 도입, 정부의 개입으로 쉽사리 해결될 수 없는 과제라는 사실을 인식한다. 개인의 경험과 체험, 그리고 자각이 중요하고 이와 함께 제도적 결함을 시정하는 정책이 동시에 결합되어야 효과적이라는 데 의견을 같이하고 있다.

● 참고문헌

박길성, 이종수, 정창화. 2016. 『한국 행정관료의 혁신과 통일준비』, 박태준미래
  전략연구총서 3, 아시아.

이종수. 2015. 『공동체』, 서울: 박영사.

이종수 편. 2017. 『유토피아: 낙원에 대한 기억, 혹은 미래에 대한 희망』, 서울:
  다산출판사.

Duncan, Graeme. 1977. *Marx and Mill: Two views of social conflict and social
  harmony*, Cambridge University Press.

Durkheim, Émile. 1997. *The Division of Labor in Society*, trans by W. D.
  Halls, Simon and Schuster.

Levitas, R. 2005. *The inclusive society? Social exclusion and new labour*.
  Second edition. Basingstoke: Palgrave Macmillan

Mathieson, Jane, Jennie Popay, Etheline Enoch, Sarah Escorel, Mario
  Hernandez, Heidi Johnston and Laetitia Rispel(2008) *Social Exclusion
  Meaning, measurement and experience and links to health inequalities*,
  WHO Social Exclusion Knowledge Network Background Paper 1,
  Commission on Social Determinants of Health.

Miliband, D. 2006. *Social exclusion: the next steps forward*. Wetherby: Office
  of the Deputy Prime Minister Publications.

제 2 장

한국 사회에 대한
사회통합 관점의 진단

한국 사회에 대한 사회통합 관점의 진단

한 준 (연세대 사회학과)

제1절 사회통합의 의미: 개념적 논의

사회통합은 근대 사회가 등장한 이후 줄곧 문제가 되어왔다. 따라서 근대 사회에서 가장 중요한 쟁점을 꼽으라면 사회통합이 반드시 포함될 것이다. 그런데 사회통합은 많은 경우 현재의 상태보다는 미래의 이상으로서 제시되는 경우가 많다. 즉 현재의 갈등과 분열, 무관심과 소외 등을 벗어난 바람직한 미래의 가치로서 사회통합을 이야기하는 경우가 많다. 또한 사회통합이라는 개념은 추상적이기도 하고 포괄범위가 넓기 때문에 시대에 따라 또한 사회에 따라 서로 다른 맥락에서 다른 의미 혹은 함의를 갖게 되었다. 현재 우리 사회에서 사회통합이 제기되는 배경 또한 간단하지 않다. 한국 사회가 압축적 경제발전을 해왔으며 그 과정에서 등장한 근대성의 성격 또한 압축적이라는 주장(Chang, 1999)을 받아들인다면 한국에서 사회통합 역시 압축적 과정의 산물로 다중적 의미가 복합되어 있다는 점을 인정해야 할 것이다.

사회가 통합되어야 한다고 할 때 그 의미는 두 가지로 나누어 생각해 볼 수 있다. 하나는 서로 다른 독립적 사회 단위가 서로 합쳐져서 하나를 이루는 것이다. 가장 최근에 있었던 예는 통일유럽의 등장이다. 한반도에서 논의하는 남한과 북한의 통일 역시 이러한 의미를 지닌다. 물론 이 때에도 다양한 수준과 차원이 있을 수 있다. 경제적으로 공동의 시장을 형성하는 경우에서부터 정치적으로 단일한 사회를 만드는 경우에 이르기까지 다양하다. 하지만 두 개 이상의 사회적 단위가 하나로 합친다는 점에서는 마찬가지이다.

대체로 이러한 의미의 통일은 주로 행정이나 정치의 영역에서 주로 다루어
진다.

그에 비해 통합은 서로 다르거나 상반되는 지향을 지닌 개인이나 집단과
같은 사회의 하위 혹은 하부단위들이 서로 갈등하거나 반목하지 않고 조화
롭게 공존하는 것을 의미한다. 서로 어긋나거나 반대할 수 있는 개인, 집단
혹은 세력들이 잠재적 갈등 혹은 차이나 분열을 극복하고 협력하려면 많은
노력이 필요하다. 때로 이러한 통합의 노력은 하위 단위들 간에 필요하기도
하고, 때로 통합의 노력은 상위의 사회 전체 수준에서 이루어지기도 하다.
이러한 의미에서의 통합은 주로 사회의 영역에서 다루는 주제이다.

우리가 여기에서 다루고자 하는 사회통합은 후자의 의미 즉 사회의 하위
단위들 간의 공존과 협력의 의미를 갖는다. 사회통합을 사회의 하위 단위들
간의 분열의 극복과 공존이라고 하더라도 통합에 대한 사회이론에는 또 다
른 의미의 상위(相違)가 존재한다. 이것은 기능적 측면에서의 체계의 통합인
가, 아니면 성원들 간의 사회적 통합인가의 문제이다. 체계와 사회의 통합
이라는 구분은 영국의 사회학자 록우드(Lockwood, 1964)가 1950년대 미국
의 사회이론을 주도했던 파슨즈(Parsons)의 규범적 기능주의 이론을 비판하
고 동시에 이를 비판하며 등장했던 영국의 다렌도르프(Dahrendorf) 및 렉스
(Rex) 등의 갈등주의 이론을 비판하며 처음 사용한 개념이다.

구조기능주의 사회이론을 주장한 파슨즈는 사회체계가 스스로를 유지하
기에 필요한 네 가지 기능으로서 환경에의 적응(Adaptation: A), 목표 달성
(Goal attainment: G), 통합(Integration: I), 그리고 잠재성(Latency: L)을 제시
하였다. 이들 각각의 앞 자를 따서 AGIL 개념틀이라고도 불리는 이것은 구
조기능주의적 설명의 핵심을 이루는 것이었다. 여기에서 파슨즈는 통합이
규범과 규칙에 의해서 사회가 유지되는 것이며, 이때 사회의 유지는 사회를
이루는 다양한 부분들이 서로 조응하거나 갈등을 일으키지 않는 것으로 보
았다.

이러한 파슨즈의 주장에 대해 갈등주의 사회학자들은 사회의 유지를 위
해 갈등이 억제되어야 한다는 것은 지나치게 보수적이며 또한 거시적 구조
중심의 사고라고 비판하며, 사회 성원들의 이해관계의 대립은 갈등을 불가

피하게 만든다고 주장했다. 이에 대해 록우드는 파슨즈에 대한 갈등주의 사회학자들의 비판은 동의하면서 그럼에도 불구하고 갈등 역시 사회를 궁극적으로 개선하는데 기여하며 이는 체계의 통합과 다른 사회성원들 간의 사회적 통합의 차원이 있음을 의미한다고 주장했다.[1]

최근 사회에서 광범하게 논의되는 사회통합의 문제는 이러한 논의에 비추어볼 때 체계가 아닌 사회적 통합과 주로 관련된다고 볼 수 있다. 왜냐하면 체계의 통합에서 주로 다루는 문제는 사회의 여러 제도들 간의 기능적 상충 혹은 충돌, 예컨대 기업과 정부와의 관계, 정치와 정부와의 관계, 학교와 기업 간의 관계 등인 반면, 사회의 통합에서 다루는 문제는 기업과 노동자 간의 관계, 지역 간의 관계, 납세자와 정부와의 관계, 학교와 학생의 관계 등에 해당되기 때문이다.

제 2 절 　시민사회: 통합된 사회의 이상인가? 전제인가?

사회통합을 이야기할 때 사회과학자들은 일반적으로 시민사회를 염두에 두고 이야기하는 경우가 많다. 시민사회는 일반적으로 공공성을 추구하는 개인과 조직들이 서로 배려와 관용을 베풀면서 사회적 의제를 논의할 뿐 아니라 불평등이나 인권침해, 무질서와 혼란과 같은 사회문제를 함께 지혜와 힘을 모아 해결해 가는 장으로서 바람직하게 묘사된다. 또한 시민사회는 국가권력의 확대나 시장의 포섭에 맞서 시민들의 자유와 권리를 집합적으로 지키고, 시민적 요구를 수렴하고 표명하는 긍정적 역할을 담당하는 것으로 보기도 한다. 하지만 이처럼 이상적 가치와 경험적 현실이 결합되어 사용되는 경우가 많았기 때문에 시민사회에 대한 논의는 때로 추상적이거나 혼란

1　기든스(Giddens, 1984) 역시 체계의 통합과 사회의 통합을 구분한다. 하지만 록우드와 달리 기든스는 사회의 통합을 사회적 행위자들 간의 문제가 아닌 동시에 같은 상황에 놓인 (co-present) 행위자들 간의 조정의 문제로 생각한다. 이는 본래 록우드가 주장했던 사회의 통합보다 더 제한적인 규정이며, 이 글에서는 기든스보다는 록우드의 개념으로 사회의 통합을 이해한다.

스럽기도 하고 또한 때로 이상이 현실을 대체하는 결과가 나타나기도 했다.

여기에서 우리는 1960년대에서 80년대 사이 사회주의권의 몰락 이전에 사용되었던 '현실 사회주의(real socialism)' 혹은 '현존 사회주의(actually existing socialism)'라는 용어에 주목할 필요가 있다. 20세기 초반 사회주의가 처음으로 이상향이 아닌 경험적 현실로 러시아와 중국, 그리고 뒤를 이어 동구 국가들에서 실현되었지만 그 현실은 마르크스와 엥겔스, 레닌 등이 주장했던 이상향으로서의 사회주의와는 상당히 거리가 멀었다. 노동의 소외와 경제적 불평등 혹은 빈곤이 사라진 것도 아니고, 인민들의 자유와 권리가 무제한으로 보장된 것도 아니었다. 그 결과 동서 양진영의 정치가들 및 학자들 모두 현실에 존재하는 사회주의 사회와 마르크스–레닌주의에서 이상향으로 제시했던 사회주의를 구분하는 의미에서 '현실 사회주의' 혹은 '현존 사회주의'라는 용어를 사용했다.

시민사회에 대해서도 우리는 시민사회의 이상과 현실의 시민사회를 구분할 필요가 있다. 시민사회의 이상에서는 자발적 결사 혹은 시민단체들이 다양한 분야에 조직되고, 이들 조직에 참여하는 시민들은 조직에서의 활동을 통해 민주적 시민으로 교육되며, 시민사회의 조직들이나 개인들은 사사로운 이해관계보다는 합리적 의사소통을 통해 공공선을 추구한다. 이를 위해 조직들과 개인들은 서로에 대해 개방적이고 관용적이며 신뢰를 지니고 있어 협력의 가능성을 높이고 갈등의 소지를 줄인다고 여겨진다. 요컨대 바람직한 시민사회에서는 개인의 자유가 공동체의 발전과 조화를 이룰 것으로 기대된다.

하지만 현실로서의 시민사회는 반드시 이러한 이상에 부합될 까닭이 없다. 20세기를 극단의 시대로 규정한 역사학자 홉스봄에 따르면, 시민사회라는 전망은 20세기에 걸쳐 그에 상응하는 현실을 가져본 적이 없으며 지나간 시대 즉 "이상화된 19세기"(Hobsbawm, 1996: 139)의 반영에 불과하다. 홉스봄처럼 시민사회를 일종의 허위의식이나 시대착오적인 것으로 생각할 필요까지는 없지만 현실이 언제나 이상화된 모습을 그대로 따라야 할 이유가 없다는 것은 거의 자명한 사실이다. 더욱이 서구와 문화적 배경이 다르고, 식민지의 역사적 경험을 했으며, 압축적 발전과정을 거쳐온 한국에서 시민사회의 현실적 모습이 서구에서 형성된 이상화된 모습과 어긋나는 부분이 많으리라는 것은 충분히 설득력 있는 주장이다. 따라서 시민사회의 이상과 현실이 뒤섞이고 시민사회의 이상에 대한 상이한 관점들이 등장하게 된 배경의 설명은 시민사회 개념의 역사로부터 출발할 수 있다. 그것은 서구와 한국 모두 해당된다.

서구에서 시민사회 개념의 계보를 따져보면 다음과 같다. 시민사회 개념이 등장한 것은 근대 사회의 형성과 때를 같이 한다. 스코틀랜드 계몽사상가 아담 퍼거슨은 "시민사회의 역사"(1767)에서 시민사회를 야만으로부터 문명으로의 발전 도상에서 분업과 교역의 발전에 따른 "상업사회" 성장의 결과로 나타난 사적 이해의 충돌과 도덕적 타락이라는 문제를 해결할 방안으로 기대하였다. 퍼거슨 및 그의 뒤를 이은 아담 스미스가 자본주의에서 개인의 욕망과 사적 이익 추구로 인한 혼란을 극복하고 통합의 전망을 제시할 대안으로 생각한 시민사회의 비전은 이들의 사회사상에 영향을 받은 독일 헤겔의 사회철학에 계승된다. 가족-시민사회-국가로 이어지는 헤겔 "법철학"(1821)에서의 삼단계 사회 발전도식에서 시민사회는 특수성을 반영한 각자의 사익을 추구하는 동시에 보편성으로서 도덕적 통합을 추구하는 시민들의 무대이며, 시민사회에 내재한 긴장은 최후 단계에서 국가의 도덕적 보편주의에 의해 궁극적으로 해결된다.

한편 프랑스의 토크빌은 "미국의 민주주의"(1835)에서 유럽과 달리 전제를 경험하지 않고 민주주의를 발전시켰던 미국에서 시민사회 특히 공공결사가 시민 개개인으로 하여금 사사로운 이익 추구로부터 눈을 돌려 공공선에 주목하게 하고 협력적으로 당면한 문제해결을 해나가도록 일깨우는 역할을 했다는 점을 강조했다. 요컨대 퍼거슨, 아담 스미스, 헤겔, 토크빌로 이어지는 시민사회에 대한 도덕철학의 전통에서는 시민적 덕성(civic virtue)를 양성함으로써 근대 자본주의 발전에 따른 계급적 분열과 갈등, 공동체의 붕괴 위기를 극복하는 것이 시민사회의 가장 중요한 핵심으로 부각되었다. 이러한 입장은 시민적 도덕에 기반을 둔 새로운 연대를 추구한 뒤르켐의 입장과도 연결되며 최근 우리에게 익숙한 표현을 쓰자면 자유주의적 공동체주의 혹은 공동체적 자유주의라고 할 수 있을 것이다.

18~19세기 도덕철학 혹은 정치철학의 주제였던 시민사회는 앞서 홉스봄의 지적대로 20세기의 상당기간에 걸쳐 크게 주목받지 못한 채 시간이 흘렀다. 하지만 20세기 후반에 시민사회는 서구 사회의 변동을 이해하는 중요한 개념으로 다시 등장했다. 그 역사적 배경은 다양하다. 20세기말 동구 사회주의가 몰락하면서—특히 폴란드와 체코에서—민주화에서 시민사회의 역할이 강조되었으며, 서구 자본주의 사회에서는 20세기 중후반에 걸쳐 계급기반의 조합주의적 지배구조가 형성되면서 조직화된 자본과 노동 이외의 사회부문에서 새로운 개혁 요구가 20세기 후반에 등장하기 시작했고, 20세기 후반 개인화와 불안정을 심화시킨 신자유주의의 물결은 이에 대한 대응을 둘러싸고 자유주의와 공동체주의 간의 논쟁을 낳았다. 이러한 다양한 변화들 속에서 새로운 사회질서를 모색하려는 다양한 지식인들은 시민사회가 지닌 사회통합의 잠재력과 가능성에 다시 눈을 돌리기 시작했다. 그중에서도 특히 독일의 하버마스, 영국의 기든스, 미국의 퍼트남 등은 대표적인 예다. 이들은 공론장, 제3의 길, 사회적 자본 등 표현은 다르지만 시민들의 적극적 참여와 의사소통을 통해 사회문제를 해결하고 사회적 연대와 협력을 통해 사회통합을 촉진할 수 있는 가능성을 찾고자 하였다.

이러한 자유주의적 공동체주의의 전통과 구분되는 또 하나의 시민사회에 대한 접근이 그람시(1976)와 같은 마르크스주의적 관점에서 시작되었다. 시민들이 보편적 공익과 특수적 사익 사이에서 갈등한다고 보았던 헤겔의 시민사회에 대한 관점을 비판한 마르크스는 시민사회가 부르주아지들의 전유물이자 지배의 장이며 시민적 덕성은 위선적인 허상에 불과하다고 조롱했다. 반면 그람시는 20세기 이탈리아의 경험, 보다 넓게는 서유럽의 경험에 기반을 둬서 시민사회에서 부르주아지의 지배는 강제적이 아니고 지배계급의 적극적 동의를 생산하는 헤게모니에 의해 가능하다고 주장한다. 부르주아지의 헤게모니가 견고한 서구사회에서 사회주의 운동의 핵심은 대항헤게모니를 구축하는 것이 되어야 한다고 그람시는 보았다. 앞서 자유주의적 공동체주의 입장이 지향하는 바가 사회통합이라면 서구 마르크스주의의 입장이 지향하는 것은 사회혁명이라고 할 수 있다. 다만 기존의 마르크스주의 입장과 다른 점은 혁명의 방식이 봉기를 통한 국가의 전복이 아니라 국가권력으로부터 시민사회의 자율성을 확보하면서 계급적 연대를 형성한다는 점이다.

한국 사회에서 시민사회에 대한 논의의 출발은 1980년대 민주화와 관련하여 학계를 중심으로 자유주의적 입장에서 이루어졌지만, 시민사회가 보다 광범하게 주목받기 시작한 것은 1990년대 사회운동권의 논쟁을 통해서였다. 논쟁의 배경과 내용을 간략히 살펴보면 다음과 같다. 1990년대 해외 사회주의권의 몰락과 국내 운동지형의 변화를 경험한 한국의 사회운동 진영에서는 향후 사회운동의 방향과 전망을 둘러싸고 노동계급 주도의 혁명운동에 대한 대안으로서 개혁적 신사회운동의 가능성과 의의를 둘러싸고 시민사회 논쟁이 열띠게 전개되었다. 특히 동구 사회주의의 위기가 현재화되고 서구 자본주의에서 노동계급의 혁명적 주도권이 의문시되는 상황에서 그람시의 시민사회 중심의 사회주의 전략을 현대화시킨 라클라우와 무페 등의 포스트마르크스주의에 대한 해석과 평가를 둘러싸고 논쟁은 첨예해졌다. 정통 마르크스주의를 고수하려는 입장(예컨대 김세균, 손호철 등)에서는 포스트 마르크스주의적 이론의 혁신과 운동전략의 수정을 시도하려는 입장(예컨대 이병천, 박형준 등)에 대해 시민사회 개념의 날선 비판을 제기했던 것이다. 이러한 비판은 자유주의와 다원주의 입장에서 시민사회 중심의 민주화를 주장한 입장(예컨대 한상진, 김성국 등)도 포함하였다.

1990년대의 논쟁이 주로 한국 사회의 통합 혹은 혁명의 비전과 방향을 다루는 이상적 혹은 이념적 차원에서 이루어졌다면, 2000년대에는 시민사회의 현실적 측면을 중심으로 평가하는 새로운 논의가 전개되었다. 정치적 민주화 이후 1990년대에 걸쳐 광범하게 이루어진 사회적 변화의 실제 내용을 시민사회 측면을 중심으로 분석하고 평가하는 작업이 이루어졌던 것이다.

논의는 다양한 이념적 스펙트럼을 보이면 이루어졌다. 노동운동 중심의 사회운동의 입장에서 최장집(2002)은 민주화 이전과 이후 한국의 시민사회를 비교하면서 권위주의 국가에 의해 관제화된 부분과 그렇지 않은 주변화된 부분으로 분리통치(divide-and-rule)되던 매우 약한 시민사회가 민주화의 과정에서 국가에 저항하는 기반의 역할을 하다가 민주화 이후에는 시민사회 내부의 갈등과 분열이 표면화되고 있다고 주장하였다. 이념적으로 반대편에 속하는 유석춘(2002)의 경우 한국의 시민사회가 한편으로는 자율성을 갖지 못한 채 국가에 의존적이며 다른 한편에서는 사회관계의 면에서 연고적 기반에 근거하고 있음을 밝히고, 이것이 시민사회 및 시민운동의 한계와 문제점이라고 주장하였다. 이들의 중간적 입장에서 김호기(2007)는 권위주의의 오랜 경험을 지닌 한국의 시민사회가 "강한 국가와 약한 시민사회"의 틀에서 벗어나지 못하며, 내적으로 전통주의, 보수주의, 집단주의가 근대주의, 진보주의, 개인주의와 함께 공존하는 이중적 모습을 보인다고 지적하였다.

흥미로운 점은 이들 모두 한국 시민사회의 현실에 대한 진단에서는 취약성과 자율성의 부족, 내부적 갈등과 한계를 지적하면서도 이들이 한국의 시민사회에 대한 내린 평가 및 전망은 방향을 크게 달리 한다는 것이다. 최장집(2002)의 경우 민주화의 심화를 위해 시민사회에서 노동운동의 지위와 역할을 더욱 강화해야 한다는 주장을 펼친 반면, 김호기(2007)는 시민운동과 노동운동의 연대를 강화하고 시민사회의 이중성의 극복하기 위해 시민사회의 자발적 토대를 공고히 해야 한다고 보았다. 시민사회와 생활세계에 뿌리내린 민주주의를 통해 공공성을 강화해 나갈 것을 주장하는 조대엽(2012, 2014)의 입장 역시 이러한 연장선상에 있다고 할 수 있다. 반면 유석춘(2002)은 한국의 시민사회가 서구의 경험과 달리 한국 사회의 진보에 발전에 크게 기여할 바가 많지 않다는 전망을 제시한다. 이러한 전망은 서구와 달리 유교 자본주의 경제발전에서 가족과 국가의 역할을 강조하는 그의 입장의 연장으로 볼 수 있다.

이러한 차이는 어디에서 기인하는가? 결국 문제는 시민사회의 현실이 아니라 시민사회를 보는 관점의 차이와 그 결과 서로 다르게 해석된 시민사회의 이상에 있다. 시민사회 개념이 서구의 사상적 전통에서 유래한 이상 우리와 잘 맞을 수는 없다. 하지만 더 큰 문제는 서구의 시민사회 개념 내부에도 서로 다른 이상과 지향이 나뉜다는 사실이다. 시민사회를 억압적인 국가에 대한 민중적 저항의 기지로 보는가, 아니면 이기적 경쟁과 갈등만 존재하는 사회를 통합할 시민도덕적 대안으로 보는가, 아니면 시민사회를 야심가들이 자신의 야망을 실현하기 위해 활동하는 또 하나의 정치적 공간으로 보는가에 따라 현실에 대한 해석이 갈리는 것이다. 동일한 현실에 대한 해석이 달라지기도 하지만 때로는 자신의 입장에 따라 현실에 대한 왜곡이 일어날 수도 있다.

이처럼 다양한 입장에서 한국의 시민사회에 대한 진단과 평가가 제시되어 있는 상황에서 또 다른 평가와 전망을 내세우는 것은 쉽지도 않고 도움이 되지도 않을 것이다. 그렇기 때문에 이 글에서는 이상보다는 현실에 보다 중점을 두고 한국 시민사회의 변화와 현황을 살펴보고자 한다. 하지만 현실을 철저히 객관적으로만 본다는 것은 불가능에 가깝다. 시민사회 개념 자체가 객관적 묘사나 분석에 적합한 개념도 아니다.

그렇기 때문에 이 글이 취하고자 하는 입장을 어느 정도는 밝힐 필요가 있다. 나는 시민사회에 대해 이제까지 사회과학에서 어느 정도 인정된 기본적 내용에서 출발하고자 한다. 인권이 존중되고 인간다운 삶을 누릴 권리가 보장되며, 시민들 간에 신뢰와 소통, 협력이 가능하고 공공선을 위한 노력이 조직될 수 있는 사회를 시민사회로 보는 데에 큰 이견이 있지는 않은 것이다. 인간다운 삶을 보장하려면 기초적인 경제적 욕구가 충족되고, 부당한 권력에 희생되어서도 안되며, 사회적인 인정과 존중을 받을 수 있어야 한다.

신뢰와 소통, 협력이 가능하려면 시민들이 시민적 의식을 지니고 시민적 행동을 해야 한다. 시민적 의식과 행동은 규칙의 존중과 준수, 타인에 대한 배려와 관용 및 신뢰를 포함한다. 공공선을 위한 노력이 조직되려면 다양한 시민조직들이 존재하며 이들이 활발하게 운영되고 시민들의 참여도 적극적이어야 한다. 이러한 이상적 가치들은 현실을 보다 개선하려는 노력의 과정에서 실제 경험으로부터 필요성이 제기되어 시민들 사이에 논의와 합의를 거친 것이어야 할 것이다.[2] 따라서 이러한 가치에 현실이 부합되는가 못지않게 이러한 가치에 대한 합의가 존재하는가 역시 시민사회의 현실을 보는데 있어 중요할 것이다.

---

2 이러한 관점은 굳이 따지자면 듀이와 미드를 따른 프래그머티즘적 입장이라고 할 수 있다.

제 3 절 사회적 자본과 시민사회

사회적 자본은 최근 사회과학에서 가장 활발하게 사용되는 용어가 되었다. 하지만 시민사회라는 개념이 다양한 맥락에서 다양하게 정의되고 사용되듯이 사회적 자본 역시 마찬가지로 서로 다른 측면들이 강조되어 왔다. 서로 다른 의도를 갖고 다른 의미로 사회적 자본이라는 용어를 사용하는 경우가 많다는 것이다. 사회적 자본은 또한 사회통합을 촉진하는 것으로 알려져 있다. 하지만 때로 한국에서 과도한 사회적 자본은 사회통합에 부정적이라는 주장도 제기된다. 따라서 사회적 자본이 시민사회와 어떤 관계를 가지며 사회통합에는 어떤 영향을 미치는가 따져볼 필요가 있다.

콜맨(1988)에 의하면 사회적 자본은 "그 안에 속한 행위자들의 특정 행동을 가능케 하며 촉진시키는 사회구조의 몇 가지 측면들"이라고 포괄적으로 정의된다. 사회적 자본 개념을 둘러싼 논쟁 중에서 이 글의 주제인 시민사회와 사회적 자본에 관련하여 특히 중요한 문제는 사회적 자본이 공공재인지의 여부이다. 일부에서는 사회적 자본에 대해 개인이 이득을 얻기 위해 전략적으로 활용할 가능성을 배제한 엄격한 공공재로 취급하기도 한다. 그 경우 대부분 사회적 자본에 대한 관심은 공동체 혹은 전체 사회 수준에 집중되며 사회적 결속이나 유대, 규범의 공유와 신뢰 등이 강조된다. 반면 사회적 자본에 대한 연구들 중에는 개인이나 조직 수준에서 전략적으로 유리한 위치를 선점하거나 어려움을 극복하기 위한 도움을 받기 위해 사회적 자본을 활용하는 것을 강조하는 경우도 많다. 이 경우에는 주로 개인을 둘러싼 연결망이나 개인이 속한 집단의 특성에 초점을 맞추고 상호적 호혜성에 기반 하거나 비대칭적으로 정보나 통제의 이점을 제공하는 연결망, 혹은 배타적 속성을 강하게 갖는 집단에의 소속 등이 중요시된다.

그런데 사회적 자본에 대한 접근이 다양한 것은 이론적 배경과 맥락이 서로 다르기 때문에 당연한 것이다. 따라서 이들 중에서 어떤 것이 진정한 사회적 자본인가를 논하는 것은 무의미하다. 다만 다양한 사회적 자본의 개념들 중에서 논의의 맥락에 맞는 개념을 선택하고 분명히 밝히는 것은 필요할 뿐 아니라 매우 중요하다. 시민사회와 관련하여 사회적 자본의 중요성을 가장 먼저 강조한 것은 토크빌의 전통을 이어받은 미국의 퍼트남(2001)일 것이다. 퍼트남은 미국 사회에서 자발적 결사에 참여하는 비율이 감소한 것이 미국의 시민사회를 약화시키고 궁극적으로 민주주의의 기반을 약화시킨다고 주장했다. 퍼트남 이후 시민사회에서 사회적 자본의 중요성을 강조하는 연구들이 급격히 늘었으며, 이러한 연구들을 종합하여 전체 사회 수준에서 사회적 자본의 원천, 구성요소, 결과 등을 정리한 것이 아래 〈표 2-1〉에 제시되어 있다.

시민사회와 사회적 자본의 관계는 상호적이다. 퍼트남의 주장대로 사회적 자본이 풍부해서 시민들이 적극적으로 자발적 결사에 참여하면 공공성에 대한 의식이 높아지고 그 결과 시민사회의 바탕이 공고해진다. 또한 국가로부터 자율성이 높고 또한 공적 소통이 원활하게 이루어지는 시민사회에서는 신뢰의 정도도 높고 결사도 활발할 것이다. 하지만 반드시 긍정적 관계만이 존재한다고 보는 것은 지나치게 낙관적이다. 사회적 자본의 내용과 특성

표 2-1 사회적 자본의 원천, 구성요소 및 결과

❶ 원천/기원			
사회적 자본은 주로 시민사회의 산물이며 결사체적 삶의 강도이다.	사회적 자본은 제도적 메커니즘들(예컨대 공정성)에 영향을 받는다.	사회적 자본은 경제 발전의 수준에 의존한다.	사회적 자본은 주로 가정에서 형성된다.
❷ 사회적 자본 구성요소/측정			
네트워크와 사회적 연대	자발적 결사체	일반화된 신뢰	시민적 규범, 호혜성
구조적 측면		문화적 측면	
❸ 결과			
정부의 성과, 경제적 발전	집단적 공동체 프로젝트, 지역적 성과	웰빙, 행복, 정치적 이해관계 및 행동	
국가 수준	지역 수준	개인 수준	

자료: Rothstein and Stolle. 2003.

에 따라서 시민사회를 보다 긍정적으로 발전시키는 것은 아닐 수 있기 때문이다. 한국에서 2000년대 초반에 이루어진 연고주의를 둘러싼 논쟁이 이러한 경우를 다루었다. 당시 한국의 외환위기를 극복하는 과정에서 연고주의적 사회관계와 문화가 문제라는 판단 하에 연고주의적 사회관계를 극복해야 신뢰가 높아지고 민주주의와 경제발전에 긍정적으로 작용할 수 있다는 주장이 많이 제기되었다(이재열, 1998). 또한 연고적 관계는 공적 신뢰보다 사적 신뢰를 강화하여 시민적 의식이나 행동으로 연결되지 못해 퍼트남이 주장한 것처럼 시민성을 높이는데 도움이 되지 못한다는 연구 결과도 나왔다(이재혁, 2006). 이를 바탕으로 이들은 2000년대 초반의 한국이 연고주의로부터 벗어나야 하며 이미 그러한 변화가 젊은 층을 중심으로 나타나고 있다고 보았다. 이에 대해 앞서 시민사회 논쟁에 참여했던 유석춘(2008)은 연고주의는 특수적 신뢰, 시민성은 보편적 신뢰와 연결된다는 주장에 의문을 제기하며, 시민단체도 연고적 관계 및 사적 신뢰에 의존하며, 연고단체 역시 보편적 신뢰를 강조하기도 한다는 것을 밝혔다. 이러한 결과에 기반을 둬서 유석춘은 연고적 관계와 사적 신뢰가 반드시 민주주의와 경제발전을 후퇴시키는 것이 아니라 거꾸로 기여할 수도 있다고 주장했다.

　이 논쟁에서 흥미로운 점은 시민사회에 대해 이상적 기준이 문제가 되는 것처럼 사회적 자본에 대해서도 역시 서로 다른 기준들이 적용된다는 사실이다. 예컨대 유석춘(2002, 2008)의 경우 연결망이 완결되어야 한다는 콜맨의 주장을 폐쇄적 연고주의가 사회적 자본으로 기능할 수 있는 근거로 제시하는 반면, 다른 연구자들은 이에 반대한다. 하지만 진정한 문제는 사회적 자본을 개인이나 집단의 이익 증진을 위한 도구로 보는 관점에서는 폐쇄적인 것이 오히려 장점이 될 수 있는 반면, 개방적 시민사회의 공공선을 높이고자 하는 관점에서는 폐쇄성이 극복해야 할 문제가 된다는 사실이다(김호기 2007). 사회적 자본이 반드시 공익적이어야 한다고 보는 경우(상당수의 연결망 관점과 부르뒤에 등)에는 연고주의도 일종의 사회적 자본이 될 수 있는 반면, 공익성을 중시하는 경우(퍼트남 등 시민사회의 관점)에는 폐쇄적 연고주의는 오히려 사회적 자본을 약화시킬 것이기 때문이다.

　이 글에서는 한국의 사회적 자본으로서 신뢰, 결사체 참여와 사회적 관계. 시민성 등이 어떻게 변화해 왔는가를 경험적 서베이 자료에 나타난 것을 통해 살펴보고자 한다. 사회적 자본과 관련하여 논쟁이 되었던 연고주의와 사적 신뢰 역시 경험적 문제로 다루고자 한다. 한국 사회에서 연고주의와 사적 신뢰가 여전히 높은가? 만약 사적 신뢰가 높다면 높은 사적 신뢰는 공적 신뢰를 낮추는가? 높은 사적 신뢰와 낮은 공적 신뢰는 시민적 의식과 행위를 저해하는가? 이러한 질문들에 대한 답을 경험적 자료 분석을 통해 찾기 이전에 먼저 한국에서 시민사회와 사회적 자본, 그리고 사회통합의 역사적 과정과 경로를 살펴보자.

제 4 절 한국 시민사회와 사회적 자본의 역사적 과정과 경로

서구에서 시민사회의 발전은 자본주의적 경제발전과 함께 등장한 신흥 중산층의 사회적 프로젝트였다. 립셋(1963)은 경제적 발전이 민주주의의 발전을 가져온다는 유명한 자신의 테제에서 경제적 발전의 결과로 성장한 중산층들이 시민사회와 민주주의 발전 가져온 주역이 되었다고 주장하였다. 이때 립셋은 민주주의의 "사회적 기초"(social basis)가 중요하다는 점을 역설하고 있다. 하지만 권위주의적 발전국가 주도로 경제발전이 이루어진 서구 이외의 사회에서 립셋의 테제는 한동안 부정되었다. 경제적 발전에도 불구하고 정치권력에 의해 위축된 중산층은 탈정치화 되어 경제 영역에만 적극적으로 참여할 뿐 사회와 정치 분야에는 관심을 보이지 않았기 때문이다.

1980년대 중반까지 한국은 그 대표적 예의 하나였다. "강한 국가와 약한 시민사회"라는 표현에서 잘 나타나듯 권위주의 국가권력에 의해 자율성을 제약당한 시민사회의 조직들은 국가와 결탁(cooptation)함으로써 관변화되거나 아니면 권력의 억압에 의해 주변화(marginalization) 되는 길만이 가능했다. 국가권력의 영향력은 다양한 분야에 걸쳐 강고하게 유지되어 자발적이어야 할 직능별, 업종별 조합이나 협회, 혹은 문화, 예술, 스포츠 단체들에 이르기까지 정부의 통제 하에서 정부정책에 협조해야 했다. 물론 시민사회의 조직들이 지속적으로 제약되어 있었던 것은 아니다. 정치권력의 공백기였던 해방직후의 시기와 4.19 항쟁 직후의 시기에 일시적으로 상당히 많은 조직들이 빠른 속도로 등장했지만 이들은 이후 정치권력의 재편과 함께 속절없이 사라질 수밖에 없었고 시민사회의 조직역량은 취약한 상태를 벗어나기 힘들었다(Kim, 1997; 2000).

시민사회의 위축을 가져온 또 다른 배경은 분단 상황이었다(이효재 1979; 백낙청, 1994). 체제 간에 첨예하게 대립한 상황에서 반공과 안보의 논리는 시민들의 다양한 요구를 제약하는 효과적 이데올로기로 작용했을 뿐 아니라, 국가보안법이나 긴급조치처럼 시민적 자유를 제약하는 법과 제도는 시민들의 공적 영역에서의 활동과 아울러 시민들 간의 관계 역시 위축시켰다. 결국 군부정권과 유신시대 하에서 허용된 삶은 자유로운 교류와 결사가 이루어지는 시민으로서의 삶보다는 국가권력의 규율과 통제에 따라야만 하는 국민으로서의 삶뿐이었다. 가족의 바깥에서 공식조직으로 중요한 역할을 한 학교나 직장 모두 위계적 규율과 억압적 분위기가 지배적이었고 이들 모두에 예비군과 민방위대가 조직되어 국가적 동원 체계에 포섭되어 있었다. 자발적 결사가 극히 제약된 상황에서 가족이나 친구, 사업이나 직장의 동료 등의 관계 이외에 신뢰와 협동의 관계를 맺을 수 있는 기회를 갖기도 쉽지 않았지만, 통제와 억압의 분위기 속에서 자유롭게 교류하고자 생각하기도 쉽지 않았다.

1980년대 후반 이후 정치적 민주화는 이러한 상황에 큰 변화를 가져왔다. 민주화 이후 국가의 시민사회에 대한 제약은 상당히 줄었으며, 다양한 분야에서 자발적인 결사와 조직의 등장이 이어졌다. 또한 다양한 직능별, 업종별 단체들도 정부의 통제로부터 벗어나 자율성을 회복하게 되었다. 게다가 1990년대 탈냉전의 분위기는 여전히 남아있는 남북한의 군사적 대치상황에도 불구하고 과거의 강고한 냉전적 반공주의 체제를 느슨하게 만드는 역할을 하였다. 학교와 직장 등 과거 위계와 규율만이 강조되었던 조직들에서도 자유가 점차로 허용되었다. 무엇보다 정치적 민주화와 함께 나타난 전투적 노동운동은 노동기본법의 보장과 함께 자유로운 노동조합의 등장을 가져왔다. 정치적 민주화와 노동운동의 동시 발전은 노동운동과 시민운동 간의 자연스러운 연대를 낳았다. 또 하나의 중요한 발전은 지방자치의 실시를 통해서 풀뿌리 민주주의가 시작될 수 있는 단초가 마련되었다는 점이다. 바야흐로 노동 뿐 아니라 사회 각 영역에서 1987년 체제가 시작된 것이다.

1990년대 이후에는 민주주의를 둘러싼 진통이 계속되는 동시에 새로운 변화가 시작되었다. 그동안 정부의 규제를 받아왔던 시장과 기업의 활동이 탈규제 환경 속에서 활발해지는 동시에 세계화의 물결에 동참하기 시작했다. 시민사회가 국가로부터의 취약한 자율성을 조금씩 회복해가는 무렵 신자유주의적 성격을 강화하기 시작한 시장의 영향력이 시민사회에 미치기 시작한 것이다. 서구에서는 이미 1980년대에 사회 구조를 재편하기 시작한 신자유주의는 한국 사회에서 1990년대 점점 영향력을 강화하기 시작해서 외환위기를 계기로 사회적 의식과 행위, 질서에 거대한 변화를 가져오기 시작했다. 변화의 내용은 대체로 다음과 같다. 시장 자유의 확대와 기업 활동의 세계화로 경제적 이중구조가 형성되고 경제적 불평등이 증가했으며, 개인의 자유와 개인의 책임이 동시에 강조되는 상황에서 개인들은 불확실성에 무방비적으로 노출되기 시작했고, 사회구조와 관계의 유연화는 시대적 화두가 되었다.

2000년대에 들어서 이러한 변화의 흐름은 더욱 거세어지게 되었다. 불평등과 불안정이 지속적으로 높아지기 시작했고, 2000년대 후반 경제위기 이후 저성장의 고착화와 인구적 고령화는 안정 추구 성향을 더욱 부추기기 시작했다. 1980년대 후반에서 1990년대 초반까지 사회운동이 조직을 기반으로 한 동원을 통해 효과적으로 저항을 시도할 수 있었던 반면, 2000년대에 집단적 저항은 촛불시위처럼 이슈 중심으로 개인적 공감과 참여에 의존해야만 가능했다. 개인주의와 소비성향의 확대는 욕망의 급속한 팽창과 함께 과거 민주화 시대의 진정성으로부터 스노비즘으로의 변화(김홍중, 2009)를 가져왔으며, 정치적 무력감과 불신, 사회경제적 불만과 불안은 냉소주의적 성향의 강화를 낳았다(Sloterdik, 2005). 냉소주의는 민주화 과정을 거치면서 공적 영역으로 적극 참여하기 시작한 시민들을 또 다시 사적 영역으로 후퇴시키는 결과를 가져왔다. 과거 권위주의에서 정보의 제한과 검열이 시민들의 정치적 의식의 각성을 제약했다면, 이제는 무관심 때문에 정보를 알기를 원치 않거나 알면서도 행동으로 연결시키지 않게 된 것이다. 이러한 상황에서 진보적 성향의 시민단체들이 주를 이루었던 시민사회에 보수적 시민단체들이 2000년대 후반부터 등장하기 시작하면서 내부적 갈등도 심화되기 시작하였다(신진욱, 2008; 윤민재, 2008).

제 5 절 사회적 참여는 얼마나 활발한가?

　사회적 참여는 시민들이 자신의 가족이나 사적 영역에서만 활동하는 것이 아니라 공적 영역에 다양한 계기로 참여하고 활동하는 것을 의미한다. 사회적 참여가 중요한 이유는 사회적 참여를 통해 사회적 자본이 형성되고 또한 이를 통해 시민사회의 기반이 마련되기 때문이다. 그럼 한국에서 사회적 참여는 얼마나 활발하며 최근 들어 어떻게 변해 왔는가?

　민주주의 사회에서 대표적인 정치적 참여는 투표이다. 투표율의 변화는 정치참여의 변화를 보여주며 투표율 하락은 시민들의 정치 무관심과 불신이 늘어나는 것을 의미하기 때문에 우려할만한 현상이다. 투표율로 본 한국 사회의 정치 참여 수준은 〈그림 2-1〉에서 볼 수 있듯이 1990년대 이후 즉 민

그림 2-1 각종 선거 투표율의 변화

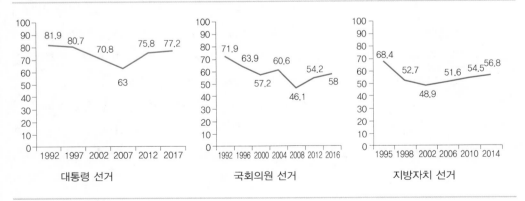

자료: 선거관리위원회

주화 이후 지속적으로 낮아지다가 최근 들어 조금 높아지기 시작했다.

대통령 선거 투표율은 1992년 81.9%로 높은 편에서 1997년 80.7%, 2002년 70.8%, 2007년 63%에 이르기까지 계속 낮아졌다가 2012년 75.8%, 2017년 77.2%로 상승했다. 국회의원 선거 투표율은 1992년 71.9%, 1996년 63.9%, 2000년 57.2%, 2004년 60.6%, 2008년 46.1%로 꾸준한 하락을 보다가 2012년 54.2%, 2016년 58.0%로 높아졌다. 지방 선거 역시 비슷한 변화의 패턴을 보이지만 투표율이 하락에서 상승으로 바뀌는 시기는 좀 더 빠르다.

각 선거별로 가장 최근 선거에서의 투표율을 연령별로 비교하면 〈그림 2-2〉에서 보는 것처럼 20대에 비해 30대가 낮고 이후에는 연령의 증가와 함께 투표율이 높아진다. 2012년 대통령 선거에서는 30대 후반이 67.7로 가장 투표율이 낮은 반면 50대가 82%로 투표율이 가장 낮다. 연령대별 차이는 지방선거와 국회의원 선거에서는 더욱 크다. 30대 전반의 지방선거와 국회의원 선거 투표율이 각각 45.1%와 48.9%에 불과한 반면 60대의 지방선거 투표율은 74.4%, 60대 이상의 국회의원 선거 투표율은 71.7%에 이른다.

그림 2-2 각종 선거 투표율의 변화

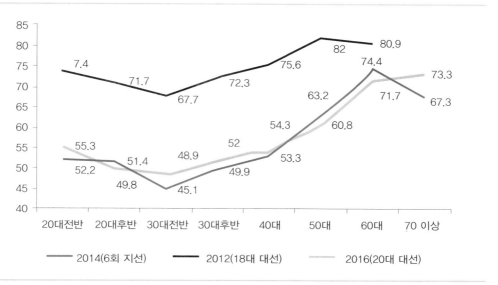

자료: 선거관리위원회

선거가 대표적인 정치적 참여이기는 하지만 선거 이외에도 다양한 정치 참여의 통로가 있다. 특히나 대의민주주의의 한계를 주장하는 많은 사람들은 선거가 대단히 제한적인 정치적 의사표현의 형태이며 투표를 넘어서서 다양한 정치적 참여를 활성화할 필요가 있다고 주장한다. 그러면 한국에서 정치적 참여는 얼마나 다양한가? 한국행정연구원의 〈사회통합실태조사〉 자료를 통해서 살펴보자. 〈그림 2-3〉은 조사가 처음 실시된 2013년과 가장 최근인 2016년의 조사결과를 비교한 것이다. 이 그래프에서 보면 가장 많은 사람들이 선거 이외에 취하는 정치적 참여는 가까운 사람들과의 대화인 것으로 나타났으며 최근 들어 그 비율은 더욱 높아지는 것으로 나타났다. 반면 선거 이외의 보다 적극적인 온라인 글쓰기나 서명, 탄원서와 진정, 민원, 더 나아가 시위나 집회 참여 등은 그 비율이 높지 않으며 최근 들어 줄어든 것으로 나타났다. 다만 사회통합실태조사의 가장 최근 조사는 대통령탄핵 촛불시위가 시작되기 이전에 실시되어 그에 따른 최근의 참여는 반영하지 못하였다.

정치적 참여 이외 일상적으로 사회적 참여가 얼마나 활발한지를 보려면 자발적 결사 참여를 보아야 한다. 토크빌과 퍼트남은 시민사회의 핵심이

그림 2-3 선거 이외의 정치적 참여의 종류별 분포와 변화

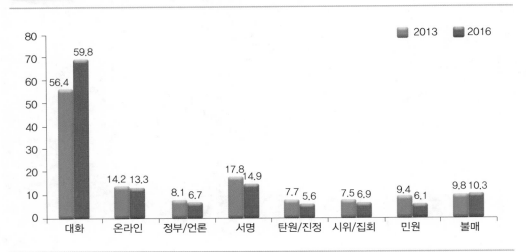

자료: 한국행정연구원, 『사회통합실태조사』, 각 년도.

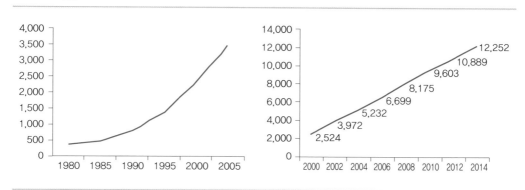

그림 2-4 비영리단체 수의 증가, 1990~2005(왼편) 및 2000~2014(오른편)

자료: 『시민의 신문』. 2006(왼편) 및 e-나라지표(오른편).

활발한 자발적 결사의 활동 및 시민들의 적극적 참여라고 주장했다. 〈그림 2-4〉는 1980년대 민주화 이후 비영리단체의 증가를 보여준다. 왼편 그래프의 경우 〈시민의 신문〉 집계 결과에 의한 장기추세이며 오른편 그래프는 정부의 최근 공식집계 결과이다. 이 두 그래프에 따르면 1990년대 동안 비영리단체의 수는 빠르게 증가하다가 2000년대 이후 증가세는 지속되지만 증가속도는 다소 둔화되었다.

권력으로부터 자율적이고 자발적 참여를 중시하는 자발적 결사의 증가는 시민사회의 조직된 역량이 높아졌다는 것을 의미한다. 하지만 자발적 결사의 수가 증가한다고 해도 시민들의 참여가 활발하게 이루어지지 못한다면 그 의의는 반감된다고 할 수 있다. 〈그림 2-5〉는 자발적 결사에 참여하는 시민의 비율을 보여준다.

세계 가치관 조사의 결과를 나타낸 왼편 그래프는 1981년부터 1995년까지의 지속적인 증가와 2000년까지의 급격한 감소, 그리고 2000년대에 걸친 완만한 증가를 보여준다. 오른편 그래프는 통계청의 사회조사에 나타난 2003년부터 2015년까지의 추세로 2006년까지 감소세에 이어서 완만한 증가세가 지속되지만 최근 들어 정체하는 양상을 보여준다. 두 그래프의 결과가 일치하지는 않지만 전반적 추세에 대해서는 마찬가지라는 것을 알 수 있다. 앞의 〈그림 2-4〉의 결과와 연결시켜 본다면 1995년부터 2000년 사이 단

그림 2-5 │ 자발적 결사 참여율: 1981~2010(왼편) 및 2003~2015(오른편)

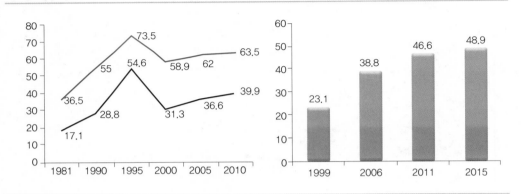

자료: 『World Value Survey』. 1981-2010. (왼편) 통계청. 『사회조사』. 2003~2015. (오른편).
※ 왼편 그림 위의 선은 종교단체, 문화예술단체, 노동조합, 정당, 환경단체, 전문가 단체를 합한 비율이며, 아래 선은 종교단체를 제외한 비율이다.
※ 오른편 그림의 선은 친목 사교단체, 종교단체, 취미 스포츠 레저단체, 시민사회단체, 학술단체, 이익단체, 정치단체, 지역사회모임을 모두 합친 비율이다.

체의 수는 급증한 반면 오히려 참여율은 낮아졌고, 2005년부터 2014년 사이 단체의 수가 배가한 반면 참여율 증가는 10% 포인트에 그친 것은 시사하는 바가 크다. 자발적 결사의 수적 증가에도 불구하고 참여 면에서 그만큼의 증가가 이루어지지 못했고 일시적으로 수적 증가가 참여의 감소와 함께 이루어지기도 했기 때문이다. 요컨대 자발적 결사의 증가가 그에 따르는 참여층의 확대를 동반하지 못하고 결사 규모의 위축 혹은 기존 참여층의 중복참여를 가져왔다는 것을 의미할 수 있기 때문이다(cf. Koo and Han, 2005). 1990년대에 걸쳐 시민단체의 정체성과 활동방식이 변화하면서 시민들의 참여방식과 정도가 변화한 것도 이와 관련하여 중요한 변화이다(조대엽, 2000)

〈그림 2-6〉은 참여단체 종류별로 1999년부터 2015년까지 참여율의 변화를 비교하여 제시한다. 이 그래프를 살펴보면 1999년에서 2015년 사이 가장 참여율이 가장 많이 늘어난 사회단체는 친목 및 사교단체로 14.4%에서 36.9%로 상승했으며, 다음은 취미, 스포츠, 레저단체로 4.8%에서 17.2%로 상승했다. 전반적인 참여의 비율이 높아졌어도 참여단체가 친목 및 사교단체에 편중되어 있는 현상은 여전히 지속되고 있음을 알 수 있다.

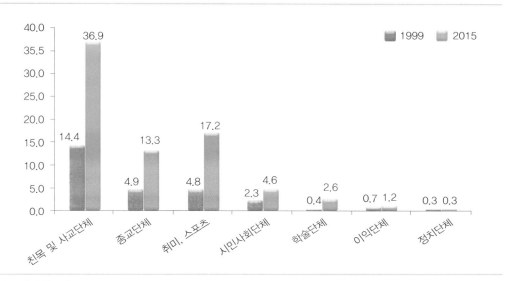

그림 2-6 참여단체별 참여율(1999, 2015)

자료: 『사회조사』, 1999, 2015.

　　사회참여 중에서 특히 사회적 통합에 기여하는 활동이 바로 도움이 필요한 사람들이나 사회의 공공선을 위해 자발적으로 자신의 노력과 재능을 제공하는 자원봉사와 경제적 자원을 제공하는 기부이다. 자원봉사와 기부는 사회적 유대를 높일 뿐 아니라 사회적 자본의 창출에 기여한다.

　　기부 및 자원봉사 활동에 대한 참여 비율이 어떻게 변화하는가를 보여주는 것이 〈그림 2-7〉이다. 기부 및 자원봉사 모두 지난 일 년 간 참여한 적이 있는가를 물은 것에 대해 그렇다고 응답한 비율이다. 기부의 경우 2011년부터 사회조사에서 물었기 때문에 그 이후의 변화만 볼 수 있다. 자원봉사의 경우 10대 학생들의 경우 입시와 관련이 되어 참여비율이 특별히 높기 때문에 자발적이라고 보기 힘들어 이 그래프에서는 19세 이상의 참여 비율만 나타냈다. 그 결과 기부 참여 비율은 2011년 35.1%에서 2015년 29.6%로 조금씩 낮아진 것을 알 수 있다. 자원봉사 역시 1999년 11.0%에서 2009년 14%까지 높아졌으나 이후 아주 조금씩 낮아져서 2015년에는 성인 중에서 12.1%가 자원봉사에 참여한 것으로 나타났다. 그러면 한국의 후원과 기부활동은 외국과 비교해서 어느 정도 수준에 있을까? 지난 일 년 간 기부와 자원봉사에 참여한 경험이 있는 사람들의 비율을 국제적으로 비교한 〈그림 2-7〉의 아래 그래프를 보면 한국에서 기부행위의 비율은 32.7%, 자원봉사의 비율은 29.4%이다. 기부 비율은 OECD 평균에 비해 10%p 정도 낮으며 일본이나 스페인과 비슷한 수준이고, 자원봉사 비율은 OECD 평균보다 높은 수준이다.

그림 2-7 기부 및 자원봉사 참여의 변화(위) 및 기부의 국제비교(아래)

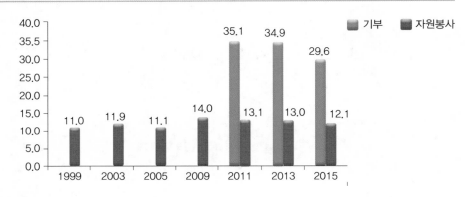

자료: 『사회조사 각 년도』.

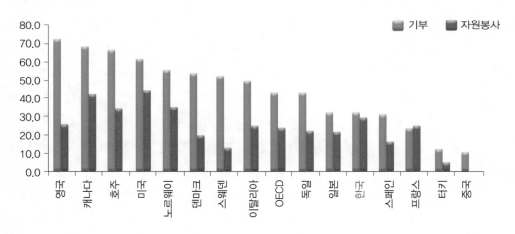

자료: 『Gallup World Poll』, 2014.

제 6 절 한국의 신뢰수준은 어떠한가?

신뢰는 사회에서 갈등을 줄이고 참여를 높이며 협력을 증진하도록 하는 사회적 자본의 중요한 부분으로 기능한다. 사회의 다른 구성원들을 신뢰할 수 있다면 그들과 협력해서 생산적인 일을 도모하고 공공선을 증진하며, 불필요한 의심에 따른 비용과 갈등을 줄일 수 있다.

〈그림 2-8〉은 일반화된 대인 신뢰 수준의 변화를 보여준다. 왼편 그래프에 의하면 1981년 이후 2000년까지 일반화된 신뢰의 수준은 38%에서 27%까지 지속적으로 하락하다가 2000년대에 들어 전반적으로 정체하는 양상을 보이고 있다. 오른편 그래프는 보다 최근의 연도별 변화를 보여주는데 대체로 40%대에서 오르락내리락 하면서 큰 변화를 보이지 않는다. 한국 사회의 일반화된 신뢰의 수준은 낮은 수준인 것으로 많이 알려져 있다(이재열, 1998). 그렇다면 1980년대에서 1990년대에 걸쳐 일반화된 신뢰의 수준이 지속적으로 하락한 원인은 무엇인가? 한편에서는 한국 사회에 만연한 연고주의와 사적 신뢰의 과잉이 공적 신뢰의 여지를 남기지 않았다고 한다. 또 다른 한편에서는 한국 사회의 발전과정에서 나타난 이념적 혼란과 급격하고 압축적인 변화가 신뢰 형성에 필요한 사회적 안정성을 저해한 결과라고 한다. 하지

그림 2-8 일반화된 대인 신뢰, 1981~2010(왼편) 및 2003~2012(오른편)

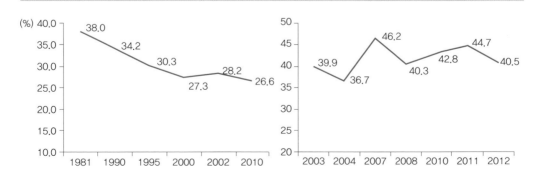

자료: 『World Value Survey』. 각 년도(왼편). 『Gallup World Poll』. 각 년도(오른편).

만 여전히 민주화 과정에서 나타난 신뢰의 하락을 설명하기에는 뭔가 부족하다. 이 질문에 대한 해답을 찾기 위해서는 보다 본격적인 연구가 필요하겠지만 시사점을 얻을 수 있는 최근의 연구결과에 따르면 불평등 심화와 부패에 따른 공정성의 훼손이 일반화된 신뢰의 하락을 가져온다고 한다(Rothstein 2005; Uslaner 2002).

한국의 불평등은 1990년대까지 국제적으로 높은 편이 아니었지만 설문조사 등을 통해 나타난 상대적 박탈감은 높은 편이었다. 또한 1990년대 이후 불평등은 지속적으로 높아지기 시작했다. 부패의 경우도 국제투명성기구의 부패인식지수에 나타난 추세를 보면 1990년대에 걸쳐 악화되었다. 결국 민주화에도 불구하고 불평등 심화와 공정성 악화가 국민의식에 반영되어 나타난 것이 사회적 신뢰의 하락이라고 볼 수 있겠다. 결국 신뢰의 회복을 위해서는 의식의 변화만이 아닌 사회경제적 차원에서의 형평과 정의의 개선이 필요한 것이다. 만약 이처럼 불평등과 불신, 불안의 결합이 지속된다면 앞서 언급한 바대로 사회적으로 냉소주의가 만연하게 되고 시민사회는 계속 위축될 수밖에 없을 것이다.

대인 신뢰 수준은 국제적으로 비교해 볼 때 그다지 높지는 못하다. 질문에 대한 선택지 제시가 다르기 때문에 한국종합사회조사 결과와 곧바로 비교하기는 어렵지만 갤럽의 2012년 국제비교 조사와 국제사회조사프로그램의 2010년 조사를 이용해서 국제비교한 결과가 〈그림 2–9〉에 제시되어 있다.

갤럽 조사 결과를 제시한 그래프를 보면 타인을 신뢰할 수 있다고 응답한 비율은 26.2%이다. OECD 대부분 나라들에 비해 낮은 편이다. 2010년 「국제사회조사프로그램」(ISSP) 조사 결과를 제시한 그래프를 보면 사람들을 일반적으로 신뢰할 수 있다고 응답한 비율은 22.3%로 비교대상이 된 25개국 중에서 순위로는 14번째이며 전체 평균인 30.1%에 크게 못 미치는 수준이다.

대인 신뢰의 수준은 신뢰의 반경범위와 밀접히 관련되어 있다. 신뢰의 반경범위란 개인을 중심에 놓고 관계가 멀어질수록 신뢰하는 비율이 얼마나 완만히 혹은 가파르게 낮아지는가를 의미한다. 대인 신뢰 수준이 높으면 특수 관계의 사람들만이 아니라 대다수의 사람들을 신뢰할 수 있어 신뢰의 반경범위가 넓은 반면, 대인 신뢰 수준이 낮으면 특수 관계의 사람들만 신뢰하

그림 2-9	대인신뢰 국제비교

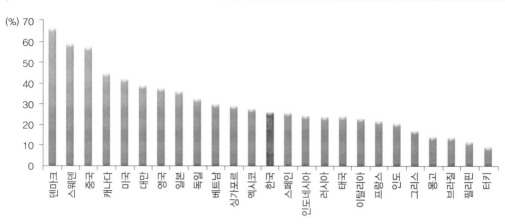

자료: 『Gallup world poll』. 2012.

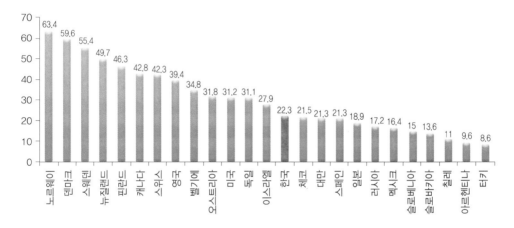

자료: 『국제사회조사프로그램(ISSP)』. 2010.

고 관계가 멀수록 불신해서 신뢰의 반경범위가 좁다.

〈그림 2-10〉에 제시된 행정연구원의 사회통합실태조사 결과에서는 가족과 친척, 친구를 신뢰하는 비율이 95%를 넘는 반면, 지인을 신뢰하는 비율은 80%를 넘고, 이웃을 신뢰하는 비율은 60%를 넘으며, 낯선 사람에 대한 신뢰 비율은 10%를 겨우 넘는 것에 불과하다.

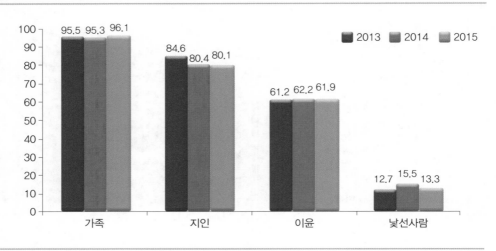

그림 2-10 신뢰의 반경범위의 변화: 2013~2015

자료: 한국행정연구원. 『사회통합실태조사』. 각 년도.

　　제도에 대한 신뢰는 제도가 잘 운영되고 있는가와 아울러 제도를 운영하는 사람들이 공정하고 정직하게 제도를 운영하는가에 대한 평가와 인식을 모두 포함한다. 제도에 대한 신뢰수준이 높으면 시민들이 규칙을 잘 준수하고 제도에 협력하기 때문에 더 좋은 성과를 거둘 수 있으며 그 결과 제도에 대한 신뢰가 지속된다. 이를 제도에 대한 신뢰의 선순환이라고 할 수 있다.

　　정부와 의회에 대한 시민들의 신뢰의 변화가 〈그림 2-11〉에 제시되어 있다. 왼편의 그림은 1981년부터 2010년까지 세계 가치관 조사에서 나타난 정부와 의회에 대한 신뢰의 장기추세를 보여준다. 이 그래프에 따르면 정부와 의회에 대한 신뢰는 민주화 이후 지속적으로 하락해서 2000년에 가장 낮은 수준을 보인 후 2000년대에 들어 개선되는 양상을 보인다. 민주화 기간 동안에 신뢰가 하락하는 배경은 과거사에 대한 재평가로 인한 실망, 민주화 과정의 혼란에 따른 문제들, 그리고 민주화 과정에서 상승하는 기대와 현실의 격차 등 다양할 수 있다(한준, 2003). 반면 2000년대 들어 정부와 의회에 대한 신뢰가 높아지는 것은 흥미로운 사실이다. 갤럽의 국제비교 조사가 2006년 이후 매년 조사한 정부 신뢰 추세를 보여주는 오른편 그래프에서도

그림 2-11 정부 및 의회에 대한 신뢰, 1981~2010(왼편) 및 2006~2014(오른편)

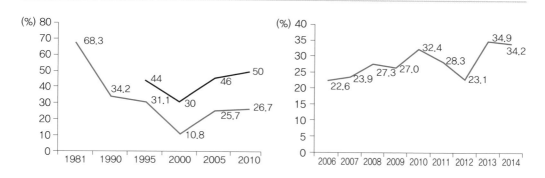

자료: 『World Value Survey』. 1981~2010(왼편), 『Gallup World Poll』, 각 년도(오른편).
 ※ 왼편 그림의 검은 색은 정부에 대한 신뢰를 파란색은 의회에 대한 신뢰를, 그리고 오른편 그림은 정부에 대한 신뢰를 나타냄.

2010~12년 사이 하락을 제외하면 전반적으로 신뢰의 상승추세를 발견할 수 있다. 이것은 아래 그림에서 보듯이 투명성을 높이고 권력 분산을 하고자 했던 2000년대 정부의 노력에 대한 긍정적 평가라고 볼 수 있다.

한국에서 각종 제도에 대한 신뢰수준이 지난 십여 년간 어떻게 변화했는가를 제시한 〈그림 2-12〉을 보면 대부분 제도들이, 특히 민간에 비해 공공제도가 신뢰 하락을 경험하는 것을 알 수 있다.

대기업은 2003년 60.7%의 신뢰를 받다가 2010년 74.7%까지 높아졌지만 이후 계속 하락해서 2014년 62.0%이다. 중앙정부 신뢰는 2003년 43.4%에서 2013년 59.4%까지 높아졌지만 2014년에 2003년 수준인 43.5%로 낮아졌다. 국회 신뢰 비율은 2004년 17.9%로 가장 낮은 수준이다 2013년 31%까지 높아졌지만 2014년에는 26.4%로 다시 낮아졌다.

국제비교를 보아도 한국의 제도신뢰 특히 정부 신뢰는 국제적으로 높지 않은 편이다. 2014년 조사된 결과를 국제 비교로 보여주는 〈그림 2-13〉을 보면 한국에서 정부를 신뢰하는 응답자 비율은 34%로 OECD 평균 42%보다 8% 포인트 낮으며 일본(39%)에 비해서도 낮은 편이다. 2007년 이후의 변화를 보면 많은 나라들이 정부신뢰의 하락을 경험했으며 특히 유럽에 정부신뢰 하락을 경험한 나라들이 많다. 한국은 독일, 일본과 함께 정부신뢰가 상

그림 2-12 제도들에 대한 신뢰의 변화

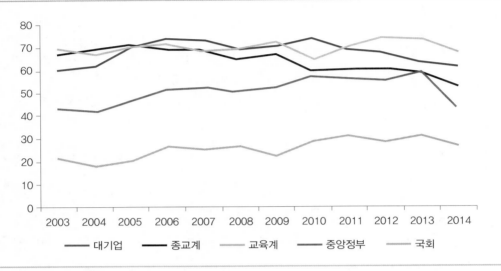

자료: 『한국종합사회조사(KGSS)』. 각 년도.

그림 2-13 정부에 대한 신뢰 수준 및 변화의 국제 비교

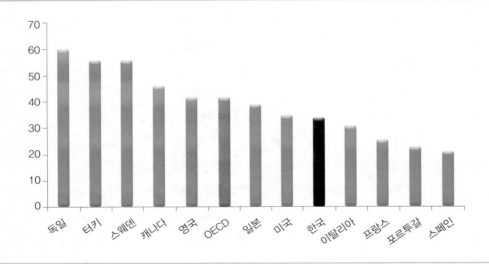

자료: OECD. 『한눈에 보는 정부 2015』.

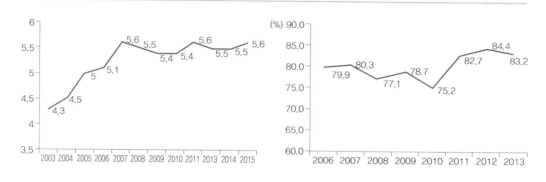

그림 2-14 부패에 대한 인식의 변화, 2003~2015(왼편) 및 2006~2013(오른편)

자료: 『Transparecy International』, 각 년도(왼편). 『Gallup World Poll』, 각 년도 (오른편).

승한 나라에 속한다.

　정부신뢰와 밀접한 관계를 갖고 있는 것이 투명성과 부패의 문제이다. 부패를 줄이고 투명성을 높이고자 하는 노력에 대한 국민들의 인식은 〈그림 2-14〉에 나타나 있다.

　국제투명성기구의 부패관련 종합지수인 부패인식지수의 추이를 보여주는 왼편의 그래프로부터 우리는 2003년 이후 2000년대 후반까지 지속적으로 부패에 대한 인식이 개선되어 왔으며 이후 비슷한 수준을 유지하고 있다는 것을 알 수 있다. 하지만 갤럽 국제비교 조사에서는 부패에 대한 인식이 2010년도까지 개선되다가 이후 다시 높아지는 양상을 보이고 있어 주목된다. 갤럽의 결과는 정부와 기업 두 부문에서 부패가 만연하다고 응답한 비율의 평균을 나타낸다. 특히 부패에 대한 인식이 정체되는 것은 정부 신뢰에 악영향을 미친다는 점에서 심각한 문제이다. 〈그림 2-15〉에서 보듯이 국민의 정부 부패에 대한 인식은 정부 리더십에 대한 평가와 함께 정부 신뢰에 매우 큰 영향을 미치는 요인이다. 이 그래프에서 확인할 수 있는 것은 한국의 부패 수준이 OECD 평균 수준보다 많이 높아서 남유럽과 동유럽 국가들과 비슷한 수준이며, 정부에 대한 불신의 정도 역시 OECD 평균에 비해 높아서 동유럽, 남유럽과 남미에 비슷하다는 것이다.

　한국의 제도 특히 정부에 대한 신뢰가 낮고 정부의 투명성에 대한 인식이

그림 2-15 부패 및 리더십과 정부 신뢰의 상관관계

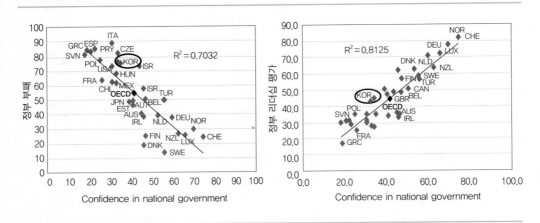

자료: 『OECD, 한눈으로 보는 정부』. 2015.

최근 들어 개선되지 않는 것은 사회통합에만 부정적 영향을 미치는 것이 아니라 국가경쟁력에도 심각한 훼손을 가져온다. 〈그림 2-16〉은 세계경제포럼에서 평가한 제도적 측면에서의 한국의 경쟁력 순위이다. 전반적인 국가경쟁력에서 세계경제포럼은 한국을 138개국 중에서 26위로 평가했다. 이 순위 자체도 한국의 경제규모에 비한다면 높은 것은 아니지만 더욱 심각한 문제는 제도 분야의 순위이다. 정치인들에 대한 공적 신뢰 수준은 96위이며, 정부규제의 과중함은 105위, 정부 정책결정의 투명성은 115위로 최하위 수준인 것으로 평가되었다. 결국 사회통합 만이 아니라 국가의 경제발전과 성장을 위해서도 반부패와 투명성 제고 및 이를 통한 정부 신뢰 회복이 시급한 과제라는 것을 알 수 있다.

그림 2-16　세계경제포럼의 국가경쟁력 제도 분야 한국의 순위

Rank / 138

1st pillar: Institutions	63
1.01　Property rights	42
1.02　Intellectual property protection	49
1.03　Diversion of public funds	69
1.04　Public trust in politicians	96
1.05　Irregular payments and bribes	52
1.06　Judicial independence	72
1.07　Favoritism in decisions of government officials	82
1.08　Wastefulness of government spending	70
1.09　Burden of government regulation	105
1.10　Efficiency of legal framework in settling disputes	50
1.11　Efficiency of legal framework in challenging regs	59
1.12　Transparency of government policymaking	115
1.13　Business costs of terrorism	81
1.14　Business costs of crime and violence	55

자료: 세계경제포럼.

제7절　사회적 관계의 정도와 특성

자발적 결사, 일반화된 신뢰와 더불어 사회적 자본의 중요한 구성요소인
사회적 관계와 지지의 현황은 어떤가 살펴보자.

〈그림 2-17〉은 사회적 지지(social support)를 받는다고 응답한 비율의 추
이와 그 반대의 경우인 사회적 고립의 비율을 보여준다. 현재 한국 사회에서
심각한 문제로 등장한 사회적 위험과 불안정성은 사회적 지지의 필요성을
더욱 강조한다. 하지만 〈그림 2-17〉의 왼편의 그래프를 보면 2000년대 후반

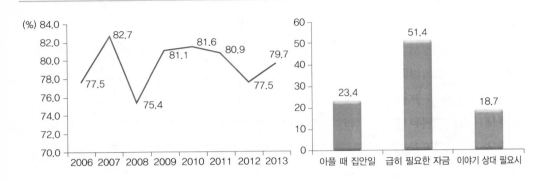

그림 2-17   사회적 지지 비율: 2006~2013(왼편)과 사회적 고립의 비율(오른편), 2013

자료: 『Gallup World Poll』. 각 년도(왼편) 및 통계청. 『사회조사』. 2013(오른편)

이후로 한국 사회에서 곤경에 처했을 때 도움을 줄 사람이 있다고 응답한 비율은 오르락내리락 하면서도 80%를 넘기 힘들다. 대체로 20% 가량의 사람들이 어려움에 닥쳤을 때 주위에서 도움을 받을 사람이 없다는 것을 의미한다. 오른편의 그래프는 사안별로 도움을 받을 사람이 없는 고립의 비율이다. 아플 때 집안일을 도와줄 사람이 없는 비율이 23.4%, 급히 돈이 필요할 때 도움을 청할 사람이 없는 비율이 51.4%, 그리고 이야기 상대가 필요할 때 찾을 수 없는 사람이 18.7%인 것으로 나타났다.

그러면 사회적 지지의 정도는 국제적으로 어느 정도의 수준일까? 〈그림 2-18〉은 사회적 지지 비율의 국제비교를 제시한다. 특히 사회적 지지를 연령대별로 제시하고 있는데 이 그래프에서 특징적인 것은 한국이 사회적지지 비율이 전반적으로 OECD 평균에 비해 낮은 수준일 뿐 아니라 연령대별로 사회적 지지 비율의 격차가 가장 큰 사회라는 사실이다. 한국에서 젊은 층(15~29세)의 경우 사회적 지지 비율이 외국과 비교해서 큰 차이를 보이지 않는 반면, 중년층(30~49세)의 경우는 낮은 편에 속한다. 하지만 장노년층(50세 이상)의 경우는 가장 낮은 사회적 지지를 받고 있는 것을 알 수 있다. 이것은 노인들 중에서 1인 가구 비율이 높고 노인 빈곤이 심각하다는 문제와 관련하여 한국의 사회통합에서 가장 기본적인 사회적 지지가 약화되고 있음을 보여준다.

그림 2-18 사회적지지 비율의 국제비교

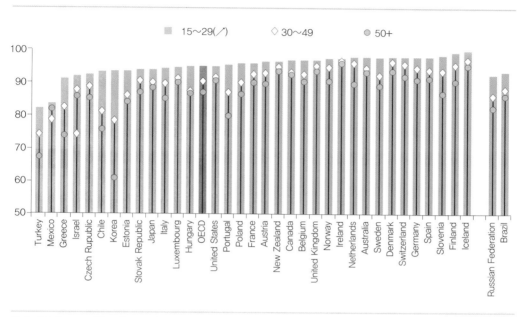

자료: 『Gallup world poll』. 2014.

사회적 관계는 지지관계의 유무 뿐 아니라 관계의 성격과 질 측면에서도 살펴보아야 한다. 앞서 우리는 한국 사회의 일반화된 신뢰가 취약하다는 사실을 확인하였다. 그런데 일반화된 신뢰와 함께 바람직한 사회통합을 이루는데 있어 중요한 것은 공적인 관계에서 타인을 존중하고 관용을 베푸는 것이다. 냉소주의가 한국 사회의 사회적 자본을 약화시키는 한 단면이 바로 관용과 타인에 대한 존중의 결여이다. 〈그림 2-19〉는 세계 가치관 조사에서 아이들에게 반드시 가르쳐야 할 덕목으로 중요한 정도를 물은 것에 대해 관용과 타인에 대한 배려가 중요하다고 응답한 비율이다. 1980년대에 걸쳐 중요도가 증가하지만 2000년대 이후에는 하락하고 있다. 국제적으로 비교하면 한국은 관용이 매우 부족한 사회이며 특히 주목할 점은 한국 사회에서는 교육수준이 높아져도 관용의 정도가 높아지지 않는다는 점이다(가상준, 2015; 서울대 사회발전연구소 2014). 교육을 통한 계몽에도 불구하고 관용과 배려를 실천하거나 자녀들에게 가르치지 않겠다는 태도는 현재 한국인의 시민성에

그림 2-19 관용과 타인에 대한 존중의 중요성

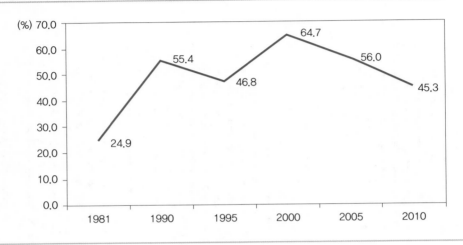

자료: *World Value Survey*, 각 년도

문제가 있음을 보여준다.

사회가 복잡해지고 또한 글로벌리제이션이 빠르게 진행되면서 우리 사회에도 다양성이 높아지게 되었다. 다양성이 높은 사회에서는 이해관계의 충돌 외에도 단지 다르다는 이유만으로 차별이나 갈등이 첨예해질 수 있다. 따라서 다양성이 높은 사회에서 사회통합을 이루려면 차이를 관용할 수 있어야 한다. 한국행정연구원에서 매년 실시하는 "사회통합실태조사"에서는 장애인, 결손가정의 자녀, 외국인과 이민자, 전과자, 동성애자, 북한이탈주민 등 다양한 집단에 대해 이웃, 직장동료, 절친한 친구, 배우자 등 다양한 집단 성원으로 받아들일 수 있는지 여부를 질문하였다. 〈그림 2-20〉은 이들 집단별로 얼마나 포용과 관용을 베푸는지를 2013년과 2016년을 비교한 그래프이다.

〈그림 2-20〉은 이 조사에서 장애인, 이민자, 동성애자에 대해 이웃, 직장동료, 절친한 친구로 받아들일 수 있는지에 대한 응답의 분포를 보여준다. 전반적으로 2013년에 비해 2016년에는 사회적 소수자나 약자들을 더 가까운 관계 즉 이웃보다는 직장동료, 직장동료보다는 친구, 친구보다는 배우자로 받아들일 수 있다는 응답의 비율이 높아진 것을 알 수 있다. 특히 장애인, 결

그림 2-20 집단별 관용과 포용의 정도

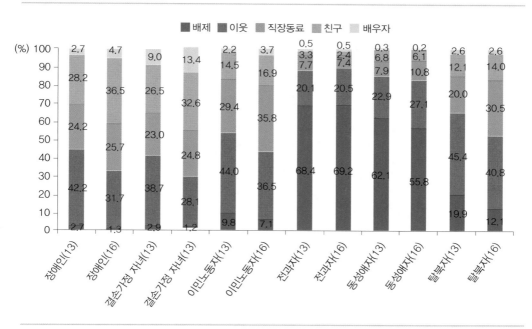

자료: 한국행정연구원. 『사회통합실태조사』. 각 년도.

손가정 자녀, 이민노동자, 탈북자 등에 대해 이러한 변화가 보인다. 하지만
여전히 전과자와 동성애자들에 대해서는 받아들이기 어렵다는 응답의 비율
이 50%를 넘어서 이들에 대한 배제가 사회적으로 높다는 것을 보여준다.

그러면 국제적으로 한국 사회는 얼마나 관용적인가? 2012년 Gallup
World Poll에서는 자신이 살고 있는 도시 혹은 지역이 외국에서 온 사람에게
얼마나 살기 좋다고 생각하는가를 질문하였다. 이 질문에 대한 긍정적 응답
의 비율이 국가별로 〈그림 2-21〉에 제시되어 있다.

이 조사 결과 가장 외국인에게 관용적인 사회는 캐나다로 94%의 응답자
가 긍정적으로 응답하였으며, 다음은 노르웨이로 긍정적 응답이 90%였다.
OECD 전체 평균은 73%였으며 평균보다 높은 나라들은 대부분 유럽이나 북
미 사회였다. 한편 한국은 긍정적 응답의 비율이 64%로 일본(65%)과 비슷
했다.

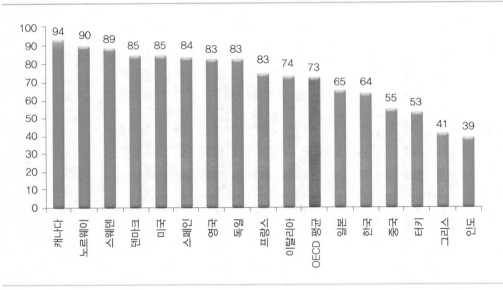

그림 2-21 국가별 이민자에 대한 관용성 수준의 비교

자료: *Gallup World Poll*, 2012.

제 **8** 절 | 사회 불평등과 갈등은 어느 정도인가?

시민사회에서 통합을 저해하는 가장 중요한 요인 가운데 하나는 불평등의 심화와 그에 따른 갈등의 고조이다. 시계열적으로 주관적 계층인식이 어떻게 변화해 왔는지를 보는 것은 계층갈등이 심화될 소지를 갖고 있는지, 아니면 완화될 소지를 보이는지 판단할 수 있게 해준다. 〈그림 2-22〉는 한국 갤럽의 조사결과로 80년대 중반 이후, 90년대 중반, 그리고 2000년대 들어서 상, 중, 하로 나눈 주관적 계층귀속의 분포가 어떻게 변화하였는가를 보여준다.

주관적 계층분포에서 특히 관심을 모으는 중층의 분포를 보면 1985년에서 1994년 사이 43%에서 53%로 늘었다가, 2000년대 초반에 35%로 급격하게 감소하였음을 볼 수 있다. 이후 2000년대 후반에 다시 조금씩 늘기 시작

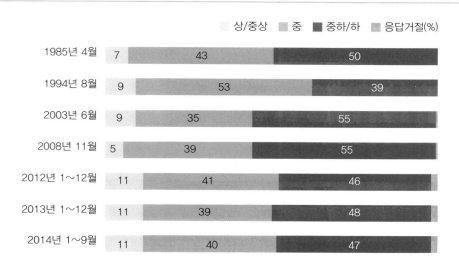

그림 2-22 주관적 계층 귀속의 변화

질문) 우리 국민들의 생활수준을 상, 중상, 중, 중하, 하의 다섯 단계로 나눈다면
　　　귀 댁의 생활수준은 어디에 속한다고 생각하십니까?

＊1994년은 문민정부 초 호황기
＊2003년은 IMF, 닷컴 버블 붕괴 영향 시기, 2008년은 세계 금융 위기 상황
＊2012년 이후는 매주 실시하는 한국갤럽 데일리 오피니언 조사 통합 결과

자료: 한국 갤럽조사. 각 년도.

해서 40% 정도에서 안정화된 상태를 보인다. 이와 반대로 하층으로 스스로
를 인식하는 계층의 비중은 1985년도에 50%에서 90년대 초반에 39%로 줄어
가장 낮았고, 2003년과 2008년에 동일하게 55%로 가장 높은 수준을 보였다.
2010년 이후 다소 감소하는 추세를 보여 최근에는 46～8%의 수준을 유지하
는 것으로 나타났다. 1994년을 제외하면 모두 중간층보다 본인의 계층귀속
을 하층으로 보는 경향이 강한 편임을 알 수 있다.
　　주관적 계층귀속이 피라미드 형태를 보인다면, 일반 국민들은 한국의 계
층구조를 어떤 모양이라고 생각하고 있을까? 한국의 계층구조에 대한 국민
들의 인식을 알기 위해서 2014년 국민대통합위원회의 설문조사에서는 다섯
가지의 계층구조 모양을 제시하고 가장 가깝다고 생각하는 것을 선택하도록

그림 2-23 한국 사회의 계층구조에 대한 인식

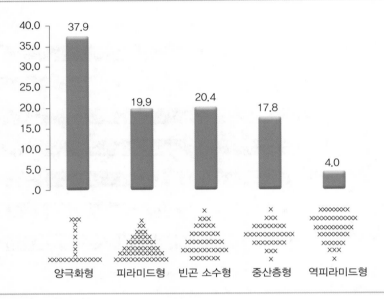

자료: 국민대통합위원회 설문조사. 2014.

하였다. 이들 다섯 가지 계층구조의 모형은 일종의 이념형적인 모형으로 현실을 단순화시켜 제시한 것이다.

응답 결과를 보면 〈그림 2-23〉에서 보는 바와 같이 계층구조가 양극화되어 중간층이 별로 없고 상층과 다수의 빈곤층이 대부분이라는 인식이 37.9%로 가장 많았다. 상층은 적고 아래 하층으로 내려갈수록 더 많은 피라미드 구조라고 생각하는 비율도 19.9%인 것으로 나타났다. 반면 비교적 통합된 사회에 더 가까운 중산층 위주의 구조나 빈곤층이 소수인 구조로 한국 사회를 인식하는 비율은 각각 17.8%, 20.4%로 상대적으로 낮은 것으로 나타났다. 이는 한국의 계층구조에 대한 국민들의 인식이 통합된 상태 혹은 그에 가깝다고 생각하기 보다는 통합을 필요로 하는 양극화 혹은 불평등한 상태로 보는 인식이 더 지배적임을 보여준다.

앞서 살펴본 한국의 계층구조 이미지에 대한 응답을 주관적 소득계층별로 비교한 결과 상당한 차이를 발견할 수 있었다. 〈그림 2-24〉에서 보는 바

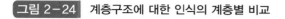

그림 2-24 계층구조에 대한 인식의 계층별 비교

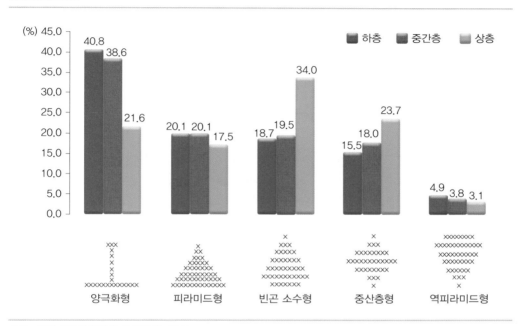

자료: 국민대통합위원회 설문조사. 2014.

와 같이 하층과 중간층의 경우 양극화형에 가깝다고 응답한 비율 40.8% 및 38.6%로 가장 높았던 반면, 상층의 경우 빈곤층이 소수인 형에 가깝다는 응답이 34%로 가장 높았다. 하층과 중간층이 주로 선택한 양극화형을 선택한 상층의 비율은 21.6%로 하층과 중간층의 절반이 조금 넘었을 따름이다. 또한 상층이 주로 선택한 빈곤소수형을 선택한 중간층과 하층의 비율은 각각 19.5%와 18.7%로 상층의 절반이 조금 넘었을 따름이다. 상층이 두 번째로 많이 선택한 역시 통합된 모형인 중산층형 역시 상층은 23.7%가 선택한 반면, 중간층과 하층은 각각 18%와 15.5%를 선택하여 계층 간에 차이를 보였다.

이처럼 주관적 계층귀속에 따라 한국의 계층구조를 서로 다른 시각에서 본다는 것은 단순한 인식의 격차를 넘어서 한국 사회의 통합이 어렵다는 것을 암시하는 것이다. 또한 중간층이 상층이 아닌 하층과 한국의 계층구조를 보는 시각이 더 가깝다는 점도 주목할 점이다. 결국 중간층과 하층이 한국의 계층구조를 양극화 혹은 피라미드에 가깝다고 보고 재분배 중심의 적극적 사회정책을 요구할 가능성이 높은 반면, 상층에 속한다고 생각하는 사람들은 이미 계층불평등의 현실이 이러한 사회정책을 별로 필요로 하지 않는다고 보는 것이다.

사회적으로 계층불평등이 상당하더라도 사회이동이 활발해서 노력에 따라 자신의 출신계층을 벗어날 가능성이 있다면 사회통합에 대한 불평등의 악영향은 어느 정도 줄어들 것이다. 그렇다면 한국의 사회이동의 수준은 시대에 따라 어떤 추세를 보일까? 〈그림 2-25〉은 서로 다른 출생 코호트별로 아버지의 직업계층에 비해서 아들의 직업계층이 이동을 경험했는지 여부를 비율로 표시한 것이다. 계층 구분은 전문관리직, 사무직, 자영업, 숙련노동, 비숙련노동, 농업의 여섯 직업계층 구분을 이용하였다. 자료는 두 개의 자료를 이용하였다. 1943년생부터 1986년생까지는 한국교육개발원에서 2008년부터 2010년까지 조사한 교육과 사회이동 조사 자료를 이용하였다. 이 조사는 출생 코호트별로 나누어 조사를 수행하였다. 보다 최근의 젊은 세대가 이

그림 2-25 한국의 세대별 사회이동의 비교

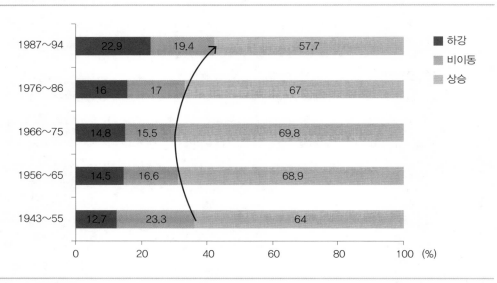

자료: 한국교육개발원, 『교육과 사회이동조사』, 2008-2010. 및 한국고용정보원, 『청년패널조사』, 2015.

표본에 포함되지 않았기 때문에 젊은 세대인 1987년 이후 세대는 한국고용
정보원에서 실시하는 청년패널 조사 자료를 이용하였다.

　　분석 결과 베이비붐 이전 세대인 1943~55년 출생 집단부터 베이비붐 세
대를 거쳐 1966~75년 출생 집단까지 상승이동 비율이 64%→69%→70%
로 증가하고 비이동이 23%→17%→16%로 감소하여 전체적으로 이동 증가
추세를 보인다. 그 이후 출생집단은 상승이동 비율이 1976~86년 출생집단
67%, 1987~94년 출생집단 58로 감소하고, 하강이동과 비이동 비율이 각각
16%→23%, 17%→19%로 증가하여 이동률은 85%에서 81%로 감소한다.

　　특히 최근 청년층인 1987~94년 출생집단은 물론 아직 최종 직업에 도달
하지 못한 상태이지만 상승 비율이 58%로 가장 낮고 하강 비율은 23%로 가
장 높게 나타남. 또한 비이동 비율 역시 19%로 1943~55 출생 집단다음으
로 가장 높다. 1987~94년 출생 집단에서 아버지가 전문관리직인 경우 아들
이 전문관리직(+1.7%)이나 사무직(+5.2%), 자영업(+4.8%)이 될 확률은 아
버지 직업이 다른 경우에 비해 유의하게 높은 반면, 생산직이 될 확률(숙련
-9.4%, 비숙련 -2.2%)은 유의하게 낮은 것으로 나타났다. 반면 아버지가 생
산직인 경우 다른 직업으로의 이동 확률은 아버지 직업이 다른 경우에 비해
유의하게 낮은 반면 생산직이 될 확률은 유의하게 높게 나타났다.

　　요약하자면 한국의 사회이동 수준은 베이비붐 세대 및 386세대를 정점으
로 해서 가장 높은 수준을 보이지만 이후에는 지속적으로 낮아지고 있으며,
이러한 사회이동 수준의 하락이 수저론이 확산되는 현실적 배경이라고 할
수 있겠다.

　　사회이동의 가능성에 대한 주관적 인식은 시간이 흐르면서 어떻게 변화
하는가? 이동 가능성 인식의 시계열 비교를 체계적으로 할 수 있는 자료로
는 통계청에서 매년 실시하는 사회조사 자료가 거의 유일하다. 통계청 사회
조사에서는 사회이동 가능성에 대한 인식 질문을 1999년 조사부터 포함하였
지만, 응답 범주에서의 차이 때문에 최근 자료와의 비교는 어렵다. 사회이동
가능성에 대한 주관적 인식을 묻는 질문은 2~3년마다 반복적으로 조사에
포함되었으며, 동일한 응답 범주를 사용하여 비교가 가능한 시기는 2006년
부터 가장 최근의 2015년까지이다. 통계청 사회조사 자료를 이용해서 상향

그림 2-26   세대간 이동 가능성에 대한 인식의 추세

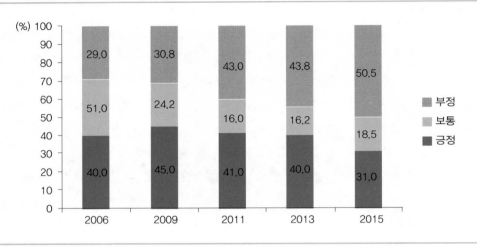

자료: 통계청. 『사회조사』. 각 년도.

이동 가능성에 대한 긍정 인식의 추세를 분석한 결과가 〈그림 2-26〉에 제시되어 있다.

사회이동 가능성에 대한 주관적 인식의 변화를 보면, 10년간 부정적 인식이 29%에서 51%로 22%p 증가했으며, 긍정적 인식은 40%에서 31%로 9%p 감소하였다. 특히 10대, 20대, 30대의 상승이동에 대한 부정적 인식은 10년간 각각 20%→46%, 26%→57%, 30%→59%로 두 배 이상 크게 증가하였다. 젊은 층에서 부정적 인식의 증가가 두드러지며 특히 사회 진출이 본격적으로 일어나는 2~30대에서 특히 심각하다는 것을 알 수 있다. 사회이동 가능성에 대한 주관적 인식의 차이는 계층적으로도 상당한 차이를 보여서 상승이동 가능성에 대한 긍정적 응답 확률이 스스로 상류층이라고 생각하는 사람에 비해 중간층이라고 생각하는 사람은 10%p 낮고, 스스로 하층이라고 생각하는 사람은 20%p 낮은 것으로 나타났다.

사회적 불평등에 대한 인식이 증가하고 사회적 이동이 제약되어 불평등이 지속될 것이라는 인식은 사회적 갈등의 원천으로서 불평등의 중요성을 높인다. 2013년과 2016년 『사회통합조사』에서는 사회갈등을 일으키는 원인들에 대해 중요하다고 생각하는 정도를 물어보았다. 2013년에는 '빈부격차'

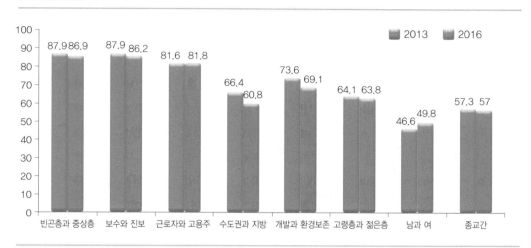

그림 2-27 집단별 갈등 수준에 대한 인식

자료:『사회통합조사』. 각 년도.

라고 응답한 비율이 28.2%로 가장 높게 나타났으며, 다음이 '이해 당사자들의 각자 이익 추구'(21.8%), '개인과 집단 간 상호이해 부족(개인간, 집단간, 개인-집단간)'(21.2%), '개인과 집단간 가치관 차이(개인간, 집단간, 개인-집단간)'(11.6%), '권력 집중'(9.3%)의 순이었다. 한편 2016년에는 '이해 당사자들의 각자 이익 추구'가 23.1%로 가장 높게 나타났으며, 다음이 빈부격차로 22.1%인 것으로 나타났다. 그 다음으로는 '개인과 집단 간 상호이해 부족(개인간, 집단간, 개인-집단간)'가 17.5%로 높게 나타났다.

다양한 집단별로 갈등의 정도가 얼마나 심하다고 생각하는지를 물어본 결과, 빈곤층과 중·상층 간의 갈등 정도가 심하다고 생각하는 비율이 2013년 87.3%, 2016년 85.9%로 보수와 진보 간의 갈등의 정도가 심하다는 비율 (2013년 87.9%, 2016년 86.2%)와 함께 높은 것으로 나타났다. 다음으로는 '고용주와 근로자 간의 갈등'(2013년 81.6%, 2016년 81.8%), '개발 대 환경보존 간의 갈등'(2013년 73.7%, 2016년 69.1%) 등의 순으로 높게 나타났다.

그러면 한국의 집단별 갈등수준에 대한 인식은 외국과 비교해서 어느 정도인가? 〈그림 2-28〉은 국제사회조사프로그램의 2009년 조사 자료를 이용해서 한국과 미국, 독일, 일본을 비교한 결과를 보여준다.

그림 2-28 집단별 갈등 인식의 국제비교

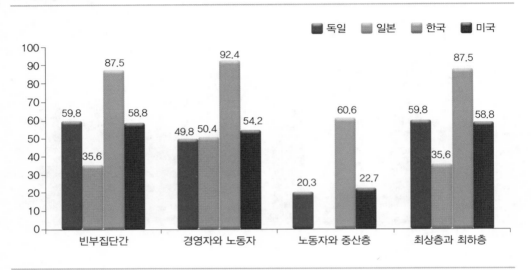

자료: 『ISSP(국제사회조사프로그램)』. 2009.

한국은 빈부집단간 갈등이 크다는 인식이 87.5%, 노사간 갈등이 크다는
인식이 92.4%, 최상층과 최하층간 갈등이 크다는 인식이 87.5%로 다른 나라
들에 비해 불평등에 따른 갈등인식이 매우 높다는 것을 알 수 있다. 비교 대
상 국가들 중에서 일본이 빈부집단간 갈등인식이 35.6%, 최상층과 최하층간
갈등 인식이 35.6%로 가장 낮으며, 독일과 미국은 한국과 일본 사이의 중간
정도 수준을 보인다.

제 9 절 통합을 위한 한국 사회의 과제

사회통합은 개인들이 사회에 애착과 소속감을 느끼며 살아가고, 사회를
이루는 개인이나 집단들이 서로 원만하게 협력적으로 지내는 상태 및 이를
향해 노력해가는 과정을 일컫는다. 통합된 사회가 되려면 다양한 제도와 조
직들이 서로 충돌하지 않고 원활하게 역할과 기능을 조화롭고 충실하게 수

행해야 하지만, 사회의 구성원들 역시 사회로부터 배제되거나 소외되지 않고 집단 간에 갈등이나 반목의 발생도 줄어야 한다.

통합되고 성숙한 시민사회는 한국 사회가 그동안의 노력을 통해 이미 이룩한 성과가 아니라 여전히 앞으로 이룩해야 할 과제이다. 20세기의 한국의 마지막 십년에 걸쳐 진행된 정치적 민주화와 경제적 자유화 즉 민주주의와 시장경제의 병행 발전은 쉽고 평탄한 과정이 아니었다(Lim and Han, 2003). 한국 사회가 20세기말 외환위기를 극복하며 민주화와 신자유주의화를 동시에 진행해오는 과정에서 시민사회의 역사적 경로는 매우 복잡하게 전개되었다. 한편에서는 민주화의 결과 국가와의 대결을 통해 자율성을 획득하고 자발적 결사가 활발하게 이루어지는 시민사회가 형성된 반면, 다른 한편에서는 사회적 신뢰가 저하하고 사회적 지지가 감소하여 시민사회의 사회적 기반이 약화되는 상황에 이르렀다.

수평적 정권교체를 경험하고 외환위기도 극복하는 등 외면적 성과가 상당했던 반면 시민들의 삶의 질과 전체 사회의 질은 크게 개선되지 못하고 오히려 악화되기도 하는 모순적 상황이 발생하였다. 의식과 지향 면에서 냉소주의와 스노비즘이 강화되고, 사회적 관계는 점점 더 단기적이고 도구화되며, 사회적 조직과 집단은 폐쇄적이고 이기적이고 변하였다. 그 결과 공공성을 추구하기는 점점 더 어려워지고 가치와 현실의 괴리(decoupling)와 경제 시스템의 유연화의 결과 높아진 불확실성 하에서 시민들은 각자 자신의 살 길을 스스로 찾아나서야 하는 상황에 놓이게 되었다. 각자도생(各自圖生)이라는 말이 흔한 일상어가 된 현재의 한국 현실은 저출산 고령화의 인구학적 변화와 경제저상장의 장기화에 따른 재생산과 지속가능성의 위기, 사회에 만연한 상호불신과 양극화된 정치구조의 결과로 나타난 거버넌스의 위기, 그리고 삶의 질 하락과 냉소주의의 증가로 인한 동기부여의 위기를 낳았다(이재열 외 2013). 한국 사회는 시민사회라는 존귀한(honorific) 개념 이전에 사회라는 가장 기본적 측면에서 위기를 겪고 있는 것이다. 그렇기 때문에 최근 한국의 사회운동에게 '사회적인 것'(the social)을 지키고 발전시켜야 한다고 할 때 그 배경에는 무언가 현재 우리의 삶보다 더 근사한 무언가를 지향하는 것이 아니라 더 기초적인 문제를 해결해야 한다는 절박한 상황이 있다.

OECD 나라들의 삶의 질 수준을 비교한 How's Life 지표에서도 한국은 사회
통합의 수준이 높지 못한 것으로 보고된다.

통합된 시민사회의 성숙을 위한 노력은 국가나 시장에 대한 저항과 개혁
의 요구만이 아니라 시민사회 내부의 사회적 역량을 높이고자 하는 내실을
갖추는 방향으로도 이루어져야 한다. 한국의 행복 즉 주관적 웰빙 수준을 낮
추는 요인으로 취약한 사회적 지지, 낮은 봉사와 관용의 수준, 사회에 대한
애착과 신뢰의 약화 등 사회적 자본의 취약성이 거론되고 있는 점은 이러한
맥락에서 시사하는 바가 크다(Sachs et al. 2015).

사회통합을 저해하는 요인으로는 대립과 갈등을 낳는 불평등과 불공정,
사회에 대한 애착과 소속감을 낮추는 불신과 불만, 차별과 배제 등이 있지
만, 특히 사회적 관계의 질적 측면에서 신뢰가 매우 낮은 편에 속한다. 신뢰
를 낮추는 주요한 요인들 가운데 하나는 한국 사회의 투명성과 공정성에 대
해 시민들이 갖고 있는 의문이다. 비리를 척결하고 투명한 사회를 만들기 위
해 2016년 도입된 청탁금지법과 같은 과감한 정책이 소기의 결실을 거둔다
면 한국 사회에서 신뢰 수준이 높아질 것인지 지켜볼 일이다.

한편 사회통합을 촉진하는 요인으로는 사회에 대한 적극적 참여와 사회
적 관계의 활성화, 그리고 낯설거나 다른 사람들에 대한 관용과 어려운 사람
들에 대한 관심과 도움이 있다. 현대 사회에서는 기능적, 사회적 분화의 속
도가 매우 빠르고, 또한 제도와 조직이 매우 복잡해져서 성원들의 합의와 신
뢰가 점점 어려워지고 있다. 한국도 1990년대 탈규제와 개방 이후 불평등 수
준이 높아지고 다양성이 늘어나고 있어 사회적 관계를 바람직한 방향으로
활성화하기 쉽지 않은 상황이다. 어려서부터 시민교육을 통해서 공공의 가
치를 깨닫게 하고 활발한 사회적 참여를 통해서 관용과 이타주의의 소중함
을 체험하도록 하는 것이 매우 중요하다. 최근 들어 더욱 심화되는 사회적
격차와 이념갈등은 한국 사회가 그동안 이 분야에서 얼마나 관심과 노력을
소홀히 했는가를 처절히 깨닫게 해준다.

● 참고문헌

가상준. 2015. "한국사회 정치관용에 대한 연구."『한국정당학회보』14(1): 129-155.

김호기. 2007.『한국 시민 사회 의 성찰』. 아르케.

김홍중. 2009.『마음의 사회학』. 문학동네.

류석춘, 왕혜숙, 박소연. 2008. "연고집단과 자발적 결사체의 신뢰 비교 연구."
『사회사상과 문화』17: 203-269.

백낙청. 1994. "분단시대의 최근 정세와 분단체제론."『창작과 비평』22(3): 238-258.

서울대 사회발전연구소. 2014.『미래한국리포트』11.

신진욱. 2008. "보수단체 이데올로기의 개념 구조, 2000∼2006."『경제와 사회』:
163-193.

유석춘. 2002.『한국의 시민사회, 연고집단, 사회자본』. 자유기업원.

윤민재. 2008. "뉴라이트의 등장과 보수의 능동화."『시민과 세계』13: 46-65.

이재열. 1998. "민주주의, 사회적 신뢰, 사회적 자본."『사상』: 65-93.

이재혁. 2006. "신뢰와 시민사회."『한국사회학』40(5): 61-98.

이효재. 1979. "분단시대의 사회학."『창작과 비평』14(1): 250-268.

조대엽. 2000.『한국의 시민운동』. 나남출판.

_____. 2014. "생활정치 패러다임과 공공성의 재구성."『현상과 인식』38(4):
131-155.

최장집. 2002.『민주화 이후의 민주주의』. 후마니타스.

페터 슬로터다이크. 2005.『냉소직 이성 비판 1』. 박미애·이진우 역. 에코리브르.

한준. 2003. "민주주의, 제도와 신뢰."『신뢰연구』13(2): 19-36.

Chang, Kyung-Sup. 1999. "Compressed modernity and its discontents: South
Korean society in transition." *Economy and society* 28(1): 30-55.

Coleman, James S. 1988. "Social capital in the creation of human capital."
American journal of sociology: S95-S120.

De Tocqueville, Alexis. 2003. *Democracy in america*. Vol. 10. Regnery
Publishing.

Ferguson, Adam. 1767(1980). *An essay on the history of civil society, 1767.*

Transaction Publishers.

Giddens, A. 1984. *The Constitution of Society: Outline of a Theory of Structuration*. Cambridge: Polity.

Gramsci, Antonio. 1996. *Prison notebooks. Vol. 2*. Columbia University Press.

Hegel, Georg WF. 1990. *Philosophy of law*. Trans. from German.

Helliwell, John F., Richard Layard, and Jeffrey Sachs, eds. 2015. *World happiness report 2015*. Sustainable Development Solutions Network.

Hobsbawm, Eric J. 1995. *Age of extremes*. London: Abacus.

Kim, Sunhyuk. 1997. "State and civil society in South Korea's democratic consolidation: is the battle really over?." *Asian Survey*: 1135-1144.

Kim, Sunhyuk. 2000. *The politics of democratization in Korea: The role of civil society*. University of Pittsburgh Press.

Lim, Hyun-Chin, and Joon Han. 2003. "The social and political impact of economic crisis in South Korea: a comparative note." *Asian Journal of Social Science* 31(2): 198-220.

Lipset, Seymour Martin. 1963. Political man: *The social bases of politics*. NY: Doubleday.

Lockwood, D. 1964. "Social Integration and System Integration", in G. K. Zollschan and W. Hirsch (eds.), *Explorations in Social Change*. London: Routledge & Kegan Paul.

Putnam, Robert D. 2001. Bowling alone: *The collapse and revival of American community*. Simon and Schuster.

Rothstein, Bo, and Dietlind Stolle. 2003. "Social capital, impartiality and the welfare state: An institutional approach." *Generating social capital: Civil society and institutions in comparative perspective*: 191-210.

Rothstein, Bo. 2005. *Social traps and the problem of trust*. Cambridge University Press.

Sachs, Jeffrey, John Helliwell, and Richard Layard, 2015. World Happiness Report 2015. UN.

Uslaner, Eric M. 2002. *The moral foundations of trust*. Cambridge University Press.

제 3 장

인종주의의 징후와
공존의 방법론

제 3 장 인종주의의 징후와 공존의 방법론

엄 한 진 (한림대 사회학과)

제 1 절 서 론

　　대규모 국제이주의 물결을 마주하면서 그동안 한국 정부와 시민사회는 '다문화 시대', '다문화 정책', '다문화 사회', '다문화 가정' 등 주로 '다문화'라는 용어를 중심으로 이 현상을 설명하고 대응방안을 모색해 왔다. 이와 함께 차이에 대한 인정, 다양성 존중, 관용, 통합, 다문화주의 등 미래에 나타날 수 있는 인종주의 현상에 대한 대응으로 제시된 일련의 개념이 빠르게 확산되었다. 이제 이주민과의 공존에 대한 사회적 합의가 형성되는 것처럼 보였다. 그러나 이주민에 우호적인 정책 및 여론의 이면에서는 불법체류자 단속을 지지하는 반외국인 시위, 반다문화 인터넷커뮤니티, 국회의원 이자스민의 의원직 박탈 요구 시위에 이르기까지 이주민, 그리고 이들에 대해 우호적으로 비추어지는 정부정책에 대한 반발이 다문화 열풍의 속도만큼이나 빠르게 가시화되고 있다. 이와 같은 가시적인 양상은 매우 드문 일이거나 극소수에 국한된 현상이지만 학교에서 이주 배경 청소년이 겪는 어려움이나 이주노동자 및 결혼이주여성에 대한 반감이 노골화되는 경향은 한국 사회에서 인종주의가 중요한 사회문제가 될 수 있음을 보여주고 있다. 세계의 다른 지역에서도 '생물학적'인 인종(차별)주의를 뒷받침할 만한 과학적 근거가 전혀 없다는 사실이 입증되었고[1] 공존을 표방하는 담론이 자리를 잡았지만 인종주

1　1950년대 초 유네스코는 세계과학자대회를 개최하여 인종은 사회적 신화일 뿐 생물학적 사실이 아니라는 점을 분명히 했다. 또한 인간은 모두 '호모사피엔스'라는 동일한 종에 속하므로 '인종'이란 용어를 폐기할 것을 권고했다(홈스, 2011: 259).

의 현상은 사라지지 않고 있다. '다문화' 논의 및 정책과 함께 다문화 '계몽'이 추진되어 왔지만 일반적인 인식 수준의 제고에는 기여했지만 반이민·반다문화 현상에 대한 대응으로는 부족하다는 인상을 준다.

한국 사회에서도 인종주의가 확산될 수 있다는 우려는 외부의 시각에서도 찾아볼 수 있다. 2014년 한국을 방문한 무투마 루티에레 유엔 인종차별특별보고관은 인종주의와 외국인 혐오 문제를 다루기 위해 필요한 포괄적 차별금지법의 제정이 시급하다고 역설하였다. 그에 따르면 한국은 제도적 차원의 인종차별이나 외국인 혐오는 없으나[2] 개인 간에는 인종주의, 외국인 혐오와 관련된 사례들이 발견되고 있다. 포괄적 차별금지법은 관련기관이 피해자들의 불만을 접수하고 조사한 다음 정부에 적절한 조치를 권고해 후속조치를 마련하는데 중요한 역할을 할 수 있을 것이라고 주장하였다. 한국에서 개인 간에 발생하는 인종주의나 외국인 혐오의 사례로 귀화한 외국여성에게 목욕탕 출입을 거부한 사례, 택시기사가 한국인처럼 보이지 않는 승객을 경찰서로 데려간 일, 외국인으로 보이는 손님에 모욕적인 태도를 보인 상점 점원 등을 열거했다(『연합뉴스』 2014년 10월 9일자).

그런데 최근 유럽이나 미국의 인종갈등 상황은 인종주의 문제의 해결이 매우 어렵다는 것을 잘 보여주고 있다. 한국의 인종주의 해결 역시 이에 못지않게 어려울 것이다. 따라서 인종주의 현상에 대해 신중한 태도를 가져야 하며 쉬운 낙관주의는 절대 금물인 것이다. 2000년대 초반 결혼이민자들이 급증하면서 비중 있는 사회적 이슈가 되었을 당시에는 상대적으로 국제이주민들에 대한 우호적인 분위기가 강했다고 할 수 있다. 이와 비교하면 총체적 위기에 빠져있는 최근 한국 사회의 상황에서 이주민에 대한 태도 역시 보다 냉랭해졌을 가능성이 크다. 이러한 맥락에서 이 글은 한국 사회에서 인종주의가 어떤 양상을 띠고 있는지 종합적으로 진단해보고자 한다. 이를 토대로 현재 시도되고 있는 인종주의에 대한 대응방식을 비판적으로 검토하고 대안적인 반인종주의의 이론적 토대와 다양한 영역에 적용할 수 있는 보편적 지

---

2 이러한 언급은 한국의 상황에 부합하지 않는 것으로 보이며, 이 글 84-85쪽에서 언급하고 있듯이 국가인권위에 진정된 사안 중 사적 영역에서의 '피해'보다 제도적인 차별이나 국가에 의한 인종차별을 의미하는 '침해' 건수가 많다는 점에서도 의문이 가는 평가라고 생각되지만 문맥상 이해될 수는 있다.

침을 제시하고자 한다. 이 글은 특히 한국 사회에도 '인종주의' 개념을 적용해보고, 한국의 다문화정책이 편견을 극복한다는 계몽 위주의 접근방식을 취하는 것을 비판하는 의미가 있다. 본 연구는 일반적 인식과 달리 인종 관념 및 인종주의적 의식과 실천이 다른 민족에 속한 사람들과의 접촉이 본격화됨으로써 비로소 형성되는 현상이라는 인식에 바탕을 두고 있다. 즉 다민족·다인종 사회로의 변화는 단일민족 신화를 극복하고 개방적이고 관용적인 태도가 강화되는 동시에 인종주의가 체계화되는 이중적 결과를 초래한다는 것이다. 이러한 변증법적 시각으로부터 출발하여 한국의 사례를 설명하고자 한다.

이를 위해 한편으로는 반외국인 정서가 드러나는 대표적인 양상인 반다문화 단체의 사례와 다문화 관련 기관 및 단체의 경험을 토대로 한국 사회 인종주의의 성격 및 반인종주의의 실태를 검토한다. 다른 한편으로는 인종주의와 반인종주의의 측면에서 미국, 프랑스, 독일 등 이민 선발국의 사례를 살펴본다. 이주민 당사자, 이주 문제 전문가 및 현장 활동가를 대상으로 진행된 인터뷰는 지난 10년간 다문화 정책을 펴왔는데 그동안 한국 사회와 국제이주민 간의 관계가 어떻게 변화했는지, 관계가 호전되고 있는 것인지, 그리고 이와 관련된 정책적 대응 또는 민간에서 하는 사업의 접근방법이 적절한 것인지 등의 질문을 중심으로 진행되었다. 한국 사회 인종주의 양상과 특징을 살펴보기에 앞서 아래에서는 인종주의에 대한 역사적, 이론적 측면을 소개하고 한국 사회에 인종주의 개념을 적용하는 것이 적절한 것인지를 검토한다.

제 2 절 인종주의와 한국 사회[3]

1. 인종주의

(1) 근대적 현상으로서의 인종주의

"20세기에 목도된 소수자들에 대한 차별, 격리, 박해는 인류 역사에서 새로운 일이 아니었다. (...) 하지만 종교와 종족적 기원이 다르다는 이유로 특정한 인간 집단 전체를 고의적으로 살해한 것은 새로운 일이었다."　　　　　(폰팅, 2007: 615)[4]

역사상 존재해온 다른 집단에 대한 부정적인 태도를 모두 인종주의에 포함시킬 수는 없다. 이 글에서는 인종주의를 근대적인 현상, 즉 멀지 않은 특정 시점에 탄생한 이념으로 간주한다. 1492년이 이 이념의 역사가 시작되었음을 알렸다. 근대 서구의 시발점으로 여겨져 온 그 해는, 유대인과 같은 내부의 타자들을 내쫓고[5] '문명화된' 기독교 세계 밖에서 원주민을 대상으로 정복과 약탈을 자행하기 시작한 상징적인 해이기도 했다. 인종주의는 무엇보다도 식민지 플랜테이션에서 노예노동을 이용하던 시기에 농장주와 노예상인들의 이데올로기로 출현하였다. 비유럽인을 같은 인간으로 간주하면 식민지배나 비유럽인의 노예화는 받아들일 수 없기 때문이었다. 따라서 비유

3　이 글의 2절에서는 졸고(「한국사회 인종주의의 주요 양상과 특징」, 『비교한국학』 24권 3호, 2016)를 수정·보완한 것이다.

4　그리스인들이 자신들과 '야만인'들을 구분했다는 사실은 널리 알려져 있다. 그런데 '야만인'이라고 하면 낮춰보는 것처럼 들리지만, 단지 그리스어를 못하는 사람이나 그리스어가 서툰 사람들을 가리키는 용어였다. 더듬거리며 'barbar'라는 소리밖에 내지 못한다는 뜻으로 생긴 말이기 때문이다. 그리스인과 야만인의 구분은 신체적인 특징은 물론이고, 피부색처럼 한 눈에 드러나는 차이와도 아무 상관이 없었다. 시민권이라는 개념과 시민의 미덕을 결합시킨 정치적인 이상형, 즉 '폴리티코스'를 받아들이고 있느냐, 아니면 전제적 통치 아래에서 살고 있느냐하는 것이 그리스인과 다른 민족을 가르는 차이였다(라탄시, 2008: 31).

5　1492년 콜럼버스가 신대륙을 발견하기 몇 달 전 스페인 왕국은 그라나다를 점령함으로써 이베리아 반도를 이슬람 제국으로부터 탈환하면서 통일을 달성하게 된다. 그리고 곧 이어 유대인 추방령인 알람브라 칙령을 발표한다. 이 조치의 결과 상당수의 유대인들이 생존을 위해 가톨릭으로 개종했고 일부는 망명의 길을 선택하게 된다. 당시 추방령의 근거는 가톨릭교에 해를 끼쳤다는 것이었다.

럽인을 '비인간화'시키는 것은 꼭 필요한 일이었다(강철구, 2002: 23). 이렇게 아프리카인들이 인간보다 모자란 존재라는 시각이 만들어졌고, 이를 통해 아프리카인들을 노예로 부리는 것을 정당화할 수 있었다. 이렇게 인종주의 담론은 백인들이 비백인들을 인간 이하의 취급을 하고 있었던 현실을 과학이라는 이름으로 정당화한 '이데올로기'였다. 바로 이러한 이유로 20세기 이후 인종주의 담론은 과학적으로 허구임이 드러났어도 인종주의를 낳은 비대칭적인 현실이 크게 변하지 않은 상황에서 그 수명이 연장되었던 것이다.

영어에 '인종'이라는 말이 등장한 것은 바로 아메리카를 정복하기 시작한 16세기라는 설이 유력하다. 처음에 인종이라는 용어는 가족, 가계, 혈연 같은 단어와 연관성이 있었다. 중세 말기 귀족이나 왕가의 세대를 잇는 연속성을 가리키는 단어에서 비롯된 것이다(라탄시, 2008: 48). 인종주의의 대표적인 사례라고 할 수 있는 '반유대주의'라는 용어 역시 1870년대 후반에야 처음 등장했다. 독일의 빌헬름 마르가 '반유대연맹'을 창설하고 유대인에 반대하는 운동을 펼치면서 이 단어가 쓰이기 시작했다. 19세기가 되면 다양한 인종 이론들이 등장하게 된다. 스웨덴의 식물학자 칼 폰 린네는 최초로 인간을 생물학적으로 서로 다른 인종으로 세분화했다. 그는 『자연의 체계』(1758)에서 인간을 아메리카인, 아시아인, 아프리카인, 유럽인 등 네 인종으로 나누었다. 19세기 인종주의자들은 두개골의 크기와 모양을 근거로 더 정교한 분류방법을 고안해 냈지만, 기본 순위는 결코 변하지 않았다(퍼거슨, 2010: 48). 당시 인종이론은 몇 가지 추론들로 구성돼 있었다. 첫째, 인류는 서로 구별되는, 영속적인 특질을 지닌 몇 가지 인종으로 나눌 수가 있으며, 그렇게 분류된 인종은 인류의 다양성을 이해하는 핵심적인 개념이라는 것이었다. 둘째, 다양한 인종들을 서로 구분하게 해주는 뚜렷한 물리적인 특징이 있다. 피부색, 얼굴 모양, 머릿결 같은 것들이 그런 표지가 된다. 골상학이 발달하면서는 두개골의 크기와 모양도 여기에 보태졌다. 셋째, 여러 인종들은 각기 구분되는 사회적·문화적·도덕적 특질을 천성적으로 공유하고 있다. 넷째, 타고난 재능과 아름다움에 따라 인종에 위계서열을 부여할 수 있다. 그 맨위에는 백인이 있고 밑바닥에는 흑인이 있다(라탄시, 2008: 60-61).

한편 '과학적인' 인종주의가 등장한 19세기 중엽은 유럽, 특히 국민국가의 형성이 뒤늦었던 중동부 유럽에서 민족주의 열풍이 불던 때였다. 인종주의는 민족주의와 동시대적 현상이었던 것이다. 물론 근대국가나 근대민족이 필연적으로 외국인들에 배타적인 것은 아니다. 근대민족은 원칙적으로 정치적 성격의 것이어서 군주로부터의 해방과 시민으로서의 주권의식 등 그 이념을 받아들이는 외국인들도 기꺼이 받아들였다. 그러나 이 근대적인 조국이 위기에 봉착했을 때 외국인은 잠재적인 적이 되고 억압적인 법이 적용되는 집단이 된다. 이러한 배경에서 만들어진 민족주의는 외국인혐오증을 주된 구성요소의 하나로 삼게 된다(Blanc-Chaléard, 2001: 6). 이후 제국주의 시대에는 인종주의가 세계의 서구화를 정당화하는 이데올로기로, 산업자본주의 단계에서는 인종에 따른 분열을 조장함으로써 노동자계급을 지배하는 효과적인 이데올로기로 작용했다. 보다 최근에는 인종주의가 문화 담론의 형태를 띠게 되었다. '신인종주의'라고도 불리는 현대적인 인종주의는 생물학적 우월성보다 민족 간 문화 차이를 강조한다. 즉 현실에서의 종족 간 차이를 선천적인 자질의 차이로 설명하며 이 차이가 그들이 속한 민족의 문화적 특성에 기인한다고 해석한다. 이러한 인식에 따르면 '민족성'이나 '문화'는 이에 속한 사람들에게 빠져나올 수 없는 운명적인 것이다(엄한진, 2011: 198).

신인종주의가 등장하기 이전부터 인종주의의 특징 중 하나는 인간을 그 자신이 아닌 그가 속한 종족집단의 특성으로 평가하는 것이었고 이때 집단의 특성은 변하지 않는 불변의 것으로 간주되었다. 사회학자 게오르크 짐멜이 사례로 드는 서구 중세 프랑크푸르트의 경험은 이방인에 대한 주류사회의 인식을 잘 보여준다. 그에 따르면 당시 이 도시에서는 기독교 시민들이 납부하는 세금은 때에 따라 달라지는 당사자의 재산 상태에 따라서 바뀌었던 반면에 유대인에 대한 세금은 고정되어 있었다. 이러한 고정성은 유대인은 특정한 객관적 내용들의 담지자로서가 아니라 유대인으로서의 사회적 지위를 지니고 있다는 사실에 근거하고 있었다는 것이다(짐멜, 2005: 87). 인종주의는 타자로서의 타자에 대한 증오, 다시 말해 고정된 이미지가 부여된 타자로 간주된, 개별적인 타자에 대한 증오라고 할 수 있다.

한편 인종주의는 다양한 차원의 현상이며 다양한 형태로 존재한다. 페레올과 쥐쿠와는 인종주의의 차원을 다음과 같이 구분하고 있다. 첫째, 견해,

믿음, 선입견, 스테레오타입과 같은 태도의 차원, 둘째, 행동, 셋째, 아파르트헤이드, 제도적인 인종주의와 같은 제도적 차원에서의 배제와 차별, 넷째, 사회다원주의나 아리안족 우월주의와 같이 과학을 표방하는 이데올로기적 담론이다(Ferreol et Jucquois, 2004: 290-300). 또한 구체적으로 인종주의는 다음과 같은 다양한 형태로 나타난다. 첫째, 1960년대 초 미국의 흑인 민권운동을 촉발시킨 흑인용, 백인용으로 좌석이 분리되어 있는 시내버스의 경우와 같은 제도적 차원의 인종주의, 둘째, 대학 입학이나 취업, 식당이나 공공기관에서의 차별과 같은 관행적 차원의 인종주의, 셋째, 주변 사람들의 시선이나 편견과 같은 일상적 차원의 인종주의. 이밖에도 인종주의는 종족적 소수자들을 가리키는 용어에도 존재한다. 특정 용어의 선택은 대상 집단에 대한 특정 인식을 반영하는 측면이 있기 때문이다. 그리고 편견이 반영된 용어는 이민에 대한 부정적 이미지를 강화시킨다.

(2) 인종, 성, 계급: 역사적, 구조적 연관성

인종주의를 단순하게 인간을 우열관계에 있는 여러 종으로 구분하는 것으로 이해한다면 경제적 측면에서 구분하는 계급이나 남성, 여성, 동성애자 등 성의 측면에서 구분하는 것과 유사한 것으로 볼 수 있다. 실제로 역사는 인종, 계급, 성에서의 배제의 체계가 서로 닮아 있고 하나의 배제의 체계에서 다른 배제의 체계로 쉽게 확산되는 경향이 있다는 것을 잘 보여준다(볼테르, 2001). 서로 다른 계급들은 '인종적으로' 기원이 다르다는 발상은 19세기의 위계적 사고 구조에서 중요한 흐름을 이뤘다. 노동계급이 성장하자 중·상층 계급 사이에서는 그들을 '미숙한' '인종'으로 따로 떼어내려는 움직임이 일어났다. 동시에 노동계급이 살아야 했던 도시 슬럼가를 제국주의의 언어, 즉 '늪지대'나 '황무지'처럼 외지를 가리키는 말들로 묘사하는 현상이 나타났다. 유사한 시기에 여성들도 열등한 인종으로 여겨졌다. 예를 들어 여성이 열등하다는 걸 과학적으로 정당화할 방법을 찾으려고 애썼다. 그 무렵 인기를 끈 두개골과 뇌 크기 측정법은 여성의 뇌 무게가 남성의 것보다 작으며, 하등한 인종의 뇌와 비슷하다고 주장했다. "영국의 하층 계급 여성들은 특히나 흑인을 좋아하기 때문에 그대로 두면 두어 세대가 지나지 않아 영국인의 피가 오염될 것이고, 나중에는 온 나라 사람들이 피부색에서는 포르투갈인이나 모비스코인을 닮아가고 마음은 비루해질 것이다."(라탄시, 2008: 59) 자메이카 농장주의 아들 에드워드 롱의 이러한 걱정에서 계급, 성, 인종을 연관지어 사고하는 18세기 영국의 상류계급 남성의 관점을 읽을 수 있다. 이 시기 영국에서는 성적인 일탈을 비롯한 모든 형태의 일탈이 사회적인 기형물로 여겨지기 시작했다. 노동계급의 무장분파나 아일랜드인, 유대인, 동성애자, 성매매 여성, 정신질환을 앓는 이들이 모두 인종적으로 일탈된 사람으로 분류됐다. 직장에 나가 일하는 여성들은 공적 영역과 사적 영역을 구분하는 빅토리아 시대의 원칙에 위배된 경우여서 이들 역시 인종적으로 열등한 존재로 간주되었다. 그러다가 후기 빅토리아시대에 이르러 중대한 전환이 일어났다. 젠더와 인종, 민족, 계급이 밀접히 연관된 것으로 여겨지던 시대에서, 인종이 가장 큰 중요성을 띠는 국면으로 이행해간 것이다. 프랑스 등과의 식민지 경쟁이 격화된 시대상이 반영된 담론의 변화라고 할 수 있다.

이상과 같은 역사적 차원의 논의와 함께 인종, 계급, 성이라는 현대사회가 구조적으로 안고 있는 갈등의 핵심적인 범주들이 구조적으로 서로 어떤 관계를 가지는지에 대한 논의도 중요하다. 먼저 경제적 불평등에 국한할 때 인종주의는 성차별주의와 마찬가지로 상부구조의 위상을 가진다. 즉 이 두 이데올로기는 경제적 불평등 자체를 생성시키는 것이 아니라 그 결과를 인종과 성에 따라 배분하는 역할을 한다는 것이다(Michaels, 2009: 7). 보다 직접적으로 인종주의와 성차별주의가 유사한 구조를 가지고 있다는 논의도 있어왔다. 인종연구는 젠더와 마찬가지로 인종 역시 역사적 산물이라는 사실을 기본으로 하고 있다. 어느 인간이라도 DNA의 99퍼센트 이상이 동일함에도 불구하고 '인종'이라는 범주를 만들어 피부색으로 인간을 구별한다. 우에노 치즈코에 따르면 젠더가 '남성이 아닌 이' 즉 남성이 되지 못한 남자와 여자를 배제함으로써 유지되는 경계이며 남자가 남성으로서 주체화되는 장치인 것처럼, 인종이란 (그것을 발명한) 백인종들이 '백인이 아닌 이'를 배제함으로써 '백인됨'을 정의하기 위한 장치였다는 사실이 밝혀졌고 '백인됨'이란 열등 인종을 지배해도 좋은 자격을 가지는 것을 의미한다(우에노 치즈코,

2012: 48). 여성을 두 개의 유형으로 구분해 지배하는 것 역시 인종에 대한 관념과 유사하다. 남성과 여성에 다르게 적용되는 이중적 성 규범이 여성을 두 종류의 집단으로 분할한다(우에노 치즈코, 2012: 52). 성녀와 창녀, 아내·어머니와 매춘부, 결혼상대와 놀이상대 등 우리에게 익숙한 여성에 대한 이분법은 착한 외국인과 위험한 외국인으로 구분하고 이 구분을 지배의 도구로 사용하는 인종주의 기제와 닮아있다. 섹슈얼리티에 대한 미셸 푸코의 논의 역시 인종 문제에 적용될 수 있다. 그에 따르면 근대 권력은 섹슈얼리티 영역에서 '마스터베이션하는 아이', '히스테리에 걸린 여성', '성도착', '맬서스주의적 부부'를 권력 작동의 지점으로 삼게 된다. 이와는 다른 형태를 띠지만 인종주의 현상에서도 섹슈얼리티 담론이 동원된다. 예를 들어 제국주의 시대 영국의 중간계급 여성들은 정숙하고 유약하며 보호받아야할 존재이자 제국의 인종을 재생산하는 귀중한 존재로 간주되었다. 따라서 영국의 중산층 여성들은 포악한 성적 충동을 지닌 노동계급 남성들이나 식민지 원주민 남성들, 관능적이고 음탕한 원주민 여성들로부터 멀리 떨어져 있어야 했다(라탄시, 2008: 84-85). 한국의 경우에도 성적 욕망에 가득 찬 위험한 외국인 남성, 순결 의무를 위반할 위험이 있는 결혼이주여성과 같은 형상이 국제이주민들에 대한 부정적인 인식, 그리고 이를 빌미로 한 지배의 중요한 근거가 되고 있다.

2016년 6월 12일 미국 올랜도에서 발생한 테러의 사례는 이슬람·이민과 동성애 간에 상관관계가 존재함을 잘 보여주었다(『한겨레』 2016년 6월 13일자). 게이 나이트클럽에 총기를 난사해 범인 자신을 포함해 50명이 사망한 이 사건의 범행 동기가 명확히 밝혀지지는 않았지만 극단적인 이슬람에 대한 경도와 동성애에 대한 혐오가 동시에 작용한 것으로 추정되었다. 최근 한국 사회에서 큰 관심을 끌고 있는 여성혐오 현상 역시 외국인혐오 현상의 논의와 연관 지어 생각해볼 필요가 있다. 예를 들어 인종주의의 젠더적 차원, 인종주의자의 성차별적 의식을 생각해볼 수 있다. 외국인혐오 현상을 보면 주로 남성들에 의한 것이고 이들 남성들이 민족주의적이고 가부장적인 성향을 보이는 것을 알 수 있다. 아직 일반화하기는 어렵지만 이 점으로부터 외국인, 그중에서도 주로 남성 외국인을 대상으로 한 혐오 현상이 한국인 여성을 위협하는 존재로부터 한국인 여성을 보호해야 한다는 가부장적인 사고와 연관성이 있음을 알 수 있다. 동성애혐오에 대한 논의를 외국인혐오 및 외국인에 우호적인 내국인에 대한 공격에 적용해볼 수도 있다. 우에노 치즈코에 따르면 성적이지 않은 남성 간 유대인 호모소셜리티는 여성혐오에 의해 성립되고 남성과 여성의 위계적인 질서를 거부하는 동성애자들에 대한 혐오(호모포비아)에 의해 유지된다(우에노 치즈코, 2012: 30-36). 이를 외국인혐오 현상에 적용해보면 순혈주의나 민족주의는 타민족에 대한 혐오에 의해 형성되고 민족 간 위계를 부정하는 국제주의자와 다문화주의자들에 대한 비난에 의해 유지된다고 할 수 있다. 이상과 같이 여러 측면에서 인종 차원의 현상과 계급, 젠더 차원의 현상이 연관성이 있으며 유사한 구조를 가지는 것은 이 현상들이 모두 자본주의, 근대성 등과 같은 공통의 배경을 가지고 있기 때문일 것이다. 이민, 성, 계급 간의 긴밀한 연관성을 고려할 때 인종주의 또는 이주민에 대한 반감에 대한 논의는 혐오 현상 전반에 대한 논의와 연관지어 이루어져야 할 것이다. 이러한 접근방법은 세 영역에서 전개되는 사회운동 간의 연대의 길을 열어주는 사상적 기반이 될 수 있을 것이다. 물론 연관성이 있고 유사한 구조를 가지고 있다는 것과 동일하다는 것은 다르다. 한국 사회의 경우에도 광의의 인종주의에 다양한 소수자에 대한 부정적인 견해 및 행위를 포함시킬 수는 있으나 이와 함께 혐오 현상들 간의 차이점에도 주목해야 할 것이다.

2. 인종주의 개념의 사용은 적절한가?

이 글의 주제를 다루기 위해 먼저 인종주의 개념을 한국 사회에 적용하는 것이 적절한지 검토할 필요가 있다. 우선 인종주의 개념 자체가 근본적인 문제점을 안고 있다. 즉 인종이 존재하지 않는데 인종주의라는 용어를 사용하는 것이 적절한가라는 문제제기가 있어왔다. 이미 '인종'이라는 것은 과학적 근거가 없는 개념이라는 합의가 존재하는데 '인종차별'을 금지하는 법을 만든다거나, 반인종주의를 거론하려다가 인종 분류를 재생산하는 결과를 가져오는 상황은 이러한 딜레마를 잘 보여주는 예이다. 이러한 한계에도 불구하고 인종이나 인종주의라는 용어를 사용해야 하는 현실적인 이유가 있다. 먼저 다른 마땅한 대안이 없다는 점을 들 수 있다. 비록 허구이지만 '인종'이라는 관념에 입각한 사고와 행위를 달리 표현하기 어려운 것이다. 또한 인종주의를 광의로 사용하면서 딜레마를 어느 정도 해결할 수 있기도 하다. 실제 인종주의는 사회에 따라 상이한 양상을 보인다. 미국에서 인종주의가 미국 사회의 건설을 함께 한 흑인에 집중되어 있다면, 일본에서는 한국, 대만, 중국 출신의 소위 '삼국인'이 주된 표적이 되고 있다. 프랑스는 북아프리카 출신 이주민들의 문제가 중요하며 최근에는 이슬람이라는 종교적 요인이 인종주의에서 중요한 위치를 차지한다. 그런가 하면 독일에서 인종주의는 나치의 경험과 분리 불가능한 관계에 있다. 또한 많은 유럽 국가들에서 인종주의는 세계화 및 유럽화에 대한 반감과 연관되어 있다. 아래에서 살펴보겠지만 한국 역시 다른 사회와는 다른 인종주의의 양상을 보일 것이다.

이러한 다양한 인종주의의 양상이 반영된 결과 국가에 따라 이주민에 대한 부정적인 인식, 행위, 구조 등을 가리키는 용어를 사용하는 방식에 있어서 미묘한 차이가 있다. 예를 들어 프랑스는 '인종주의'라는 표현이 보편화되어 있으며 '제노포비아'와의 구분에 덜 민감하다. '인종주의 및 제노포비아 범죄'와 같은 경우처럼 용어의 구분은 있지만 양자를 엄밀히 구분하기 보다는 관련된 다양한 양상을 포괄적으로 다루려는 경향이 더 강하다. 독일은 '제노포비아'를 주로 사용하면서 '인종주의'는 나치의 사례에만 국한시키는 경향이 있다. 이러한 용법은 나치의 경험과 범죄를 특정 시점에 국한된, 다른 현상과 명확히 구분되는, 예외적인 사례로 간주하려는 의도를 담고 있다. 이렇게 명확히 구분하는 것이 단지 정치적인 의도에서 나온 부적절한 것만은 아니다. 실제 독일, 이탈리아 등지에서 20세기 전반부 유럽에 나타났던 파시즘은 극우주의, 민족주의, 인종주의와 같은 근대가 낳은 보다 보편적으로 적용될 수 있는 현상과 구분될 필요도 있는 것이다. 파시즘이 특정 시기, 특정 장소에 나타난 고유명사로서의 성격이 강하다면 인종주의는 민족주의, 극우주의와 유사하게 보통명사적 성격이 강하다. 따라서 인종주의를 광의로 해석할 때 이 용어는 한국 사회의 현실을 설명하는데 사용되어도 무방할 것이다.

　그런데 한국의 경우에는 인종주의뿐 아니라 제노포비아와 같은 용어도 아직은 본격적으로 사용되지 않고 있다. 최근에는 제노포비아(외국인혐오증)라는 용어가 점점 더 많이 언급되고 있다. 일반적으로 이 용어는 인종주의와 유사한 현상을, 그러면서도 인종주의와는 구분되는 양상을 지칭하기 위해 사용된다. 한국의 경우에도 인종주의보다는 덜 심각한, 그렇지만 일부가 아닌 다수가 가지고 있는 생각을 부각시키기 위해 사용되는 것으로 보인다. 또한 인종주의는 제도나 행위와 같이 유형적인 측면을, 외국인혐오증은 다른 인종이나 종족에 대한 부정적인 인식을 가리키는 측면도 있다(엄한진, 2011). 제노포비아는 다르다는 점을, 인종주의는 우월하다는 점을 강조하는 것으로 구분하기도 한다. 또한 현상의 범위에 있어서 제노포비아가 더 포괄적이라고 간주되기도 한다(김세균, 2006: 17). 제노포비아가 인종차별과 혼용되기도 하지만, 인종차별이 피부색과 같은 외모적 차이에서 기인하는 것인데 비해, 제노포비아는 지역, 문화 등과 연관된 이념과 정서적인 차이에 대한 반감이라고 구별하기도 한다(허경미, 2014).

　인종주의나 제노포비아 개념을 사용하는 것이 적절한지에 대한 논의는 꼭 필요하다. 그러나 이와 함께 다른 민족에 대한 특별한 인식이 존재하는지, 또는 이미 이 특별한 인식이 익숙해져서 보이지 않게 되었는지 등에 대해 일상적인 상황을 점검해보는 것도 의의가 있을 것이다. 예를 들어 미국과 영국에서 인종주의는 너무 고질화, 만성되어 웬만한 '인종주의적 사건'은 이제 뉴스거리도 되지 않는다. 또한 흑인과 히스패닉, 아시아계에 대한 적대감과 차별은 저널리스트들이나 사회과학 연구자들 앞에서는 잘 드러나지 않는다. 사람들은 겉으로는 다른 민족에 예의를 갖추어 행동하기 때문이다. 적대감과 차별은 눈에 띄지 않는 물밑에서 일어난다(라탄시, 2008: 233). 그렇다면 한국의 상황은 어떠한가?

　외국에서든 한국에서든 외국인을 볼 때 우리는 한국인을 볼 때와는 다른 태도를 가지게 된다. 우리보다 열등하다고 생각하는 유색인종을 볼 때 그들의 학벌이 어떠한지에 대해 생각하기란 쉽지 않다. 지금 내 앞에 동남아시아 사람이 지나가는데 그가 어느 대학을 나왔는지, 지나가는 흑인이 어느 대학을 나와 지금은 어떤 직업을 가지고 있는지 생각하게 되지 않는다. 그보다는 그들이 나와 같은 수준의 인간인지, 위험한 존재는 아닌지, 식사는 제대로 하고 사는지와 같은 생각을 하기 쉽다. 그러한 내게 인종은 명백히 존재한다. 생물학적 성의 내용과 차이에 대해선 의견이 분분할 수 있지만 사회적으로 형성된 성에 대한 관념인 젠더는 명확히 존재하듯이, 생물학적 인종이 존재한다는 것을 믿기는 어렵지만 사회적으로 구성된 인종은 분명하게 존재하며 더 나아가 사회에서 매우 중요한 역할을 한다. 따라서 이 사회적 인종에 대한 논의와 대응은 정당한 것이다.

흑인을 보면서 그들의 육체에 대해 관심을 가지지 않을 수 없다. 백인을 보면서 그들의 힘과 신체적, 지적 우월성에 대해 생각하지 않을 수 없다. 아시아인들을 보면서 그들의 왜소함과 양순함을 생각하지 않을 수 없다. 민족이 서로 다른 커플을 보면 두 사람 개인이 아니라 둘의 인종을 생각하게 된다. 둘 간의 관계는 사랑보다 우열관계를 중심으로 해석된다. 대부분의 한국인에게 다른 민족에 속한 사람들은 상당부분 인종 관념, 즉 인간이 교정할 수 없는 위계서열을 가진 집단들로 나뉘어져 있다는 생각에 입각해 인식될 것이다. 여러 민족을 접한 경험이 많고 적음에 따라 다른 태도를 가질 수는 있다. 일반적으로 기대하듯이 접촉 경험이 많을수록 인종 관념이 약화된다고 해도 이미 그런 경험이 많은 사람들이 보이는 타민족에 대한 인식도 상당한 정도로 인종 관념에 입각해 있다고 생각하는 필자의 평가가 틀리지 않다면 인종 관념을 불식시키는 것은 상당히 요원한 일이 될 것이다. 반대로 접촉 경험이 많을수록 인종 관념이 강해진다고 하면 앞으로 다른 민족을 접할 기회가 많아질 한국인들의 인종 의식에 대해 우려하게 된다.

다음과 같은 의문도 제기될 수 있다. 한국에 온 국제이주민의 대부분을 차지하는 아시아 국가 출신자들에 대한 태도에 인종이나 인종주의 개념을 적용하는 것이 적절한가? 그러나 유럽 지역의 인종주의를 대표하는 반유대주의가 백인과 생물학적으로 상당히 유사한 유대인을 대상으로 한 것이나 일반적으로 인종청소와 같은 극단적인 인종주의 현상의 대상이 생물학적, 사회적으로 유사성이 큰 주변 민족을 대상으로 삼았던 예를 생각할 때 지나친 것이 아님을 알 수 있다. 한편 타민족에 대한 의식, 타민족과의 관계에 있어서 어느 부분까지가 용납될 수 있는 자연스러운 현상이고 어느 부분부터 문제가 되는 양상인가를 구분하는 것도 필요해 보인다. 사실 타민족과의 관계가 동일 민족과의 관계와 같을 수는 없을 것이다. 타민족에 대한 태도에 있어서 일정한 한계가 존재한다는 점도 고려해야 할 것이다. 무엇이 문제가 되는 견해나 행동인지, 어떤 행동이나 표현이 인종갈등을 유발하는가에 대한 논의가 필요한 것이다. 외국인에 대한 태도를 알아보는 설문조사와 같은 기존의 인종주의 측정 방식이나 이주민과의 공존에 관한 교육에는 이상과 같은 섬세한 고려가 부족해 보인다.

3. 한국 사회 인종주의의 징후들

국제 이주민의 수가 늘어나고 이들의 체류기간이 늘어남에 따라 인종주의 또는 제노포비아에 해당하는 현상이 등장하기 시작했다. 2007년 12월 처음으로 불법체류자 단속을 지지하는 반외국인 시위가 일어났으며, 2013년에는 정부의 다문화정책을 반대하는 시위가, 2014년에는 한국 최초의 귀화 외국인 출신 국회의원 이자스민의 의원직을 박탈하라는 시위까지 등장했다. 또한 다문화정책 반대를 표방하는 대표적인 온라인 커뮤니티인 〈반다문화카페〉는 전체 회원이 1만 명이 넘고 다문화정책에 반대하는 다양한 활동을 전개하고 있다. 시기적으로 보면 다문화주의 정책을 표방한 집권 노동당을 대상으로 저질러진 노르웨이 테러(2011년), 필리핀 출신 이자스민 의원의 국회의원 당선(2012년), 소위 '이자스민 법안'으로 불린 아동복지법 개정안의 발의(2014년)와 같은 사건들이 반다문화 표현을 보다 적극적으로 할 수 있게 한 계기가 되었다고 볼 수 있다. 아래에서는 최근 한국 사회에 나타나고 있는 인종주의의 주요 양상들을 살펴본다.

(1) 반다문화 카페

다문화정책에 반대하는 온라인 운동의 대표적인 사례인 한 카페를 살펴보자. 카페의 성격에 대해 운영자는 "무분별하고 엄청나게 빠른 속도의 외국인 유입과 그 문제점에 대해 토론하는 카페", "외국인들의 임금을 반으로 줄이고 또한 앞으로 일어날 일들에 어떻게 했으면 좋을까 토론하는 카페"라고 소개했다(카페 운영자 A씨, 2016년 7월). 이들이 이러한 활동을 하게 된 주된 계기는 그들이 과도하다고 생각하는 외국인의 유입, 그리고 역시 심각한 상황이라고 생각하는 외국인의 범죄현상이다.

> "들어온다면 제한적인 부분에서 와야 하는데 너무 무절제하게 들어오고 있다. 국제결혼을 왜 부추기나? 농촌총각이 장가 못 가면 한국인하고 결혼하게 부추겨야 하는데 한국 노총각이 외국여자를 얼마나 알아서 결혼하고 국가에서 지원해가면서 그런 걸 선동하고 자꾸 미화하고 (...) 그런 게 많이 나오니깐 뭔가 이상하다 감을 잡아서 (...) 그래서 본격적으로 2008년도에 만들게 되었지. 외국인이 밤에 떼지어 다니고 현지인 입장에서 위기감 같은 걸 갖게 되고 (...) 그러면 앞으로 점점 더 심해진다고 보면 돼. 어느 순간에 통제불능되고." (부산 거주 카페 운영자 A씨, 2016년 7월)

> "신문기사를 보니깐 외국인문제가 심각해서 생각하다가 다문화반대카페를 발견해서 가입해 활동하고 있습니다. 대구도 맞은편에 공단이 있는데 외국인들 많아요. 가면 사고나죠. 대학교가 미쳐서 축제 때 다문화 애들 미팅도 하겠다 해서 강간도 나고 살인사건도 나고. 그런데 그 사건이 크게 안되도록 다문화운동가들이 매일 협박하고 ..." (대구 거주 회원 B씨, 2016년 8월)

> "후진국 출신들이 한국녀 강간, 살해, 남자들한테도 살인까지 저지르고 다니는 악행을 저지르고 있습니다. 제가 살고 있는 도시에도 여중생이 외노자한테 살해당했는데 언론, 정부, 국회 등이 입 다물고 있어가지고 그 계기로 동남아 중국 외노자에게 혐오감이 생겼습니다". (경기 거주 회원 C씨, 2016년 8월)

이 카페의 공지사항에 올라와 있는 "섹스에 굶주린 이방인들…겁탈 당하는 대~한민국"이라는 제목의 글에서는 한국 국민을 대상으로 한 외국인노동자의 성폭행 사례가 소개되고 있다. 또한 댓글의 상당수가 외국인노동자에 대한 심각한 수준의 비난이었으며, 대부분의 사람들이 외국인노동자를 잠재적 성폭력범죄자로 인식하고 있음을 알 수 있었다. 카페의 명칭에서 알 수 있듯이 카페의 주된 활동은 다문화정책에 대한 비판이었다.

> "지금 초등학교부터 다문화교육을 하는데 이게 (국민적) 합의도 안되었는데 이게 뭐냐? 세뇌라 이거야. 이건 범죄행위다. 국민이 동의도 안했는데 왜 이걸 강요하나? 외국인 혐오하지도 않아. 정책을 반대하는 거야. 다문화정책을 하는 건 국민의 선택의 문제이다. (그런데) 이걸 왜 공론화 안하냐 이거지."
>
> (부산 거주 카페 운영자 A씨, 2016년 7월)

같은 카페에 올라와 있는 "3D영세 방치로 외노자에 올인하는 부실 중소기업이 구조개혁의 대상이 될 수 있도록 참여 부탁드립니다"라는 글은 외국인을 고용하는 국내기업을 비판하고 있다. 이 글에서는 외국인노동자 고용을 "중소기업들이 수요와 공급에 따른 시장법칙을 거부하고 자국 노동자에게 제대로 된 대가를 지불하지 않기 위한 썩은 동아줄로 들여온 것"이라고 해석하고 있다. 그러면서 이러한 문제를 안고 있는 외국인노동자제도를 개선하기를 원하며 이를 위해 정치권 인사들의 연락처, 메일주소 등을 공유하고 카페회원들에게 외국인노동자제도를 반대하는 운동에 참여하기를 독려하고 있다(http://cafe.daum.net/ dacultureNO, 2016년 6월 17일 검색).

카페 회원들은 3D업종에서 일하는 서민들이 외국인 노동자들에게 임금경쟁에서 밀려 일자리를 빼앗긴다는 생각을 하고 있다. 이처럼 반다문화 담론에는 경제적인 문제가 중요한 비중을 차지한다는 것을 알 수 있다. 카페의 게시글을 보면 회원들은 우리나라의 경제상황이 좋지 않은데 굳이 외국인노동자까지 받아들이는 것은 사용자만의 이득을 위한 것으로 보고 있으며, 외국인 노동자들의 해외송금도 경제적으로 많은 문제가 있다고 생각하고 있다.

게시판에는 또한 조선족이나 이슬람과 관련된 다양한 음모론이 올라오는 것을 알 수 있다. 특히 조선족에 대해서는 화교와 조선족에 관한 게시판이 따로 있을 정도로 회원들이 많은 관심을 가지고 있는데 게시글의 내용을 보면 강도, 납치미수 등 주로 치안문제에 관한 글들이 많다. 다음으로 이슬람에 대한 음모론을 살펴보면, 앞서 언급했던 것처럼 여성문제나 테러와 관련된 음모론이 대부분을 차지하는 것을 알 수 있으며 유럽의 이슬람화 현상에 관한 글도 많다. 게시판에 있는 "아내를 잘 때리는 3단계 방법: 사우디"라는 글을 보면 아랍인이 아내를 잘 때리는 법에 대한 동영상과 함께 여성을 잘 때리는 법에 관한 내용이 있으며, "8세女, 첫날밤 치른 뒤 사망, 12세 소녀 는 어린 나이에 출산을 하다가 아기와 함께 숨져"라는 내용의 글에 대한 댓글 중에는 "저것도 한국에선 아름다운 다문화의 하나일 뿐입니다"와 같은 글이 있다. 표적이 되는 집단을 섹슈얼리티의 측면에서 부정적으로 묘사하는 것은 인종주의 담론의 고전적인 레퍼토리 중 하나이다. 2015년 미국에서 흑인교회에 들어가 총기를 난사한 범인의 사례도 여기에 속한다. 그는 다음과 같이 말했다. "나는 이 일을 해야만 한다. 당신들은 우리 여성들을 성폭행했다. 그리고 우리나라를 차지했다. 당신들은 이 나라에서 떠나야 한다"(『연합뉴스』 2015년 6월 19일자).

외국인 및 다문화정책에 반대하는 단체나 개인이 전화항의, 지역별 오프라인 모임, 반다문화 피켓 시위 등의 방식을 사용하기도 한다. 그중 오프라인 시위의 사례에는 2015년 12월 8일 세종시 국무총리실 앞에서 '나랑사랑 시민모임'에 의해 약 80명 규모로 진행된 할랄음식 반대집회, 2015년 12월 12일 역시 '나라사랑 시민모임'이 주최한 KBS 이슬람미화방송 중단요구 시위, 2015년 1월 21일 '이주아동권리보장법'에 대한 항의의 표시로 이자스민 의원실 앞에서 양성평등(구 남성연대) 회원들이 교대로 진행한 1인 피켓 시위, 2012년 국회 앞에서 한 여고생이 경제적 이유와 자국민 보호를 위해 다문화정책에 반대한다며 행한 1인 피켓 시위 등이 있다. 시리아 난민문제가 세계적인 이슈가 되고 실제 시리아 등 중동 출신 난민의 한국 입국이 늘어나면서 난민과 관련한 사안에 대해 강한 반감이 나타나기도 했다.

한편 최근에는 이슬람 반대에 초점을 두고 활동하는 세력이 등장하기도 하였는데 이들은 기존 반다문화 세력과 다소 차이점이 있다. 무슬림 이주민에 대한 반감이 특징인데 주로 특정 종교를 토대로 활동하고 있다는 점에서 인터넷 상에서 활동하는 개인 회원 중심의 기존 반다문화 세력과는 비교가 되지 않을 정도의 영향력을 가질 수 있다. 이들은 한국에 거주하는 무슬림들에 대한 강한 반감을 드러내며, 특히 지방자치단체에서 진행하는 다문화 행사에 대해 시·군 전담부서에 계속해서 항의를 함으로써 행사 자체가 개최되지 못하게 하거나 진행되고 있는 행사장에 가서 방해를 하는 등의 방식으로 자신들의 존재를 보여주고 있다. 실제 지자체가 준비하고 있던 이주민 관련 행사에 대해 지속적으로 문제제기를 하고 전담 공무원에게 반복해서 항의 전화와 이메일을 보냄으로써 결국 행사가 취소된 사례가 있다. 또한 아파트 단지나 주택가 우편함에 '이슬람의 실체를 알려 준다'는 내용의 전단지를 배포하거나 서명운동을 하는 등의 방식으로 지역사회에서 영향력을 넓혀가고 있다. 또한 SNS를 통해 이러한 활동에 대한 인지도가 높아지고 있다. 이 사례는 이제 한국 사회에도 유럽의 경우처럼 조직화된 반이슬람 현상이 등장하고 있다는 것을 보여준다.

(2) 인종주의 사건과 외국인 범죄

언론에 보도되는 인종주의 성격의 사건들도 인종주의 현상의 중요한 부분이다. 사건 자체도 인종주의 현상이지만 이 사건에 대한 보도가 인종주의를 촉발시키거나 강화하는 측면도 있는 것이다. 최근에는 한국 사회에서도 소수집단이나 진보세력을 대상으로 한 폭력이 나타나고 있다. 또한 한국 현대사에서 극단적인 세력의 폭력적인 행동의 역사는 만만치 않은 경력을 지니고 있다. 그러나 아직 국제이주민을 대상으로 한 폭력이 비중 있는 사회적 이슈가 되고 있지는 않다. 몇몇 사례들이 있기는 하다. 인도 출신 교환교수에 대한 혐오발언이 문제가 되었던 2009년 보노짓 후세인 사건이 있다. 한 한국인 여성이 외국인 교환교수와 함께 귀가하던 버스에서 한국인 남성으로부터 '냄새나는 자식' '조선X이 새까만 외국X이랑 사귀니 기분이 어떠냐' 등의 폭언을 듣고 경찰에 신고했다. 한편 당시 한국 여성은 경찰에서 조사받는 과정에서 경찰로부터도 인종차별적 발언을 들었다며 2009년 8월 국가인권위원회에 진정을 제기하기도 했다(2010년 7월 14일자 국가인권위원회 보도자료). 보노짓 후세인 사건은 가해자가 모욕죄라는 형사적 처벌을 받게 됨으로써 한국 사회에서 인종차별과 관련된 최초의 범죄로 기록되었다. 이 사건을 계기로 '성·인종차별대책위'가 구성되고 '성·인종차별공동행동'이 지속적으로 전개되면서, 이 사건이 인종차별 차원의 문제임을 분명히 했다(정혜실, 2016:

36).

2001년 9·11테러 발생 이후에는 국정원이 파키스탄 출신 결혼이주 남성에게 프락치 활동을 요구한 사건, 2004년 방글라데시 출신 이주민들이 모인 '반한 이슬람 단체'를 검거했다며 공중파 3사를 통해 기사를 내보냈으나 이후 허위였음이 드러난 사건이 있었다. 2015년 11월에 발생한 파리테러 사건 직후에는 인도네시아 이주노동자의 SNS 계정을 도찰하여 IS 추종자로 몰아세운 후 근거 없이 체포·구금을 한 사건이 있었다(정혜실, 2016: 33). 2011년에는 귀화한 외국인 여성이 사우나 출입을 거부당한 사건도 있었다. 당시 피해 여성은 사우나를 이용하려 했으나 외모가 외국인이고 에이즈 문제를 옮길지 모른다는 이유로 출입을 금지당했다(2012년 1월 17일자 국가인권위원회 보도자료).

인종주의 범죄가 이주민에 대한 반감의 표현이라면, 외국인이 저지르는 범죄는 이주민에 대한 부정적인 인식을 심어주는데 막대한 영향을 미친다. 또한 '다문화'라는 용어를 중심으로 전개되어온 관용 담론이 치안 담론으로 변형되는 과정에서 핵심적인 역할을 한다. 그런데 외국인 범죄에 대한 언론 보도나 연구 보고서의 특징 중 하나는 외국인 밀집지역과 범죄의 연관성을 강조하는 것이다(최영신, 2013). 이주노동자가 집단적으로 거주하는 지역의 범죄 발생 및 치안문제를 부각시키고 있으며 국민들도 이러한 측면에 대한 관심이 높다. 외국인 범죄에 관한 담론에는 '외국인 밀집지역'이 중요한 의미를 가진 개념으로 간주되고 있다. 한 예를 보면 "공간적으로 특정 지역에 동일국가 출신자들이 집중적으로 거주하기 시작하면서, 음식점, 상가 등 연관 인프라가 형성되고 사교활동과 정보교환의 중심지로 기능하게 된다. 이렇게 외국인들의 생활공간, 관련 인프라 등이 공간적으로 집적하여 형성된 경우 이를 외국인 밀집지역(ethnic places)"으로 정의하고 있다(박세훈 외, 2009: 19-20, 최영신(2013)에서 재인용).

특히 2012년 중국동포 오원춘이 저지른 엽기적인 살인사건은 이주민에 대한 증오를 부추기는데 큰 기여를 하였다. 게다가 이 사건 이후 경기남부 지역에서 2013년 용인 모텔 살인사건, 2014년 수원 팔달산 토막살인 사건과 같은 극단적인 사건이 연이어 발생하면서 이주민의 유입이 많은 지역이 위험하다는 인식을 심어주는 역할을 하였다. 외국인의 범죄율은 내국인의 범죄율에 비해 낮지만 강력범죄가 차지하는 비중은 최근 상당히 늘어났고 내국인의 강력범죄 비율보다 높은 것이 사실이다. 외국인 강력범죄자는 2005년 21.1%를 기록한 이후 2011년까지 20%대에 머물렀으나 2012년 30.7%, 2013년 52.9%, 2014년 52.7%로 급증했다. 내국인이 2009~2014년 30%대를 유지한 것과 비교하면 훨씬 높은 비율이다. 그러나 이 통계는 신중하게 평가할 필요가 있다. 외국인 강력범죄의 비율이 늘었지만 조직폭력의 존재는 미미하다. 또한 경남지방경찰청의 분석 결과를 보면 한국인을 대상으로 한 외국인의 강력범죄는 전체 외국인 범죄의 0.8%에 그치고 있다(『서울신문』 2016년 9월 23일자). 즉 외국인 범죄가 한국인에게 위협이 되고 있으며 이것이 외국인의 유입과 다문화정책에 반대해야 하는 중요한 이유로 제시하는 반다문화 담론은 근거가 박약한 것이다.

결혼이민자와의 결혼으로 내국인 남편이 피해를 입는 문제도 이주민에 대한 부정적인 시각과 관련된 대표적인 양상이다. 외국인 신부에 대한 인권침해 실태가 심각하여 상대적으로 국제결혼으로 인해 내국인 남성이 당하는 피해가 그간 도외시되어 왔다는 문제의식으로부터 이 주제가 최근 언론의 조명을 받고 있다(김지영·안성훈, 2014). 또한 다문화가정의 이혼율이 늘어나면서 특히 위장결혼에 대한 의심이 상당히 확산되었고 이것이 결혼이민자에 대한 부정적 인식을 강화하는 역할을 하고 있다. 생활력이 강하고 한국 사회에 잘 적응한 여성 결혼이민자에 경계심을 표하고 생활력이 강하지 못한 남편이 불쌍하다고 생각하는 경우도 자주 접할 수 있는데, 이 역시 결혼이민자들이 한국 사회에 잘 통합되기를 기대했던 몇 년 전과는 상황이 달라졌음을 보여주는 예일 것이다.

(3) 일상에서의 인종주의

국가인권위원회법에 따르면 국가에 의한 인종차별 현상은 '침해'에 해당되는 것이며 민간에 의한 인종차별 현상은 '차별'로 분류된다. 침해는 주로 헌법에 명시되어 있는 평등권에 위배되는 경우이며 이주노동자나 난민에 관한 사안이 대부분이다. 국가인권위원회에 제소된 사례들을 보면 침해에 해당하는 사례가 차별에 해당하는 사례보다 많았다. 접수된 사례 중 조사할 가치가 있어서 조사가 이루어진 사례가 44건, 정책권고 판정이 내려진 경우가 25건에 불과하다. 대부분은 각하 또는 기각되었다(국가인권위원회 내부자료).

2013년 국가인권위원회가 실시한 '텔레비전 방송 프로그램 모니터단'의 활동 결과를 보면 이주민 및 외국인에 대한 차별적인 표현 등이 다수 발견되었다. 아프리카 출신 유학생의 사연을 방송하면서 사회자가 어두운 스튜디오에 앉아있던 출연자의 피부색을 빗대어 "저는 사람이 안 계신 줄 알았어요"라는 표현을 사용한 것이나, 외국의 서커스팀이 쌍철봉으로 묘기를 보이는 장면에서 이를 '인간원숭이들 바나나 따기' 등의 자막으로 표현하여 희화화한 것 등이 보고되었다. 또한 신뢰성과 객관성이 담보되지 않은 통계로 이주민 및 외국인에 대한 부정적 관념을 조장하고, 이주민을 '소수자적 지위'로 전제하거나 '내성적', '나이 차이가 많음', '가무잡잡한 피부색'이라는 표현으로 일반화·정형화하여 이주민 및 외국인의 외모와 이미지를 부적절하게 고착화했다고 평가하고 있다.

아직 국내에는 노골적으로 인종주의를 표방하는 단체나 정당이 등장하지는 않았다. 그렇지만 공적 영역에서의 증오발언, 직장이나 수감시설에서의 인권유린 등 인종주의 현상에 해당하는 사건들이 확인되고 있다. 외국인을 대상으로 한 증오범죄의 실태를 조사한 한 연구에 따르면 조사대상 외국인 665명 중 증오범죄의 피해를 경험한 사람들의 비율은 다음과 같았다. 먼저 폭행을 경험한 사람은 7명으로 1.1%였고, 말이나 행동으로 폭행의 위협을 당한 경험은 16명으로 2.4%를 차지했다. 자신의 종교나 국가의 상징이나 건물 등이 파손되는 경험을 하거나 파손당할 뻔했던 경우는 각각 2명으로 0.3%를 차지했다. 이밖에 절도, 강도, 성폭행의 경험이 있다고 응답한 경우가 있었지만 그것이 증오범죄에 속하는지는 앞선 사례들보다 덜 명확했다. 증오범죄 피해경험을 보고한 33명의 외국인들이 피해 장소로 가장 많이 보고한 곳은 직장으로, 14명(42.4%)이 직장에서 인종, 종교, 국적을 이유로 피해를 입었다고 말했다(김지영, 2012).

혐오발언은 최근 한국 사회에서 여성혐오 현상의 중요한 부분으로 언급되고 있는 용어인데 다른 나라의 경우에는 일본의 사례가 잘 보여주는 것처럼 인종주의 분야에서 더 흔하게 사용되어 왔다. 양심의 자유와 표현의 자유가 보장되는 사회에서 소수자에 대한 어떤 발언에 대해 사회적으로 중요한 의미를 부여하는 것은 일견 과도한 것으로 보인다. 하지만 몇몇 역사적 근거를 떠올리기만 해도 혐오발언[6]에 대한 경계를 이해할 수 있다. 나치의 유대인 학살의 시발점에는 바로 유대인에 대한 혐오발언이 있었으며 1923년 관동대지진 때에는 조선인이 우물에 독약을 탔다는 유언비어에 넘어가 군인과 경찰뿐 아니라 일반인들조차도 자경단을 꾸려 조선인 학살에 가담했다(모로오카 야스코, 2015: 9). 즉 혐오발언이 증오를 키우고 이러한 사회적 분위기에서 폭력, 제노사이드, 전쟁이 시민들의 암묵적 또는 명시적 동의 아래 자행될 수 있는 것이다.[7]

4. 한국 인종주의의 특성

(1) 이민현상의 산물로서의 인종주의

과거 종족별 위계질서는 미국의 인종주의를 모방한 것이었다. 인종차별에 관한 미국 미디어의 영향을 지적하면서 박경태는 미국인의 시각에 맞춰 훈련된 우리의 인종관이 놀랍게도 백인의 시각과 정확하게 일치한다는 점을 지적한다(박경태, 2007: 222-224). 기지촌 여성들도 흑인 미군을 차별했다는 증언은 한국인에 내재화된 미국의 인종주의를 보여주는 예이다(박경태, 2007: 221).

---

6 "'혐오발언(hate speech)'이라는 용어는 '증오범죄'와 함께 1980년대에 미국에서 만들어져 상용화된 새로운 용어이다. (...) 여기에서 '혐오(hate)'는 일반적인 증오의 감정을 일컫는 말이 아니라 소수자에 대한 부정적인 감정을 의미한다. 마찬가지로 혐오발언은 듣는 이에게 혐오감을 느끼게 하는 표현 모두를 의미하는 용어가 아니라, 국적, 성, 인종, 종교 등을 이유로 차별을 적극적으로 선동하는 표현을 가리키는 용어이다. 증오범죄와 마찬가지로 혐오발언도 인종, 민족, 성에 따른 소수자 차별을 바탕으로 한 공격을 뜻한다."(모로오카 야스코, 2015: 21-22)
7 레빈은 혐오에 기반을 둔 소수자에 대한 대응을 편견, 편견에 의한 행위, 차별, 폭력, 제노사이드의 다섯 단계로 나누고 이를 '증오의 피라미드(Pyramid of Hate)'라고 명명했다(모로오카 야스코, 2015: 76).

현재 한국 사회에서 형성되고 있는 종족별 위계질서의 기준에는 출신국가의 경제수준이나 국가규모, 피부색 등 외모, 우리와의 역사적 관계 등 다양한 요소들이 있지만 외모가 압도적으로 중요한 기준이라고 할 수 있다. 재중동포, 재러동포나 일본출신, 베트남 출신 이주민과 같이 한국인과의 외모 차이가 미미한 이주민과, 필리핀, 태국, 캄보디아 등 외모 차이가 두드러지는 이주민 사이의 구분이 형성되고 있는 것이다(김경희·윤태일·엄한진, 2008: 29).

역사를 보면 인종주의는 항상 사회현상과 연관되어 나타났다. 노예제, 식민지배, 민족주의운동, 제국주의전쟁, 종족분쟁, 우생학적 프로그램 등이 인종주의의 배경이거나 인종주의에 기반을 둔 현상이었다. 또한 이데올로기로서의 인종주의는 그 자체로 나타나지 않고 항상 민족주의, 식민주의, 진화론 등 다른 이념과 결합되어 나타났다(Ferreol et Jucquois, 2004: 290-300). 그렇다면 한국 사회의 인종주의는 어떤 사회현상과 연관되어 있으며 어떤 이념과 결합되어 나타나는가? 이에 대한 답변으로 민족주의, 성차별주의 등을 떠올릴 수 있지만 한국의 인종문제는 무엇보다도 이민 현상과 연관성이 있다.

물론 최근 형성되고 있는 한국 인종주의에도 전사가 있다. 사실 유라시아 대륙의 끄트머리에 위치한 한반도에서 살아온 사람들에게 인종은 매우 낯선 개념이었다. 전근대사회에서 이미 종족을 구분하는 관행이 나타나기는 했었다. 박찬승에 따르면 중국에서는 이미『상서』시대에 '족류'라는 말로써 종족을 구분하고 있었다. 이때 '족류(族類)'는 동족(同族, 집안), 무리 등의 뜻으로 사용되었다. 한반도에 거주하는 종족이 중국 종족과 다른 정체성을 가진 종족이라는 의식은 조선 초기부터 나타났다. 즉 여진족을 가리켰던 야인(野人)들이 우리와 족류가 다르다고 하여 천시되었고 왜인 역시 우리 족류가 아닌 것으로 분류되었다. 족류는 타 종족과의 경계짓기를 통하여 자기 종족의 정체성을 확인하는 성격을 지녔던 것이다(박찬승, 2008: 82-86). 그렇지만 '과학적인' 논거를 근거로 한 체계적인 인종주의는 근대의 산물로서 전근대사회의 자민족중심주의나 종족 분류와는 큰 차이가 있다. 특히 지리적인 요인으로 인해 상대적으로 다양한 지역 및 종족 간의 교류가 활발하지 않았고 외국인의 유입이 많지 않았던 한국 사회에서 인종에 대한 학술적인 논의는 이제 시작되고 있다고 할 수 있다. 미국, 일본 등 몇몇 나라에 국한된 한국의 협소한 대외관계도 인종 논의의 저발전에 기여하였다고 할 수 있다.

그러나 세계화와 그에 따른 다양한 지역으로부터의 이주 현상은 한국 사회에서도 인종 질서, 그리고 근대적인 의미의 체계적인 인종주의가 형성되는 계기로 작용하고 있다. 이러한 최근의 변화는 서구화의 역사 속에 위치 지을 수 있다. 서구, 그리고 서구에 대한 관념은 지속적으로 확장되어 왔다. 식민화, 자본주의화로 인해 이미 서구는 서유럽을 넘어 북미, 오세아니아로 확대되었고 백인이 헤게모니를 가지고 있는 남미는 문화적 차원에서 서구의 일원이며 자본주의 중심국에 속한 일본은 경제적 차원에서 서구였다. 아시아만큼이나 서구의 일원이고자 노력해온, 그래서 매우 서구화된 일본은 문화적으로도 상당부분 서구에 속한다고 할 수 있다. 제3세계 및 동유럽 국가의 경우에도 종속적인 형태의 자본주의화과정은 상당 부분 서구화과정이었다. 탈식민화 이후, 특히 세계화와 탈냉전 이후 서구사회로의 이민은 그간 진행되어 온 정신적 차원의 서구화에서 신체적 차원의 서구화로 완결되는 과정으로 해석할 수도 있을 것이다.

이민 현상, 종족분쟁 등 아시아의 많은 현상들은 이렇게 세계로 확장된 서구, 그런데 매우 배타적인 서구라는 관념의 영향으로 설명될 수 있다. 백인에 의한 비백인의 지배는 아시아인들간의 지배−피지배 관계로 변형되었고 백인들에 대한 투쟁은 이제 아시아에서 지배적인 위치에 있는 일본이나 한국에 대한 투쟁으로 바뀌고 있다. 이민집단의 저항운동은 이 아시아적 반인종주의 투쟁의 선봉에 서 있다. 그런데 이러한 반인종주의의 부상은 인종주의에 대한 대응이며 이 인종주의는 인종적 관계, 즉 인종이라는 요인을 통해 집단간 상호작용이 이루어지는 사회적 관계의 형성을 배경으로 형성되는 것이다. 이런 의미에서 아시아에서는 사회적 관계의 인종화가 나타나고 있다고 할 수 있다.

한편 인종주의와 마찬가지로 아시아적 오리엔탈리즘, 또는 오리엔탈리즘의 토착화에 대해 생각해 볼 수 있다. 그간 서구 대 비서구의 구도로 진행되어 온 오리엔탈리즘에 관한 논의를 아시아 내부에서의 관계에 적용할 필요성이 있는 것이다. 한국의 경우를 보면 과거 서구인들이 오리엔트 지역, 더 나아가 모든 비서구사회에 대한 이미지를 만들었듯이 정부, 언론, 학자 그리고 시민사회가 결합해 이주민 집단에 대한 이미지를 만들어 가고 있다. 이 이미지는 원초적이고 열등한 존재, 한국여성들에게는 용인하는 진보적인 여성상과는 다른 봉건적인 여성상을 강요하는 것처럼 일반 사람들에 적용되는 논리와는 다른 논리가 적용되는, 그들이 속한 사회적 관계, 그들이 속한 사회의 역사적 맥락에서 유리된 존재이다

1990년대 이후 국제이주민의 유입이 본격화되기 이전까지 인종문제는 한국 사회에서 중요한 사회적 이슈가 아니었다. 기지촌 여성들과 그 자녀들에 대한 한국인들의 멸시, 화교에 대한 한국정부의 차별적인 정책이 있었지만 보이지 않는 것으로 유폐된 한센인의 경우와 유사하게 이들은 한국 사회에서 보이지 않는 존재들이었다. 또한 미국인들의 영향으로 한국인들의 의식 속에 생물학적 인종주의가 강하게 자리 잡고 있었지만 이러한 의식이 비중 있는 사회현상으로 표면화되지는 않았다. 인종차별, 인종 간 위계질서, 인종주의적 의식과 같은 인종문제가 가시화된 것은 국제이주민의 수가 급증하고 이들의 수가 전체 인구에서 상당한 비중을 차지하면서부터이다. 이런 의미에서 한국의 인종문제는 상당 부분 이민문제와 연관성이 있다고 할 수 있다.

당연한 것 같은 내용을 언급하는 이유는 인종주의 현상이 국제이주 현상과 무관하게 나타나는 사례도 많기 때문이다. 미국의 경우 주된 인종주의 현상은 시기적으로 늦게 이주해온 아시아나 중남미 출신의 국제이주민보다는 흑인 집단을 대상으로 한 것이다. 물론 이들 역시 노예무역을 통해 국제이주를 경험한 집단이지만 미국사회에서 흑인 집단은 미국이라는 국가의 성립 이전부터 백인과 함께 거주해온 '선주민'에 가까운 존재인 것이다. 유럽의 경우에서도 유사한 사례를 찾아볼 수 있다. 전통적으로 유럽에서 대표적인 인종주의의 대상은 유대인이었고 이들에 대한 반감은 바빌론 왕국이나 로마제국의 시대와 같은 고대로 거슬러 올라간다. 물론 디아스포라가 국제이주의 한 양상이라는 점에서 디아스포라를 경험한 대표적인 민족인 유대인을 대상으로 한 반유대주의가 국제이주와 무관하지는 않다. 그렇지만 유대인들의 이주 경험은 자본주의 체제의 전지구적 확산이나 서구의 세계지배를 배경으로 하는 근대적인 국제이주와는 다소 구분되는 현상이라고 할 수 있다. 미국

의 흑인이나 유럽 거주 유대인의 경우는 정착된 이주민으로서의 소수민족으로 구분하는 것이 일반적이다. 예를 들어 킴리카(Kymlicka, 1995)는 언어, 영토가 구분된 종족집단으로 구성된 '다민족국가'와 이민 출신의 종족공동체 다수가 공존하는 '다종족국가'를 구분한다. 이와 같이 인종주의의 대표적인 대상 집단인 흑인과 유대인의 사례는 인종주의 현상이 이민 현상과 어느 정도 구분되는 것임을 보여준다. 바로 이러한 점에서 한국 사회의 인종주의 현상이 이민문제에서 비롯된 점을 한국적 특성으로 고려할 필요가 있는 것이다.

(2) 이주민에 대한 태도의 추세: 호의와 거부의 공진화

이주민들에 대한 선주민들의 태도와 관련해 우리는 더 우호적인 되었는지, 반대로 더 부정적이 되었는지에 대한 궁금증을 가지게 된다. 이는 앞에서 언급한 인종주의 용어 사용 등 한국 사회에서 인종주의 논의를 제기하는 것이 적절한지에 관한 문제와 연관성이 있다. 단일민족 신화에 사로잡혀 있다가 이제 다른 민족과의 공존을 배워나가고 있고 실제 일정한 성취가 있었다고 생각할 수 있다. 반대로 처음에는 가벼운 호의를 가지고 있다가 이들이 점점 더 많이, 그리고 점점 더 한국 사회 내부로 들어오는 것에 대해 거부감이 생겨나고 있다고 진단할 수도 있다. 한 연구에 따르면 다문화 수용성 지수가 2011년도의 51.17점에서 2015년 53.96점으로 증가한 것으로 나타났다(안상수·김이선·마경희·문희영·이명진, 2015). 이와 다른 양상을 보여주는 조사결과도 있다. 가장 최근에 실시된 '세계 가치관 조사'의 결과를 보면, 한국인의 44.2%는 이주민을 이웃으로 받아들이는 것에 대해 부정적 견해를 밝혀 전체 조사 대상국 59개국 중 54위를 차지하였다.

한편 다문화 수용성에 대한 최근 몇 년 간의 조사결과[8]는 이주민들에 대한 한국인들의 인식이 이중성을 지니고 있음을 보여준다. 즉 이주민의 수가 늘어나는 것이나 이주민의 한국 국적 취득을 더 용이하게 하는 것에 대한 반

---

8 인종주의가 이성적인 측면만을 가지는 것이 아닌데 의식을 알아보는 설문조사로 평가하는 것은 한계가 있다. 또한 설문조사에 대한 응답을 어느 정도 신뢰할 수 있는지에 대한 문제도 있다. 외국인에 대한 태도와 같은 민감한 사안에 대해 사회적으로 용납되는 선에서의 가식적인 응답을 할 가능성이 높을 수 있는 것이다.

대 의견이 늘어나고 다문화가족에 대한 지원이 과도하다는 의견이 늘어났
다. 반면에 인권침해에 강력하게 대응해야 한다거나 가족을 데려올 수 있게
해야 한다는 등의 인권의 측면이 강한 사안에 대해서는 우호적이었다(한준,
2015). 이는 인간으로서의 보편적인 권리로서의 인권과 국민국가를 배경으
로 하는 고전적인 의미의 시민권이라는 두 측면에 각기 다른 입장을 가질 수
있다고 설명할 수 있을 것이다. 또한 구체적인 이해관계가 어느 정도 작용하
는가에 따라 다른 태도를 보인다고 설명할 수도 있다. 즉 이해관계가 결부된
사안일수록 더 배타적인 태도를 보이고 특히 직접적으로 이해관계가 작용하
는 집단에서 이 점이 두드러질 수도 있다.

비교의 차원에서 유럽의 사례를 보면 최근 유럽의 상황은 1980~1990년
대에 등장한 반이민현상이 한층 더 심화된 것으로 볼 수 있다. 즉 이전과 달
리 반이민정서를 표출하는 것이 극우세력에 국한된 것이 아니라 해당 사회
를 양분할 정도의 비중을 가지게 된 것이다. 최근 유럽사회를 우려에 빠트
린 브렉시트 현상의 사례를 보자. 물론 이 현상의 배경에는 다양한 요인들이
있지만 영국 국민의 52%가 유럽연합 탈퇴에 찬성표를 던진 것은 이제 이주
민의 유입과 체류에 우호적인 것으로 비춰지는 정책을 펼 수 있는 기반이 매
우 약해졌음을 보여준다. 이와 관련해 피테크는 영국에서 인종주의 현상이
보여준 변화양상을 인도주의적인 프레임에서 범죄학적인 프레임으로의 변
형으로 설명했다. 이 과정에서 이주민들은 뭉뚱그려 불법이민자로 매도되고
1990년대부터 그 수가 늘어난 난민에 대해서는 쇼핑하듯 유럽 여러 나라 중
에서 더 나은 곳을 고른다는 의미의 '망명지 쇼핑족(asylum shoppers)'이라는
표현처럼 부정적인 견해가 커져갔다(Feteke, 2013).

유럽 국가들에서의 인종주의는 한편으로는 세계화 및 유럽연합에 대한
반발, 다른 한편으로는 반이슬람의 성격이 강하다. 이러한 양상은 1990년
대 이후 지속되어온 현상이다. 1990년대 사회주의권 붕괴와 동유럽 출신 난
민의 발생, 신자유주의 세계화와 유럽연합의 출범, 그리고 이어서 2001년
9·11테러 이후 IS의 사례에까지 이어지고 있는 테러리즘과 반테러전쟁을 거
치면서 세계화, 유럽연합, 이슬람은 이 시기 유럽사회가 겪은 제반 문제의
핵심적인 원인으로 지목되어온 것이다. 유럽연합 차원이나 회원국 차원에서

체계적으로 인종적인 이유로 행해진 범죄에 대한 통계나 실태 파악이 이루어지고 있지는 않으며 어떤 국가의 경우에는 전혀 관련 자료가 존재하지 않기도 하다. 따라서 국가 간 비교도 어렵다. 또한 자료가 있는 국가들의 경우에도 연도에 따른 편차가 커서 장기적인 추세를 확인하기도 어렵다. 이러한 상황에서 민간단체에 의한 인종주의 범죄 자료 수집에 이루어지기도 한다. 그러나 예산이나 인력, 전문성 등의 측면에서 어려움이 있어 만족할만한 자료가 산출되지는 않고 있다. 또한 국가에 의한 인종주의 실태 파악이 지지부진하다는 것은 언론을 통해 알려지는 실태가 매우 과소평가된 것이라는 점을 의미한다.

이상과 같이 인종주의 범죄에 대한 실태 파악이 어려운 상황이지만 민간단체들의 보고서에 따르면 해마다 인종주의 범죄가 늘고 있다. 유럽반인종주의네트워크(European Network Against Racism, ENAR) 역시 2년마다 인종주의 실태를 조사하는데 지속적으로 인종주의 범죄가 늘고 있다고 보고하고 있다. 이 단체가 2013~2014년에 26개 유럽연합 회원국과 아이슬란드를 대상으로 실시한 서베이 결과를 보면, 매우 제한된 정보에 입각한 것이기는 하지만 유럽연합 회원국들에서 가장 인종주의 피해, 특히 신체적 폭력의 정도가 심한 집단은 흑인과 아시아계 주민들이다. 특히 이들에 대한 신체적 폭력이 심한 나라들은 에스토니아, 그리스, 이탈리아, 폴란드, 스웨덴, 영국 등이다. 덴마크, 독일, 헝가리, 네덜란드, 스웨덴 등에서 반유대주의 범죄가 증가하는 것도 확인되고 있다. 유대인 대상 범죄는 재산 침해, 폭행, 온라인에서의 혐오발언 등의 형태를 띤다. 이슬람혐오 범죄는 특히 프랑스, 영국 등에서 증가추세를 보였다. 특히 무슬림 여성들이 무슬림 남성보다 더 많은 공격을 당하고 있으며, 이 여성들이 겪는 인종주의 범죄는 다른 인종주의 범죄에 비해 더 폭력성이 심하고 신체에 가해지는 폭력인 경우가 많다. 대부분의 나라에서 집시를 대상으로 한 범죄가 보고되고 있다. 특히 헝가리, 체코와 같이 집시 인구가 많은 국가들에서 이들에 대한 범죄 가능성이 높은 것으로 나타났다. 집시의 경우에는 다른 집단에 비해 '국가 폭력'의 대상이 되는 경우가 많다. 이밖에 인종주의 성향이 있는 정당이나 단체와 연계된 개인에 의한 인종주의 범죄나 경찰에 의한 범죄도 나타나고 있다(European Network

Against Racism, 2014). 최근 독일에서는 새롭게 부상한 페기다(Pegida) 조직이 결성되어 적극적인 시위를 펼쳐 심각한 사회 갈등의 양상으로 치닫고 있다. '서양의 이슬람화를 반대하는 애국적 유럽인들'이라는 명칭에서 알 수 있듯이 이들은 반이슬람주의를 외치는 시위대이며, 이들 조직에 인종차별주의자와 극우세력이 합세하면서 나치를 찬양하는 듯한 움직임을 보였다.

물론 지역별로 편차는 있다. 전통적인 이민국가들에서는 이주민에 불리한 정책이 강화되는 것과 반대로 손님노동자 모델을 고수해온 독일은 난민의 유입에 우호적인 노선을 견지하고 '이민국가'를 선언하는 등 개방적인 양상을 띠었다. 독일은 비교적 오래전부터 많은 수의 이주민이 유입된 국가임에도 불구하고 '이민국가'라는 점을 인정하지 않았다. 이는 단기순환정책을 고수하면서 영구이민을 극도로 제한하는 현재 한국의 상황을 떠올리게 한다. 그러다가 2005년 새 이민법을 제정하면서 '이민국가'임을 공식적으로 선언하였다. 이러한 변신을 거치면서 독일은 경제협력개발기구(OECD) 통계기준 2012년 미국에 이어 세계 곳곳에서 인구를 끌어들이는 세계 2위 이민국가가 되었다. 유럽연합 차원에서의 이민정책 역시 독일에서 나타난 우호적인 흐름에 일조했다. 정치참여의 측면에서 1995년부터 EU출신자들에게 지방의회 및 유럽의회 선거권이 부여되는 등 우호적인 변화가 나타났다(장명학, 2006). 외국인 통합정책 차원에서는 외국인노동자에 지방정치에서의 참정권이 부여되었고 국적 취득 규정도 완화되었다. 2000년부터는 부모 중 한쪽이 8년 이상 거주했고 무기한 체류허가나 영주권 소지의 경우 자녀는 자동적으로 국적을 취득할 수 있게 되었다.

일관되게 상황이 악화 또는 완화되지 않는 측면도 있다. 프랑스의 경우 어느 정당이 집권하는가에 따라 큰 차이가 있기 때문에 이주민의 상황이 단순히 악화되기만 한 것은 아니었고 기복이 있었다. 그렇지만 장기적인 추세를 보면 이주민의 상황을 악화시키는 경향이 나타났다고 할 수 있다. 니콜라 사르코지 대통령 집권기(2007~2012년)를 전후한 2000년대 초반 프랑스 사회는 이주민이 프랑스 사회의 구조적인 문제의 원인으로 지목되는 양상이 나타나면서 국제사회의 주목을 받게 된다. 히잡, 할랄, 테러리즘이 특히 선거 국면에서 부각되었고 그 정점에 2005년 11월 대도시 외곽지역에서 발생한 소요사태가 있었다. 이주민을 대상으로 한 인종주의 현상이 악화되었는지 또는 완화되었는지에 대해 쉽게 답하기는 어렵다. 이에 비하면 인종주의의 양상이 어떻게 변화했는지에 대해서는 상대적으로 논의가 용이할 것이다.

(3) 인종갈등 예방에 대한 관심

한국 사회에서 이주민과의 공존 차원에서 언급되어 온 주요 개념으로 다문화, 다양성, 인정, 관용, 사회통합 등이 있다. 한국에서 이주민과 관련해 사용하는 용어들은 유럽, 미국 등 국제이주민과의 공존 경험이 많은 지역에서 언급되는 용어들과 거의 동일하다. 이는 후발주자로서 한국의 이주민 정책이 상당부분 이들 이민 선진국의 경험을 참조하고 그곳의 담론을 차용하였기 때문일 것이다. '사회통합' 개념의 사례를 보면 최근 한국 사회에서 이 용어가 사용되는 대표적인 분야 중 하나가 국제이주와 다문화 영역일 것이다. 한국 사회에 다문화 논의가 부상하면서 통합이나 사회통합이 언급되었지만 처음에는 당시 한국 사회의 후진성을 상징하던 동화주의적 경향과 동일시되면서 사용하기를 꺼려했다. 그러다가 결혼이민자를 비롯해 이주민들의 한국 사회 적응의 문제가 점점 더 중요해지고, 이 용어를 대체할 적절한 대안을 찾기 어려운 상황에서 '통합'이나 '사회통합'이라는 용어가 이 분야에 정착하게 되었다. 그렇지만 서구사회의 경우에 '통합'이라는 용어가 단일한 의미를 지닌 것이 아니라 이주민 문제에 대한 다양한 입장을 담고 있고, 그래서 이 용어의 의미를 둘러싼 상징 투쟁이 전개되기도 한다는 점에 유념할 필요가 있다. 즉 한국의 경우에도 이주민의 '사회통합'은 다양한 가능성을 담고 있는 열려있는 개념이라고 할 수 있다.

'사회통합' 개념은 일반적으로 계급이나 민족, 인종, 지역 등의 영역에 적용된 개념이다. 한국 사회에서도 이 개념은 계급 및 불평등, 이념 및 남북한 관계, 지역, 정치, 세대 및 문화 등의 영역에 적용되어 왔다. 또한 장애인, 동성애자 등 소수자의 권리 인정과 연관되어 사용되기도 한다. 사회통합 개념은 일반적으로 집단 간 갈등 현상이 배경이 되고 이를 해결하는 방안으로 간주된다. 그런데 한국 사회에서 이민 및 인종과 연관된 사회통합 논의는 상당한 정도의 갈등 양상을 배경으로 등장한 것이 아니다. 이주민들의 사회통합에 관한 논의는 갈등에 대한 대응보다는 미래의 갈등을 예방하는 성격이 더 강하다고 할 수 있다. 그런데 위에서 살펴본 반다문화주의 현상이 보여주었듯이 역설적으로 이주민의 통합을 지원하는 정책이 이주민과의 갈등을 유발하는 측면이 있기도 하다.

(4) 이주민정책에 대한 반감

이주민의 존재 자체에 대한 거부감 못지않게 이들을 대상으로 한 정책에 대한 반감이 두드러진다. 그리고 다문화 현실이나 정책에 대한 반감은 이주민이나 다문화정책에 대한 비판이 금기시되는 데서 비롯된 측면도 있다. 맥락과 의미는 다소 다르지만 다문화주의의 원조격인 캐나다에서도 다문화주의 비판이 인종주의로 간주되고 다문화주의 비판이 금기시되는 양상이 나타났다(Bissoondath, 1994: 4). 그러다가 다문화주의에 대한 평가가 엇갈리면서 다문화주의를 완화된 형태의 인종주의로 간주하는 등의 비판이 확산되기도 하였다. 물론 이러한 다문화주의 자체의 한계 또는 한국 사회에서 '다문화'라는 표현을 쓰는 정책의 성격이 모호함에도 불구하고, 다문화정책 반대 진영에게 그들의 의견을 표명할 기회를 주는 것은 이주민 대상 정책에 대한 반대가 인종갈등을 촉발시킬 가능성이 높다는 점에서 면밀한 검토가 필요하다. 실제 유럽의 경우 인종주의적으로 볼 수 있는 표현을 통제하는 제도적인 장치가 발달되어 있다. 그런데 다문화에 대한 논의가 개방적이지 못하다는 불만은 비단 다문화 현상에 반대하는 진영뿐 아니라 일반 시민, 더 나아가 다문화정책을 집행하는 다문화 분야 종사자에게서도 확인할 수 있다. 충분한 의견수렴 없이 중앙정부로부터 정책과 프로그램이 제시되는 한국의 상황을 고려하면, 반다문화 담론을 허용하는 것이 지닌 위험성에도 불구하고 다문화 현상에 대한 공론화와 사회적 협의 구조가 필요한 것으로 보인다.

> "이들에 잘못을 따지고 들면 인종차별주의라는 프레임을 씌웁니다."
>
> (경기 거주 회원 C씨, 2016년 8월)

"내가 10년 동안 다문화반대 운동을 하는데 얘기하는 게 다 막혀있습니다. 정상적으로 말할 방법은 다 막혀있고, 언론도 막혀있고 (...) 언론은 우리를 보고 외국인혐오 사이트, 극우주의자 이런다는 말이야. 이건 폭력이란 말이지. 우리가 하는 게 폭력만 아니라 정부가 우리한테 하는 것도 폭력이라는 거지. 외국인혐오주의자라고 말하는 게 폭력이란 말이지. (기회가) 아예 없어요. 다문화토론이 많은데 우리는 안 부른다. 우리를 부르는 게 정상 아닌가? 2009년 서울에서 인종차별법 토론회를 했는데 10명 중 9명이 다 찬성하는 사람이고 1명이 우리가 우겨서 들어갔단 말이야. (...) 다문화반대 기사를 보면 전부 극우, 외국인혐오 사이트 이런 식으로 매도를 하고 있다는 얘기야."
(부산 거주 카페 운영자 A씨, 2016년 7월)

"저 사람들이 미운 게 아니라 저들을 도와준 정부가 밉다는 거다. 마치 시어머니, 며느리 관계처럼"
(경기도 A군 다문화센터 직원, 2016년 6월)

(5) 사회적, 공간적 분리

이주민에 대한 반감이나 호감에 중요한 역할을 하는 것은 미디어일 것이다. 그만큼 한국인과 이주민의 관계는 직접 접촉보다는 간접적인 경험에 좌우되는 측면이 강하다. 한국인 가정에 개인적으로 흩어져 사는 결혼이민자, 공장, 농장, 건설현장 등에서 대부분의 시간을 보내고 주거도 기숙사나 주택에서 외국에서 온 동료들끼리 지내는 이주노동자 등 대부분의 이주민들은 한국인들과 접촉할 기회가 거의 없다. 이러한 조건에서 이주민들에 대한 한국인들의 인식은 거리나 동네에서 마주치면서 가지게 되는 단편적인 인상, 그리고 무엇보다도 다큐, 드라마, 뉴스 등 미디어 프로그램이나 SNS의 글들을 통해 만들어지는 것이다. 직장에서의 이주민과 한국인의 관계는 임금 체불, 초과노동, 폭언 등 착취와 인권유린의 양상이 상당수 존재하지만 일상생활의 차원에서 한국인과 이주민의 관계는 공존이나 갈등보다는 분리나 무관심이라는 용어로 더 잘 표현될 수 있을 것이다. 한국의 경우 이주민들은 선주민들과의 관계가 극히 미약하다. 대부분의 이주민은 보이지 않는 존재이거나 선주민과 지극히 피상적인 관계만을 가지고 있다. 상호간의 이해관계도 극히 미약하다고 할 수 있다. 일상공간에서 확연한 분리가 존재하는 한국적 상황은 인종 간 공간적 분리(racial segregation)에 가깝다.

> "근데 그게 농촌에서 보기 힘든 분들이거든요. 안산이나 유학생들이 있는 곳에서는 그냥 뭐 지나가면서 보겠는데 촌에서는 흑인 여성 남성 그런 분들 보기 힘들잖아요".
>
> (경기도 A군 다문화센터 직원, 2016년 6월)

> "두 가지를 말씀 드리고 싶은데요. 첫 번째는 외국인노동자들은 한국 사람을 접촉할 수가 별로 없다. 일하는 시간 말고는 월요일부터 거의 토요일, 일요일까지 일하는 친구들도 많은데 노동하는 시간 외에 자기들이 시간을 낼 수 있는 게 별로 없는 거죠. 공장에서 만나는 한국 사람들이 거의 자신들이 만나는 한국 사람과 관계를 맺는 대부분이고 그러다 보니깐 이 친구들이 주로 하는 것은 자기 나라 친구들을 요즘 거의 전화가 있으니깐 그렇게 접촉하고 특별한 시간을 내어서 명절에나 만나는 거지요. 그 외에 여가시간에는 한국 사람과 접촉할 수 있는 게 없어요. 워낙 중노동에 시달리니깐. (...) 자기네 나라 사람들끼리 모이는 것보다도 그 공장 안에 한국인 노동자 숫자가 점점 줄어드니깐. 예를 들면 굉장히 규모있는 회사인데 거기서 한 5년 이상 일을 한 친구가 있는데 5년 전만 해도 동료들 중에 한국인이 한 절반 있었는데, 지금은 이제 생산라인을 책임지는 사람만 한국인이 있지 거의 다 자기와 같은 외국인노동자들 (...) 한국 사람은 점점 없는 (...) 그러다 보니깐 외국인노동자를 점점 더 쓰게 되고".
>
> (원주 외국인지원단체 대표, 2016년 7월)

북한이탈주민의 경우 역시 배제가 이들의 현실을 대변하는 적절한 단어일 것이다.

> "북한이주민 같은 경우 굉장히 분리가 되어 있어요. 사는 곳도 분리돼서 영구임대 주택을 주잖아요. 모여 사는데 자기네끼리도 안 만나고 인사도 잘 안해요. 서울에서도 몇 군데 노원 상계동 몇 군데 있는데 상암동에 있는 곳도 그렇고 이 사람들이 굉장히 자존감이 낮은데 (아파트에 거주하는 한국) 사람들이 장애인, 독거노인 이런 사람들이예요. 섞이겠어요? 안 섞여요."
>
> (북한이탈주민 연구자, 2016년 7월)

(6) 사건 이전 단계의 인종주의

최근 국가인권위원회가 실시한 혐오 현상 조사 결과는 한국 사회에서 인종주의가 어떤 단계에 있는지 잘 보여준다. 국가인권위원회의 '혐오표현 실태조사 및 규제방안 연구'의 조사결과에 따르면 온라인 혐오표현 피해를 경험한 사람들의 비율은 성소수자가 94.6%로 가장 높았고 이어 여성(83.7%), 장애인(79.5%), 이주민(42.1%) 순으로 나타났다. 오프라인 혐오표현의 피해를 경험한 비율도 성소수자가 87.5%로 가장 높았으며 장애인(73.5%), 여성(70.2%), 이주민(51.6%)이 그 뒤를 이었다(『경향신문』 2017년 2월 19일자). 이러한 결과는 적어도 현재까지는 이주민이 혐오 현상의 주요 대상이지는 않다는 것을 보여준다. 또한 아직 큰 사회적 반향을 일으키고 상징적인 의미가 큰 사건도 없었다. 사건 이전 단계라고 말할 수 있다. 다른 영역에서와 마찬가지로 인종주의의 역사에서 사건은 은폐된 구조를 드러내줌과 동시에 이에 대한 본격적인 논의를 촉발시키는 기능을 하였다. 영국의 경우를 보면 이주민에 대한 경찰 폭력사건에 관한 맥퍼슨 보고서(1999년)는 제도화된 인종주의의 존재를 강조했고 잘못된 관행을 지적했다(김수행, 2006). 이 사건은 영국사회에 인종주의 현상이 존재함을 보여주는 역할을 함과 동시에 해결방안이 본격적으로 논의되는 계기가 되었다. 당시 맥퍼슨 보고서를 비롯한 여러 위원회의 조사보고서가 무의식적인 편견을 언급하면서 인종주의를 막을 연구프로그램이나 교육을 섬세하게 실행해야 할 필요성을 제기했다. 프랑스는 2005년 대도시 외곽지역에서의 소요사태가 있었고 이는 프랑스 사회에 인종주의 현상이 명백히 존재한다는 점을 드러내주는 역할을 했다. 불행하게도 이 사건이 인종주의 현상을 완화시키는 계기로 작용하지는 못하였다.

미국 역시 로드니 킹 사건 등 지속되는 흑인들에 대한 공권력의 폭력은 인종차별 관행이 존재한다는 점을 전 세계에 보여주었다. 미국의 최근 인종갈등 부상의 배경에는 구조적인 측면과 함께 오바마의 대통령 당선이 상징하는 흑인의 부상에 대한 반발이 존재한다. 미국의 흑백 갈등을 폭발시키는 주된 요인은 경찰폭력이며 이는 경찰 조직 내의 구조적인 인종주의가 주된 원인이다. 경찰 집단 내부에 강한 인종차별적인 문화가 존재하며 경찰의 훈

련과정에서 인종주의가 계승되는 경향이 있는 것이다. 예를 들어 1960년대
까지 미국에서 경찰은 백인만이 채용되었다. 당시 '검은 표범'과 같은 극단주
의 흑인단체가 등장하게 된 배경 중의 하나도 백인이 경찰을 독점하는 상황
에 대한 반발이었다. 오바마가 대통령에 당선되기 직전 미국사회에서 흑인
과 백인 집단 간의 관계는 다른 시기에 비해 양호했고 오바마의 당선도 이러
한 상황에서 가능했던 것이다. 그러다가 당선 이후 상황은 악화일로를 걷게
된다. 일종의 백인의 반격이라고 할 수 있을 것이다. 2016년 미국에서 경찰
폭력을 계기로 격화된 흑백충돌 당시 시위대열에 등장했던 '쏘지 마라'(Don't
shoot), '흑인의 생명은 중요하다'(Black lives matter) 등의 구호는 1960년대
킹 목사의 비폭력 저항운동의 전통을 계승한 측면이 있었다. 그리고 당시 흑
인 시위대는 앞서 언급한 인종주의 전통이 강한 미국경찰의 개혁을 요구했
다. 한국의 경우를 보면 이주노동자나 결혼이민자가 폭력이나 사고에 희생
된 사례가 보도된 경우가 있고 역으로 이주민이 저지른 범죄가 언론에 보도
되곤 했다. 그렇지만 위에서 살펴본 나라들과 달리 비중 있는 사회적 이슈가
된 인종 차원의 사건은 존재하지 않았다.

5. 인종주의 현상에 대한 전망

현재 인종주의의 양상에 대한 관련 전문가들의 평가는 그리 좋지 않다.
또한 앞서 살펴본 것처럼 여러 분야에서 인종주의 현상을 보여주는 징후가
뚜렷하다. 현장에서 10년 정도 이주민 인권운동가로 활동 중인 한 인터뷰 대
상자는 한국 사회 인종주의의 가장 큰 문제점으로 인식조차 하지 못하는 점
을 들었다. 유럽이나 북미에서 '인종주의'가 계속 문제가 되는 것은 역설적으
로 그만큼 충분히 논의가 된다는 것인데 한국은 아직 그 수준에 도달조차 하
지 못했다는 것이다. 그는 또한 한국의 반다문화 세력에 대해서도 예전에 비
해서는 논리가 발달하긴 했지만 여전히 부족하다고 평가했다. 가부장제 문화
에 입각해 결혼이주여성에게는 관대하고 이주노동자에게는 반감을 갖는 것
을 '한국형' 인종주의, 한국형 반다문화주의로 표현하기도 했다(경기 지역 이
주인권단체 활동가, 2016년 7월). 최근 추세와 관련해 경기 지역의 한 활동가는

이전과의 차이점으로 조직화 문제를 제기하였다. 외국인의 존재나 다문화정책에 반대하는 세력이 커져가고 있고 더 많은 사람들의 참여가 늘고 있으며 반다문화주의가 집단화 양상을 보이고 있다는 사실에 우려를 표했다(경기 지역 이주단체 활동가, 2016년 8월). 다른 인터뷰 대상자들 역시 유사한 진단을 제시한다.

"사회적 인식이 지금 너무 안 좋아서. 경기가 안 좋고 해서 분노를 표출할 수 있는 대상이 사회적 약자들이잖아요. 아무 힘이 없는 이주민들, 난민들, 못사는 사람에게 표출이 심한 것 같아요."
(국가인권위원회 직원)

"저는 굉장히 위험한 이 한국 사회에서 토박이와 이주민 간의 갈등이 표출되지 않는 건 한 가지 이유밖에 없다고 생각해요. 아직 충분히 그 사람들의 역량이 결집되지 않아서입니다. 이주노동자들은 정주를 불허하니까 불평등을 경험해도 시간이 되면 돌아가는 거고, 결혼이주여성들은 응집된 의사표현을 할 수 있는 역량이 안 될 뿐이지 이렇게 계속 다문화정책이 진행된다면 한국 사회는 사실 위험한 요소가 많아요."
(원주 외국인지원단체 대표)

"좌파 우파 할 것 없이 최근 외국인에 대해 혐오감이 극에 달하였습니다. 심하면 한국에 히틀러와 같은 인물이 나타나 외국인들을 죽일 수도 있는 상황입니다. 더 나빠졌다고 봅니다. 그들이 저지르는 범죄 때문이죠. 갑작스럽게 외국인들의 유입, 국민적 합의 없이 무분별하게 불러들인 결과라 볼 수 있네요."
(경기 거주 반다문화정책 카페 회원)

"내가 카페를 만든 게 2008년인가? 그때까지만 해도 다문화반대 얘기하면 욕먹었어요. 그러다가 살살 바뀌기 시작해요. 2013년 이 시기에 댓글에 재미있는 현상이 나타나요, 여태껏 긍정적 댓글에 대한 동정여론이 강했는데, 안 좋은 쪽으로 여론이 막 뒤집어지기 시작해요. (...) 어느 시점이 되면 조직화하고 뭉치는 게 곧 온다. 정부가 못 막는다. (...) 최근에는 20대, 10대도 카페에 많이 와요. 고등학생도 오고 싶다고 해서 오지 말라고 했어요. 정부가 (다문화정책을) 일방적으로 몰아붙이고 저런 애들이 모이게 되면 잘못하면 불상사도 생길 수 있어요. 연령이 내려오는 것 같아서 겁이나요. 40대, 50대는 조금 점잖았는데 요즘 20대는 심각해지고, 어느 순간에 한국 청년하고 외국인노동자랑 충돌하면 이게 잘못하면 확 번질 수 있어서."

(부산 거주 반다문화카페 운영자)

역으로 말하면 자극이 없거나 자극이 충분히 강하지 않으면 외국인노동자들은 지금 식으로 적응해서 어쩌면 꽤 장기간 한국 사회에서 본격적인 '이민문제'가 일어나지 않을 수도 있을 것이다. 외국인노동자들이 계속 학습이 돼서 어느 정도 인권이 침해되는 것에 적응하게 된 역설적인 양상도 부정할 수 없는 것이다. 그러나 상황을 낙관할 수 없는 것은 이주민에 대한 태도가 고정되어 있는 것이 아니기 때문이다. 이민자들에 대한 관용이 약해지거나 '다양성의 존중'보다 '공통의 가치'를 이민자들이 수용하는 것이 더 중요하다고 생각하는 경향이 생길 수 있다(Bissoondath, 1994: 1-2). 또한 지금과 같은 고용허가제가 아니라 이민허가제, 노동허가제로 바뀌는 등 노동이민의 형태가 바뀌면 지금과 같은 수준의 인권으로는 절대 만족하지 못할 것이라는 진단에도 귀를 기울여야 한다. 토박이들 간에도 모든 영역에서 등급이 갈수록 더 중요해지고 등급 또는 계층 간 장벽이 더 견고해지는 상황에서 외국인들과 토박이들이 동등해질 수 있다는 것은 어불성설인 것 같다. 결국 우리 자신의 문제이므로 우리의 위계적인 문화에 대해 논의하지 않을 수 없고 또한 소수자 문제의 차원에서 이주민 문제를 바라봐야 하는 것이다.

제 3 절 인종주의에 대한 기존 대응의 한계와 공존의 방법론 모색

1. 인종주의에 대한 기존 대응의 한계

인종주의를 극복하기 위해 제시된 담론과 정책의 역사를 보면 1950년 유네스코가 '인종과 인종적 편견에 관한 선언'을 발표하면서 인종주의에 대한 대항담론이 본격화되었다. 당시 여론은 모든 형태의 인종차별 철폐에 대해서 호의적이었다. 유네스코를 비롯한 UN 기구들은 그러한 투쟁의 선봉대가 될 것을 요청받았다. 그런데 1960년대부터 1980년대까지 미국과 영국의 인종주의 반대 진영에서는 '편견+권력＝인종주의'라는 공식이 널리 퍼져있었다. 유네스코의 입장을 비롯한 주류 반인종주의 담론은 인종주의를 개인적 편견의 결과로 간주하였고 그 대상도 경제적 약자에 국한된 것으로 여겼다. 이러한 인식의 논리적인 귀결로 인종주의 현상에 대해 정치적 설명을 제시하지 않고 이를 심리적, 문화적 차원의 논의로 대체하였다는 비판이 제기되었다. 계몽의 방법, 즉 사실에 입각해 흑인들이나 다른 소수민족들에 대한 신화를 뜯어고침으로서 무지를 교정하는 방식은 한계를 보였고 비판에 직면하게 된다. 또한 '인종'이란 단어가 사회적 터부로 확고히 자리 잡으면서 공공의 영역에서 추방되자 인종주의는 은폐된 형태로 표출되었다. 특히 '인종'이란 단어가 '문화'라는 단어로 대체되면서 문화적 차이에 대한 존중은 차이로 인해 공존이 불가능하다는 논리로 변질되었고 차별의 근거로 활용되었다.

지배적인 사고와 달리 인종주의에 대한 해결책은 계몽이 아니라 개개인들이 경험을 통해 인종주의가 무용하다는 것을 느끼는 것이다. 인종차별주의가 자기한테 정말로 필요 없게 될 때에만, 즉 자신의 문제를 해결하고 자신이 살고 있는 세상을 이해하는 데에 아무런 도움이 되지 않을 때에만 인종차별주의를 포기할 것이다(라탄시, 2008). 마찬가지로 증오의 해결책은 증오 그 자체에 대한 치유나 증오범죄에 대한 응징보다는 사회경제적 조건 등 관련 현실의 변화에서 찾아져야 한다. 왜냐하면 인종주의는 상당 부분 인종질서에서 우월한 위치에 있는 집단의 불안과 죄책감의 왜곡된 표현이기 때문이다(젠슨, 2008). 인종적으로 열등한 위치에 있는 집단이 겪는 부당한 대우에 대한 죄책감, 이들에 비해 자신들이 누리는 과도한 혜택이 사라질 수 있다는 불안감과 같은 감정들이 역으로 이들에 대한 멸시와 공격적인 태도로 나타나는 것이다. 언제 인종주의 현상이 심화되어 비중 있는 사회문제가 되는지에 대한 논의에서도 인종주의의 이러한 측면이 고려되어야 한다. 한편으로는 해당사회에서 형성된 인종질서에서 우월한 지위에 있는 집단과 열등한 위치에 있는 집단 간의 격차가 줄어들거나 이 집단들 간의 경쟁 양상이 나타나는 것이 인종주의를 강화할 수 있다. 불황기에 주류사회의 성원들의 실업 및 빈곤 문제가 심화될 경우가 여기에 해당되며 유럽의 반이민정서 등 기존의 많은 사례들이 이 점을 잘 보여준다. 정반대로 집단 간의 상당한 격차가 존재하는 상황이 이 격차를 정당화하는 담론과 정책을 요구할 수도 있다. 아메리카, 아프리카 등 식민지배가 이루어졌던 지역에서 일찍이 나타났던 인종주의가 여기에 해당될 것이다.

이상과 같이 인종주의를 사회경제적인 차원에서 이해한다면 대안은 인종주의로 표현되는 감정을 낳은 착취 구조에 교정을 가하는 것이 될 것이다. 또한 아렌트(2006)가 제기한 입장처럼 인종주의를 구성하는 주된 부분은 평범한 사람들의 증오, 정상적으로 간주되는 사고이다. 아렌트는 『예루살렘의 아이히만』에서 홀로코스트와 같은 대사건에 책임이 있는 이들이 너무나 평범한 사람들이었음을 포착, '평범한 악'이라는 표현을 제시했다(아렌트, 2006). 프레드 카츠 역시 『악과 대면하기』에서 개개인이 극단적으로 스스로의 신념과 다른 윤리적 규범 속에서도 살아갈 수 있다는 것을 보여주었다. 그에 따르면 개인들은 실제 삶과 분리된 '도덕적 세계'에서 살 수 있으며, 그렇기 때문에 사랑받는 부모이자 헌신적인 과학자이면서 동시에 대량학살 전범이 될 수 있다. 인종주의는 다양한 모습으로 자신을 은폐하고 있으며 당연한 것으로 여기는 통념을 통해 표현된다. 극단적인 양상은 이 다수의 일상적이고 평범한 감정, 의식, 행위의 일부분인 것이다.

인종주의에 대한 대응에서 주의할 점은 인종주의를 암이나 바이러스 등 병리학적인 현상에 비유하는 것이다. 이것은 뒤집어진 인종주의라고 할 수 있다. 열등하고 비정상적인 것으로 간주하고 구분, 격리해야 한다고 보는 인종주의의 인간관과 유사한 구조를 가진 것이다. 히틀러의 수사는 질병, 감염, 부패, 전염병 같은 용어로 가득했다. 그는 유대인들을 세균이나 해충으로 묘사했다(아렌트, 2006). 인종주의자에 대한 스테레오 타입, 즉 고정된 이미지를 가지는 것이나 인종주의적 태도를 선천적인 요인으로 설명하는 것은 인종주의의 기제를 닮은 것이다. 심지어 계급, 직종, 학력과 같은 사회적 요인에 의한 설명조차 집단 간의 평균적인 모습의 차이를 나타낼 뿐 특정 개인에 기계적으로 적용될 수 있는 것이 아니다. 특정 집단을 잠재적 인종주의자로 간주하며, 더 나아가 이들을 대상으로 하는 예방이나 감시 프로그램을 시도하는 것은 근거가 박약한 것일 뿐 아니라 그 자체가 바로 인종주의를 만들어낼 수 있는 위험한 것이기도 하다. "누가 인종주의자인가"라는 질문에 답하기는 쉽지 않다. 인종주의자는 고립되어 존재하는 것이 아니라 전반적인 인종주의적 사회 분위기가 산출하는 극단적인 사례일 뿐이다. 편견이 있다고, 다문화사회에 살 준비가 덜 되어 있다고 토박이 한국인들을 쉽게 평가하고 개조하려고 하지 않는 태도, 즉 다수에 대한 배려가 소수에 대한 배려 못지않게 중요하며 전자를 통해 후자가 가능할 수 있는 것이다.

한국에 거주하는 이주민은 일부는 한국 가정의 일원이거나 한국인이 될 사람들이고 다른 일부는 일정 기간만 체류하고 귀국할 것으로 간주되는 사람들이다. 이로 인해 영구히 체류하기 위해 입국하는 이주민들이 대부분인 유럽과는 인종문제의 양상이 많이 다르다. 예를 들어 반감의 대상을 보면 주로 조선족이나 조선족이 아닌 중국인 등 중국에서 온 이주민들이 표적이 된다. 향후 전망을 생각해보면 외국인의 유형에 따른 분화가 예상된다. 같은 민족 출신인 동포나 북한이탈주민, 한국 국적을 취득하게 되는 결혼이민자는 장기적으로 한국국적 소유자로서 한국인 소수자와 유사한 상황에 처하게 되고, 정주가 허락되지 않음으로써 한국인과 유리되어 살아가게 될 이주노동자는 현재와 같이 관심의 대상이 되지 못할 것으로 예상된다.

프랑스의 경험에서 차용한 '똘레랑스' 또는 관용, 캐나다 등 다문화주의를 표방한 국가들의 경험과 연관된 차이와 다양성 담론이 한국의 '다문화' 또는 '다인종·다민족' 상황을 관리해가는 데 적절한 조절기제로 여겨져 왔다. 그러나 이러한 지배적인 담론은 인종주의 및 제노포비아 현상을 이해하고 대처해갈 수단으로서의 기능을 하기에는 여러 가지 한계를 가지고 있다고 판단된다. 우선 위의 개념과 담론들은 초역사적이고 절대적인 지위를 가지는 것이 아니라 특정 시대와 지역의 산물이다. 더 나아가 국가의 통치기제로서의 이데올로기적 측면을 포함하고 있기도 하다. 더 나아가 이 범람하는 담론이 역설적으로 제노포비아 현상을 심화시키는 역할을 하기도 한다. 예를 들어 최근 한국 사회에서의 인종주의 현상은 이주민들과의 관계에서 직접 유발되기보다 위로부터의, 즉 한국 정부 및 학계의 소위 '다문화' 정책 및 담론, 다양성 담론 등에 대한 반발에서 비롯된 측면이 큰 것이다. 따라서 기존의 '다문화' 담론과 정책에 대한 근본적인 성찰이 요구된다.

최근 언론에서는 10년간 80조원을 쏟아부은 저출산 대책이 출산율 제고에 별 효과를 거두지 못한 것에 대한 비판이 제기된 바 있다(『한국일보』 2017년 2월 22일자). 이에 비할 만큼 심각한 상황인 것은 아니지만 다문화정책 역시 면밀한 검토가 필요하다. 실제 다문화정책이 도입된 이후 여러 진영에서 다양한 비판이 제기되어왔다. 대표적인 것으로는 국가 주도의 문제와 그것이 가지는 한계에 대한 지적일 것이다. 다문화 분야의 활동들이 국가 주도로 이루어지는 것에 대한 비판은 다문화 담론이 등장하게 된 초기부터 제기되어 왔다. 그리고 자연스럽게 민간단체의 주도권 강화가 대안으로 제시되곤 했다. 그렇다고 정부 등 공공 기관의 장점도 적지 않아 단순하게 결론을 내리기는 어렵다. 다만 국가가 주관하는 사업의 경우에는 현대 국가가 필연적으로 가질 수밖에 없는 국가 및 민족 중심 관념이 국제이주민 대상 사업에 부정적으로 적용한다는 것은 부정할 수 없다. 이밖에도 이름에 걸맞지 않은 '다문화주의' 정책 및 담론, 고용허가제의 한계, 다문화가정에 편중된 정책 등에 대한 비판이 제기되었다.

프로그램 차원에서도 다양한 비판이 제기되어왔다. 현재 진행되고 있는 대표적인 반인종주의 프로그램으로는 인권교육, 다문화사회 이해교육, 문화다양성 이해 역량강화교육 등이 있다. 인권교육지원법은 다문화에 초점을 둔 법률로서 유엔의 권고에 의해 제정되었고 이에 입각해 인권교육이 도입되었다. 다문화사회 이해교육은 다문화가족지원센터를 중심으로 시군별로 진행되며 외국인 주민과의 갈등해소 및 사회통합을 목적으로 한 사업으

로 유아, 학생, 공무원, 일반인 등을 대상으로 하고 있다. 프로그램의 방법
은 강의, 다른 사회의 문화 체험, 캠페인, 다문화 공연 관람 등의 형태를 띤
다. 다음으로 문화체육관광부가 주관하는 문화다양성 이해 역량강화교육은
초·중·고 및 대학의 교원을 대상으로 하는 것으로 다문화교육의 전문성을
제고하고 다문화교육 자료를 개발·보급하는 것을 목적으로 한다. 이 사업
의 내용은 "계층별, 직군별 맞춤형 커리큘럼 및 교안 개발, 교육매뉴얼 제작
및 배포, 교육 대상의 전문성을 고려한 참여형 교육 연수 기획 및 운영"이다.
2009～2011년에 추진된 '다문화 교육인력 양성사업'을 2012년부터 '문화다
양성 교육사업'으로 확대 추진한 것이다. 사업 대상을 문화기반시설종사자,
초중등교원, 언론종사자 등으로 세분화해서 교육 및 교재 개발이 추진되는
것이다. 2013년에는 교육 대상을 기업종사자와 행정인력으로 확대해 커리큘
럼 및 교재도 이들에 맞게 추가로 개발하고 교육도 총 5개 과정으로 진행되
었다. 2014년에도 일반인, 대학생을 추가해 2종의 커리큘럼 및 교재가 추가
로 개발되었다. 2015년에는 유·초등생과 중고생 대상 커리큘럼을 2종 개발
하였다.

　대표적인 다문화 프로그램이라고 할 수 있는 다문화이해교육의 사례를
통해 반인종주의 프로그램이 어떤 문제점을 안고 있는지 살펴보자. 예를 들
어 서울시에서는 이 사업의 일환으로 '교실로 찾아가는 다문화 이해교육'과
'다문화 인식개선' 사업을 시행하고 있다. 사업의 목적은 청소년들에게 어릴
때부터 다양한 국가의 문화를 접해봄으로써 다른 국가에 대한 편견과 선입
견을 타파하여 글로벌 마인드 함양 기회를 제공하고, 외국문화에 대해 소개
함으로써 문화에 대한 이해와 상호존중을 통해 성숙한 다문화 의식 및 글로
벌 리더로서 소양을 제고하고, 외국인 강사가 직접 들려주는 자국문화에 대
한 풍부한 지식 또는 다양한 활동경험을 통해 청소년들이 외국인에 대한 친
근감을 갖게 되며 타문화 포용력 형성에 이바지 하는 것이다. 이 프로그램의
대상은 서울시내 유·초·중·고등학교 학생으로 강사는 프랑스 등 30개국 36
명으로 구성되어 있으며 외국인 강사가 자국의 문화·역사 등을 소개하는 체
험식 수업을 진행하고 있다. 지금까지 시행된 '교실로 찾아가는 다문화 이해
교육' 프로그램에 대한 평가에서는 학교별, 지역별 수업 배분 불균형, 체험

용 소품 부족, 한정된 교육대상 국가 등이 문제점으로 지적되었다. 그러나 이러한 기술적인 문제점과 함께 고려되어야 할 사항이 있다. 현재 진행되고 있는 찾아가는 다문화 이해교육은 외국의 문화를 단순히 체험하는 데에 그치고 있다는 점이다. 현재 다문화 집단과 관련된 사회 문제는 많은 부분 캠페인의 방법으로 태도변화를 유도하고 있다. 그러나 캠페인은 새마을운동과 같이 정치적 선전의 성격을 지니고 있으며, 그 결과로 나타나는 태도의 변화를 추적하기 힘들다는 한계를 가지고 있다. 아래에서는 이상과 같은 현 다문화 정책 및 담론의 한계를 극복하기 위한 대안적인 접근방법을 제시해본다.

2. 인종주의에 효과적으로 대처하기 위한 몇 가지 지침

(1) 공간적, 시간적 차원의 고려

먼저 인종주의에 대한 대응방안을 모색할 때 고려해야 할 공간적, 시간적 차원을 살펴본다. 첫째, 공간적 차원을 보면 토박이와 국제이주민의 공간적 분리 현상이 보다 확연해지는 경향을 확인할 수 있다. 이러한 맥락에서 공간적 분리(segregation)의 한국적 양상에 대한 검토가 필요한 시점이다. 다문화주의는 물리적인 의미와 상징적인 의미 모두에서 공간적인 거리를 일정 정도 유지하는 것을 공존을 위한 현실적인 해법으로 제시하였다. 반대로 동화주의는 이주민 개개인들이 주류사회와의 물리적, 상징적 거리를 좁힘으로써 궁극적으로는 토박이와 이주민 간의 구분 자체가 사라지는 상태를 추구하는 것이다. 그렇다면 한국 사회에 적합한 토박이와 이주민 간의 거리는 어떤 것인가? 다문화주의나 동화주의는 이러한 해법이 태동한 사회의 특징을 반영하고 있다. 동화주의는 프랑스나 미국의 경우처럼 인권, 자유, 평등과 같은 보편적이고 근대적인 가치나 민주주의, 시장경제와 같은 특정 체제를 다른 민족이나 국가에 주장할 수 있는 강력한 전통을 가진 사회에서 태동한 통합 모델이다. 문화적 다원주의나 다문화주의는 특정 시기 영국, 캐나다, 호주와 같이 강력한 중앙으로 수렴하는 구심력보다는 광대한 지역과 다양한 민족으로 확장해가는 원심력이 강한 사회의 산물이라고 할 수 있다. 결국 공간, 거리의 측면에서의 해법은 특정 사회의 상태를 반영해 형성되는 것이다. 따라서 한국 사회의 상황을 고려하는 적절한 토박이와 이주민의 거리에 관한 해법이 제시될 필요가 있다.

둘째, 한국 거주 이주민들의 한국에서의 삶과 주류사회와의 관계에 대해 시간적 차원에서의 논의도 필요할 것이다. 이와 관련해 이미 결혼이민자의 생애주기에 관한 논의가 진행되어왔다. 이혼, 사별 등 한국인 배우자와의 관계 변화, 당사자 및 자녀의 연령 변화 등을 고려한 통합 방안이 모색되어온 것이다. 내국인들이 타민족과의 공존의 경험이 짧다는 점도 또 다른 시간적 차원의 문제일 것이다. 이와 관련해서는 시간이 흐르고 외국인과의 접촉 및 공존의 경험이 많아질수록 이들에 대한 반감이 줄어들 것인지, 또는 정반대의 경향이 나타날 것인지에 대한 논의가 있어 왔다. 주로 국내 거주 외국인에 대한 태도를 알아보는 서베이 결과를 중심으로 논의가 이루어져왔다.

(2) 보편주의적 접근방법

이상과 같은 기본적인 검토와 함께 보편주의적 접근방법을 공존의 지침으로 제안한다. 통상 선별주의와 대비되는 입장을 의미하는 보편주의가 이 글에서는 다음의 의미를 지닌다. 첫째, 일부 집단에 편중되는 것을 지양한다는 의미를 내포한다. 그간 다문화 정책에 가해진 주된 비판 중 하나는 수적으로 다수인 이주노동자에 대한 정책이 존재하지 않고 반면에 결혼이민자에 대한 관심은 과도하다는 것이었다. 같은 다문화가정 구성원 간에도 편차가 있어서 현장 지원기관의 프로그램이 결혼이민자에 집중되어 있고 중학생 이상의 자녀에 대해서는 시도는 있지만 실제 프로그램이 제대로 이루어지고 있지 않다. 이주민 대부분이 정책이나 대중의 관심에서 벗어나 있지만 이 집단 내부에서도 편차가 크게 존재한다. 한국 거주 이주민은 다양한 민족적 배경과 성별, 지역, 계층으로 나눌 수 있다. 예를 들어 이주배경 청소년은 이를 기준으로 다양한 집단으로 나눌 수 있으며 공식적으로도 다문화가족의 청소년, 외국인근로자가정 자녀, 중도입국청소년, 탈북청소년, 제3국 출생 북한이탈주민 자녀 등으로 구분된다. 하지만 제3국 출생 탈북청소년과 같이 정책의 대상이 되지 못하는 집단이 있고 최근 정부에서 관심을 많이 가지고 있는 중도입국청소년 이외에는 실효성 있는 프로그램이 드물다.

둘째, 이주민을 일반적인 사회적 소수자, 사회적 약자의 일부로 간주하고, 그렇지만 이 집단에 고유한 조건에 부합하는 대응방안이 필요하다. 이는 낙인 효과의 방지, 즉 정책의 대상인 이주민들이 겪는 구분과 낙인을 사전에 방지하고 소위 '보이지 않는 관용'(Invisible tolerance)을 실천하는데도, 또는 관용이라는 표현이 가지는 문제점을 생각한다면 '보이지 않는 정의'를 실천하는 방법이 될 수 있을 것이다. 증오의 표현이 본격화되면 이미 늦게 된다는 점에서도 신중하고 정교한 접근이 중요하고 이 점에서 보이지 않는 관용, 보이지 않는 대응이 필요하다. 이와 동시에 역차별 논란, 즉 다문화정책에 대해 한국 선주민들이 느끼는 상대적 박탈감을 근본적으로 해소하는 방안이 될 수 있을 것이다. 국공립 기술교육기관 등 대부분 한국 국적자에 국한된 교육 서비스를 이주배경 청소년들에게 개방하는 방안과 같이 보편주의적인 공공서비스 전략도 이러한 차원의 사례가 될 수 있을 것이다. 또한 2016년 6월 미국 올랜드에서 발생한 테러 사례는 이슬람 및 이민과 동성애문제 간에 상당한 상관관계가 존재함을 잘 보여주었다. 따라서 이주민에 대한 반감에 대한 논의는 본문에서 강조한 바 있듯이 혐오현상 전반에 대한 논의와 연관지어 이루어져야 한다. 인종문제를 성문제 등 소수자문제의 일환으로 다루기, 이와 함께 페미니즘 등 소수자 영역의 논의의 성과들을 참조하기 등을 생각해볼 수 있다.

셋째, 이주민만을 대상으로 하지 않고 선주민도 포함하는 통합적이고 보편주의적인 접근방식이 요구된다. 이주민에 대한 교육은 이주민 자신뿐만 아니라 이주민을 맞이하는 선주민 집단에도 필수적이다. 결국 이주민과 선주민의 교류, 공동프로그램 운영이 필요한 것이다. 두 집단이 생애주기를 공유하면서 오랜 기간 한 사회에서 공존하기 위해서는 서로에 대한 이해가 필요하기 때문이다. 기존의 다문화 정책이 이주민 집단에 한정되어 그들을 일방적으로 한국 사회에 동화시키려 했던 측면이 강했다면 이제 이주자와 선주민을 통합적인 시각에서 접근하는 것을 보다 더 강조해야 한다.

넷째, 학교, 청소년 시설, 관공서 등 이질적인 여러 공간에 적용될 수 있는 공통의 지침을 제공한다는 의미에서 보편적인 모델 개발을 제안한다. 이주민을 대상으로 하는 정책은 일관성과 함께 종합성을 확보해야하기 때문이다. 출신 국가 및 한국 내 거주 지역의 특수성을 고려하면서도 이주민 스스로의 자아정체성을 확립할 수 있고 신체적 특성(혼혈, 유색인)에 부여된 사회적 편견에 적극적으로 대처할 수 있는 능력을 함양할 수 있게 해야 한다. 이주민과 연관된 사회의 공간에서의 실천은 이와 같은 근본적인 차원을 공유하는 일관된 것이어야 한다.

이 글에서는 이상과 같이 이주민을 새로이 등장하고 있는 사회적 소수자의 한 유형으로 간주하고 이들의 통합을 강조한다. 물론 이주민들 사이에는 매우 큰 편차가 있으므로 한 집단 전체를 특정 유형으로 규정하는 것은 위험하다. 용어 선택을 포함해 이러한 위험성에 대한 논의 역시 대안적인 이주민 논의의 한 부분이 되어야할 것이다. 그리고 이 새로운 약자이자 소수자를 어떻게 규정할 것인가와 같은 근본적인 차원에서 논의가 필요하다.

(3) 거버넌스 구조

그렇지만 이 보편주의(Universalism)는 획일화(Uniformization)와 궤를 달리하며 동일화를 강요하지 않는다. 다문화 분야 전반에 있어서 중앙에서 제공되는 프로그램의 획일성을 극복하는 것이 중요하다. 현장 실무자들은 개별지역 고유의 특성을 반영한 정책 및 프로그램의 필요성을 강조하고 있다. 이러한 현장의 요구에 부응하기 위해서는 역으로 각 지역 고유의 다문화 현실에 부합하는 지역화 전략이 요구된다. 획일성은 중앙정부에서 내려오는 정책의 수동적 집행자 역할을 하는 지역의 관계자들에게서 가장 흔히 들을 수 있는 불만이고 이는 의도하지 않은 지역의 소외감을 유발하기도 한다. 지역 차원의 정책이 중요한 또 다른 이유는 인종주의 현상이 상당부분 지역적 차원의 현상이기 때문이다. 일상에서의 경험이 인종주의의 양상을 결정하는 주된 계기라는 점에서 지역사회의 일상적 차원에서의 대응이 중요하다고 할 수 있다. 거리, 가게, 경찰, 주민센터, 편의시설, 출입국관리사무소 등 이주민이 토박이 한국인과 접하는 공간에서의 상황이 중요한 것이다. 이런 점에서 지역의 시민사회와 공공기관이 협력해서 인종주의에 대응하는 방안을 마련하는 것이 중요하다고 할 수 있다.

인종주의 논의에 있어서 국제이주민과 연관성이 있는 다양한 이해관계자 또는 행위자들 각각의 입장을 고려할 필요가 있다. 행위자에 따라 인종주의 양상이 다르게 나타날 것이고 이들을 대상으로 한 반인종주의 방안 역시 다양한 모습을 띨 수 있다. 주요 행위자로는 외국인 노동자, 이들의 고용주, 결혼이민자 및 그 가족, 국제이주민 관련 기관 종사자, 일반 주민 등을 생각해 볼 수 있다. 각각에 고유한 맞춤형 방안이나 또는 모든 이해관계자에 공통적으로 적용하는 시민교육이나 반인종주의 교육이 있을 수 있다. 금연 광고 또는 스포츠 경기에서 볼 수 있는 인종주의 반대 구호와 같이 사업장이나 공공기관에 반인종주의 지침을 명시적으로 마련하는 방안도 생각해볼 수 있다. 또한 이주 관련기관이 참여하는 거버넌스 구조를 통해 지식과 현장의 결합이 필요하다. 이러한 측면에서 이주민에 대한 경찰 폭력사건을 해부한 영국의 맥퍼슨 보고서(1999년), 이민법 개정을 이끌어낸 독일의 독립이민위원회의 보고서(2001년), 프랑스사회통합위원회(Haut conseil à l'intégration)의 연례 보고서 등 정책적, 사회적 함의가 큰 보고서가 롤 모델이 될 수 있을 것이다. 새로운 패러다임을 제시하여 정책의 흐름을 바꾸는 것이 필요하다. 한편 이러한 실질적인 해법을 개발하기 위해서는 중앙 및 지방 차원의 법, 제도, 정책에 관여하는 담당자들과의 협력, 현장에서 관련 업무를 수행하고 있는 담당자들과의 협력이 필수적이다. 그간 다소 종속적인 위치에 있었던 민간의 가치와 중요성을 강조하고 적절한 공공-민간의 관계를 모색하는 것이 필요하다.

이런 취지에서 보편적인 성격의 정책은 다양한 분야 및 기관에 적용될 수 있을 것이다. 예를 들어 이주배경 청소년과 관련된 주요 직종 중 하나이자 갈등이 유발될 수 있는 영역인 경찰에도 제공될 수 있을 것이다. 경찰 준비 과정이나 근무기간 중 관련 교육 및 지침이 필요한데 교육 매뉴얼 개발을 통해 이주배경 청소년에 대해 가져야 하는 관점 및 이들과의 관계에서 숙지해야 하는 지침을 제공할 수 있을 것이다. 미국, 프랑스 등 외국의 사례를 보면 인종주의적 갈등의 많은 부분이 이주배경 청소년들과 지역의 경찰들 간의 일상적이고 반복되는 갈등에서 유발된다는 점에서 아직 징후가 보이지도 많지만 경찰 분야에 대한 고려가 중요한 것이다. 또한 다문화가족지원센터, 다문화 분야의 엔지오의 경우에도 이주배경 청소년 등 이주민에 대한 태도를 개선하는데 본 연구에서 도출될 지침이 도움이 될 것이다. 그 어느 곳보다 이주민을 가까이 접하는 이 기관의 직원 및 프로그램 종사자들의 경우 더 많은 접촉이 더 많은 이해와 더불어 더 강한 부정적인 경험과 감정을 가지게 될 수 있다. 따라서 역설적으로 인종주의에 대한 대응의 전위 역할을 하는 이들이 인종주의의 주체가 될 가능성이 큰 것이다. 이러한 점은 출입국관리사무소, 주민자치센터 등 다른 기관의 창구 업무 종사자들에게 적용될 수 있을 것이다. 소위 '다문화 군인'이 늘어나면서 이들을 대하는 방법을 배우지 못한 군인들을 대상으로 한 교육도 점점 더 필요해지고 있다. 현재는 본격적으로 이러한 군대 내의 상황에 대해 준비되어 있지 않은 장교들이나 전문강사들에게 이 과제가 맡겨져 있는 실정이다.

(4) 갈등의 표면화에 대한 경계

보편주의적인 패러다임의 개발과 함께 갈등의 예방이라는 전통적인 관점이 필요하다. 갈등의 예방으로서의 정책이라는 관점은 다문화 담론 및 정책이 등장하기 시작한 2000년대 중반부터 논의되었고, 특히 2005년 프랑스 교외 지역의 소요사태는 반면교사의 역할을 했다. 우리는 이런 상황을 겪어서는 안된다는 당위로부터 많은 정책이 정당성을 확보했다. 최근 위 사건보다 더 극단적인 사건들이 이주민과 관련해 대두되면서 이러한 예방 담론이 다시 부상하고 있다. 이러한 맥락에서 갈등의 징후를 사전에 포착하고 예방책을 마련하여 학교, 청소년 및 다문화 기관, 경찰 등에 활용하는 예방적인 접근을 강조할 필요가 있다. 예방 및 안전 담론의 부정적인 측면을 경계하면서 은폐된 갈등을 드러내는 긍정적인 측면을 발현시켜야 할 것이다.

최근 유럽의 경우와 같이 이주민 관련 갈등이 가시화되고 나면 이미 상황은 비관적이 될 수 있다. 즉 해결책은 쉽게 통제의 강화에서 찾아질 수밖에 없고 그것은 민주주의, 인권, 자유, 평등 등 오랜 기간 고통을 감내하며 소

중하게 쌓아온 가치들의 상실로 이어질 수밖에 없다. 따라서 한국 사회에서
도 전개될 수 있는 이러한 극단적인 양상을 사전에 진단하고 그에 대한 해법
으로 쉽지 않고 설득하기도 어렵지만 사회, 그리고 사회의 가치를 파괴하지
않는 방안이 요구된다. 그런데 현재 한국 사회의 상황은 이런 측면에서 낙관
적이지 않다. 예를 들어 인종주의를 광의로 해석해 인간이 서로 다른, 위계
적인 종들의 질서로 구분된다는 의미로 받아들인다면 최근 한국 사회에서도
어렵지 않게 이러한 양상을 발견할 수 있다. 지난해 "민중은 개·돼지"라고
한 교육부 정책기획관 나 모씨의 발언은 일부 지배계층의 사회관, 인간관을
잘 보여준 바 있다.

이러한 사회적 배경을 고려할 때 이제 막 시작된 이주민 문제에 대한 대
응은 험로를 예고하고 있다고 할 수 있다. 따라서 막연한 낙관은 금물이다.
이와 관련해 최근 구미의 테러리즘과 청소년 또는 청년의 관계는 경각심을
준다. 물론 테러리즘과 청소년 또는 청년을 연관시키며 미래의 불안과 공포
를 불러일으키는 과도한 염세적 전망에 대해서는 경계해야 한다. 테러리스
트의 프로필은 매우 다양하다. 또한 테러를 저지르게 되는 과정도 다양하다.
단지 이슬람 급진주의를 통해 극단적인 행동에 나서는 것은 아니다. 최근 프
랑스, 독일, 미국, 일본 등지에서 벌어진 테러에서도 종교적인 측면이 그리
중요한 역할을 하지 않은 사례가 대부분이었다. 따라서 테러리스트에 대해
어떤 고정된 이미지를 상정하는 것은 현실에 부합하지 않는다. 유럽에서 테
러를 시도한 자들의 평균 연령은 23~25세 정도이다. 물론 10대 후반도 존
재한다. 이들의 절망적인 물질적 삶과 일상에서 반복적으로 겪는 참을 수 없
는 모멸감 등이 극단적인 행동의 배경인 것이다. 외부의 영향이나 사주는 부
차적인 역할을 하는 경우가 대부분이다. 한국 사회 역시 인종주의는 두드러
지지 않지만 그 배경에 있는 구조적인 요인들은 명백히, 어쩌면 구미 국가들
보다 더 적나라하게 존재한다.

(5) 국민국가 관념을 넘어선 사고

마지막으로 국가 간 관계가 중요하며 이 차원을 이민 논의에 도입해야 한

다. 이주민과 토박이의 공존은 이주민 출신 국가와 수용국 간의 공존 없이는 불가능한 것이다. 다문화 현상은 국제이주의 산물이며 국제이주는 국가 간 관계, 세계의 경제적, 정치적 질서의 산물이다. 노동이민이나 '경제난민'은 경제질서, 전쟁이나 박해 등에 기인한 일반적인 난민은 정치질서에 기인한다. 또한 이 두 측면은 상호 연계되어 있다. 따라서 다문화 현상이 제기하는 문제 역시 근본적으로는 글로벌한 측면 또는 국제적인 측면에 대한 고려를 필요로 한다.

최근 가장 극적인 양상을 띠고 있는 유럽의 사례가 이민문제가 세계질서의 문제임을 잘 보여준다. 유럽 국가들에서는 이슬람주의 세력의 극단적인 분파가 주도하는 유럽 무슬림의 급진화와 테러리즘, 그리고 히잡 착용 금지 등 소위 '이슬람의 위협'을 방지한다는 명분으로 시도되는 국가의 대응이 이주민과 관련된 갈등의 주된 양상이다. 또한 이주나 출산 등으로 무슬림의 수가 늘어난다는 인구학적 진단도 갈등을 부추기는 역할을 한다. 또한 이민문제, 이슬람의 위협은 민족 정체성의 위기, 더 나아가 유럽문명의 위기에 대한 논의와 연결되어 여러 국가들에서 핵심적인 사회적 이슈와 정치적 논쟁의 주제가 되고 있다. 20세기가 끝나갈 무렵부터 이민 분야에서 유럽이 위기에 봉착하게 된 원인에 대한 논의가 부상했고 그 원인으로 소위 '이슬람의 위협'이 유력한 원인으로 거론되었다. 이슬람의 위협 담론의 내용을 보면 한편으로는 무슬림 인구의 비율이 늘어나고 이 집단의 상대적으로 높은 출산율로 인해 멀지 않은 장래에 기독교 인구를 능가할 것이라는 인구학적인 논의가 있다. 다른 한편으로는 중동 및 북아프리카의 극단적인 이슬람 세력의 영향으로 유럽에서도 이슬람의 급진화가 진행되고 테러 위협이 증가할 것이라는 진단이 9·11테러 이후, 특히 IS의 부상과 함께 설득력을 얻었다(Tabet, 2016). 토인비가 그의 문명론에서 제시한 표현을 적용하면 현재 유럽인들에게 무슬림은 유럽 문명을 위협하는 '내부 프롤레타리아'이기도 하고 '외부 프롤레타리아'이기도 한 것이다. 또한 최근 유럽 국가들을 대상으로 한 외부나 이주민 집단에 의한 테러를 보면 이것이 유럽이나 미국이 구가하고 있는 풍요가 치러야할 대가가 아닌가 하는 생각이 들기도 한다. 이와 함께 이 사회들이 우월한 지위를 누리게 된 것이 얼마나 되었는지에 대해서도 생각이 미치게 된다. 또한 폭력적인 모습을 띠는 현 유럽 및 미국에 대한 태도의 구조적인 원인이라고 할 수 있는 여타 지역과의 매우 큰 격차가 상당한 정도로 완화될 가능성이 있는 것인지 묻게 된다.

이러한 맥락에서 따베는 유럽 무슬림을 둘러싼 갈등을 해결하는 방안으로 지중해 공간, 즉 이 바다를 둘러싸고 있는 프랑스와 남유럽 국가들과 중동 및 북아프리카 국가들 간의 공존을 촉진시키는 것을 제안하였다(Tabet, 2016). 우리에게는 국제이주민들의 문제를 그들의 출신 국가의 문제, 출신 국가와 한국의 관계의 문제로 접근하는 것이 낯설다. 그러나 앞서 살펴본 최근의 유럽뿐만이 아니라 국제이주민의 존재가 트로이의 목마로, 전쟁의 빌미로 또는 정반대로 국가 간 정치, 경제 관계의 윤활유 역할을 하는 많은 사례들이 있다. 우리도 대아시아 정책의 일환으로 국제이주민의 문제를 다루어야 할 때가 왔다.

제 4 절 결 론

위에서 우리는 한국 사회에서 인종주의 현상이 어떤 양상을 띠고 있으며 어떤 특징을 보이는지 살펴보았다. 먼저 인종주의가 근대의 산물이라는 점을 용어의 역사와 인종주의의 양상 등 역사적인 근거를 통해 확인해보았다. 또한 인종적인 구분이 계급, 성의 측면에서의 위계 및 멸시와 역사적으로 긴밀한 연관성을 지녔다는 사실을 통해 최근 한국 사회에 대두된 여성, 동성애자, 장애인 등을 대상으로 한 소수자 혐오 현상이 국제이주민을 대상으로 한 혐오 및 차별과 연관될 수 있다는 경각심을 가질 수 있었다. 또한 인종주의 개념이 각 사회 고유의 역사적, 현실적 조건에 따라 조금 다른 방식으로 사용되는 점을 살펴보고 인종주의와 제노포비아 개념을 중심으로 한국의 사례를 살펴보았다. 다음으로 이러한 역사적, 이론적 논의를 배경으로 인종주의의 징후를 온라인 카페, 인종차별, 인종주의 범죄, 외국인혐오 등의 측면에서 살펴보았다. 객관적인 상황이나 관련 전문가들의 견해 모두 외국인과 내국인 간의 관계가 우려스러운 상황이라는 점을 알 수 있었다. 특히 반다문화주의 카페의 사례를 통해 이들이 만만치 않은 논리를 갖추고 있음을 알 수 있었고, 기독교의 세력이 강한 한국 사회에서 유럽의 경우와 유사한 반이슬람 현상이 부상할 징후들을 발견할 수 있었다. 후반부에서는 한국 사회의 인종주의가 지닌 특징을 살펴보면서 최근 20여 년 간 진행된 국제이주 현상이 인종주의의 주된 배경이며, 이주민에 대한 토박이 한국인들의 태도가 우호적인 면과 반감이 공존하는 양상을 보인다는 점을 확인할 수 있었다. 다만 아직 갈등을 분출시킬 만한 의미 있는 사건이나 양상이 나타나지는 않았다는 점에서 갈등의 측면을 언급하는 경우에는 신중한 태도가 필요할 것이다. 반복적으로 인식 부족을 탓하거나 특정 사건을 거론하며 이주민을 위험한 존재로 여기게 하는 등의 고전적인 레퍼토리에서 벗어날 시점이다. 그보다는 인종주의 현상이 발생하게 되는 과정과 경로를 확인하는 것이 필요할 것이다. 이와 같은 과정과 경로를 확인하게 되면 인종주의를 차단하기 위한 대응이 보다 효과적일 것이다.

본 연구를 통해 소개된 다문화 관련자들의 입장은 위로부터 진행된 반인종주의 담론과 정책의 한계가 명백히 존재한다는 점을 잘 보여주었다. 문제는 시민사회와의 수평적인 소통 없이 협소한, 정책적인 차원에 머물고 관리, 통합의 측면에서 접근한다는 점이다. 다문화에 대한 입장과 무관하게 공히 제기되고 있는 문제인 것이다. 그리고 이미 오래전부터 언급된 것이기도 하다. 반다문화 담론의 주요 내용 중 하나가 여론 수렴이 약하다는 점을 생각해서도 공존을 위한 담론은 사회적 협의를 강화해야 한다. 정상으로의 복귀를 시작해야 한다. 지난 10년간의 예외적이고, 특이하고, 굴절된 이주 논의를 본격적으로 교정해야 할 시점이다.

● 참고문헌

강철구. 2002. "서론: 서양문명과 인종주의." 한국서양사학회 편. 『서양문명과 인종주의』. 지식산업사.

국가인권위원회. 2010년 7월 14일자 보도자료

국가인권위원회. 2012년 1월 17일자 보도자료

김경희·윤태일·엄한진. 2008. 『강원지역 다문화 가정을 위한 신문활용교육 (NIE) 활성화 방안 연구』. 한국언론재단 2008년 조사연구사업 강원언론학회 보고서.

김세균·김수행·송태수·이환식·임종헌·장명학. 2006. 『유럽의 제노포비아』. 문화과학사.

김수행. 2006. "영국의 제노포비아 현상에 대한 연구." 『유럽의 제노포비아』. 문화과학사: 37-88.

김지영. 2012. 『증오범죄의 실태 및 대책에 관한 연구』. 한국형사정책연구원.

김지영·안성훈. 2014. 『내국인 남성의 국제결혼 피해실태와 대책』. 한국형사정책연구원.

라탄시, 알리. 2008. 『인종주의는 본성인가』. 한겨레출판.

모로오카 야스코. 2015. 『증오하는 입: 혐오발언이란 무엇인가』. 조승미·이혜진 역. 오월의봄.

박경태. 2007. 『소수자와 한국사회』. 후마니타스.

박찬승. 2008. "한국에서의 '민족' 개념의 형성." 『개념과 소통』 1: 79-120.

볼테르. 2001. 『관용론』. 송기형·임미경 역. 한길사.

아렌트, 한나. 2006. 『예루살렘의 아이히만: 악의 평범성에 대한 보고서』. 김선욱 역. 한길사.

안상수·김이선·마경희·문희영·이명진. 2015. 『국민 다문화수용성 조사 연구』. 한국여성정책연구원 연구보고서.

엄한진. 2011. 『다문화사회론』. 소화.

우에노 치즈코. 2012. 『여성혐오를 혐오한다』. 나일등 역. 은행나무.

장명학. 2006. "독일의 제노포비아 현상에 대한 연구: 통일 이후의 사회, 경제적 불안과정 제노포비아의 확산." 『사회과학연구』 14(2): 324-359.

정혜실. 2016. "한국사회의 인종주의적 혐오표현의 실태와 맥락." 서울대학교 인권센터 편. 2016. 『혐오표현의 실체와 대책』. 토론회 자료집: 29-43.

젠슨, 데릭. 2008. 『거짓된 진실』. 이현정 역. 아고라.

짐멜, 게오르그. 2005. 『짐멜의 모더니티 읽기』. 김덕영·윤미애 역. 새물결.

최성환. 2009. "다문화주의와 타자의 문제." 『다문화콘텐츠연구』 6(1): 131-154.

최영신. 2013. 『외국인 밀집지역의 범죄와 치안실태 연구』. 한국형사정책연구원.

퍼거슨, 니얼. 2010. 『증오의 세기: 20세기는 왜 피로 물들었는가』. 이현주 옮김. 민음사.

폰팅, 클라이브. 2007. 『진보와 야만』. 김현구 역. 돌베개.

한준. 2015. "외국인에 대한 태도의 변화: 추세와 배경." 연세대학교 국가관리연구원 세미나 발표문.

허경미. 2014. "한국의 제노포비아 발현 및 대책에 관한 연구." 『경찰학 논총』 9(1): 233-259.

홈스, 레이첼. 2011. 『사르키 바트만』. 이석호 옮김. 문학동네.

Bissoondath, Neil. 1994. *Selling illusions*. Penguin.

Blanc-Chaléard. 2001. *Histoire de l'immigration*. Paris: La découverte.

European Network Against Racism. 2014. *Invisible visible minority*. Brussels: ENAR.

Ferreol, G. & Jucquois, G. (dir.) 2004. *Dictionnaire de l'alterite et des relations interculturelles*. Paris: Armand Colin.

Feteke, Liz. 2013. "The growth of xeno-racism and Islamophobia in Britain." in Michael Lavalette (ed.), *Race, Racism and Social Work: Contemporary Issues and Debates*. Policy Press.

Kymlicka, Will. 1995. *Multicultural Citizenship: A liberal Theory of Minority Right*. Oxford: Oxford University Press.

Michaels, Walter Benn. 2006. *The Trouble with Diversity: How We learned to*

Love Identity and Ignore Inequality. New York: Metropolitan Books.

Tabet, Ibrahim. 2016. "Islamisation de l'Europe ou islam européen?" *L'Orient le jour*.

『한국일보』 2017년 2월 22일자, "80조원 쓰고도 … 출산율 또 추락"

『경향신문』 2017년 2월 19일자, "'기집애 같다''레즈냐''너 다문화지'"는 모두 혐오 표현, 인권위 실태조사 발표"

『서울신문』 2016년 9월 23일자, "외국인범죄 왜 흉포화됐나"

『한겨레』 2016년 6월 13일자, "올랜도 총기난사범 아버지 "아들, 남자들 키스 보고 격분"

『연합뉴스』 2015년 6월 19일자, "미 흑인교회 총기난사범 '교인 친절함에 범행 멈출까 생각'"

『연합뉴스』 2014년 10월 9일자, "유엔 보고관, 한국에 포괄적 차별금지법 제정 촉구"

http://cafe.daum.net/dacultureNO, 2016년 6월 17일 검색.

제 **4** 장

한국 사회의 이념갈등 비판과
사회통합 해법 모색

한국 사회의 이념갈등 비판과 사회통합 해법 모색

윤 민 재 (연세대 국가관리연구원)

제 1 절   들어가는 말

　　박근혜 대통령에 대한 탄핵과 하야를 향한 촛불행진, 그리고 탄핵을 반대하는 태극기의 물결은 한국 사회의 위기의 본질과 사회갈등의 한 단면을 잘 보여준 사건이었다. 민주화 이후에도 한국 사회는 끊임없이 갈등이 분출하고 있지만 갈등해소의 방법을 찾기 힘든 비정상적 정치문화를 보여주고 있다. 시민사회의 갈등이 지속적으로 분출하고 있지만 이를 조정하고 수용하여 입법화, 제도화하려는 정치사회의 노력이 필요하다. 아쉽게도 한국의 정당들과 대통령은 이를 공정하고 효율적으로 수행하지 못하고 있다. 과거 정부에 없었던 개혁적인 정책들이 국민들의 삶과 직결되어 있음에도 불구하고 공론화되어 논의되거나 사회적 합의의 과정을 거치지 못하였다. 정당들도 자신들의 노선과 지지계층의 이해관계에 맞는 정책을 당론으로 명시하는 경우도 드물었다. 즉 공공성의 상실 내지 파괴를 가져왔다. 이러한 사실들은 역으로 상실된 공공성의 회복, 사회적 관계의 정상적인 복원을 요구하고 있다(윤민재, 2017).

　　이와 같이 민주화 이후 한국 사회는 여전히 많은 민주주의의 과제를 안고 있다. 흔히 말하는 민주주의의 공고화는 이론적으로 보면 한국 사회에 이미 정착된 것으로 드러나야 함에도 불구하고 현실적 측면에서는 퇴행적인 민주주의의 과정과 내용들을 보여주고 있다. 민주화 이후 오히려 민주주의의 위기가 심화되고 있는 것이다. 민주주의의 위기는 단순히 정치권력만의 문제로 그치는 것이 아니라 사회 각 영역, 부분들 간의 대립과 갈등을 심화시키고 있다. 민주주의는 다수에 의한 지배와 민주정이라는 의미를 갖고 있다. 이때 민주주의의 위기는 다수에 의한 지배가 형식적인 측면에서만 나타날 뿐 실질적으로는 소수 권력자나 집단이 그 권력을 통해 공적이익보다는 사적이익 혹은 지대추구행위가 빈번하게 나타날 때 등장한다. 민주정의 측면에서 보면 제도와 법의 형식만 '민주'의 틀만 갖추었을 뿐 헌정주의에 기반을 실질적 내용을 충실히 수행하고자 하는 권력의지는 결여되어 있다.

이러한 민주주의의 위기는 통합보다는 분열, 연대와 공존보다는 갈등과 대립을 양산하였다. 분단국가이자 급격한 산업화, 근대화를 추진한 한국은 여전히 근대적인 국가적 과제를 안고 있다. 즉 근대적인 위험, 혹은 전통적인 위험이 남아 있는 것이다. 이와 함께 탈근대적인 위험들, 세대갈등, 저출산고령화, 불평등, 가족해체 등의 문제가 누적되고 있다. 한국 사회는 분단질서와 반공주의로 인해 오랜 기간 이념적 갈등이 잠재되어 있다. 급격한 산업화 근대화 과정을 거치면서 계급과 계층갈등, 경제불평등, 지역갈등이 심화되었다. 이념갈등의 심화와 함께 세대 간의 역사적 경험과 집단 간의 문화의 차이로 인해 세대갈등은 더욱 심화되고 있다. 그리고 1997년 체제 위기 이후 경제불평등과 정규직과 비정규직의 갈등, 대립은 악화되고 있다. 개방과 개혁의 물결과 함께 다문화사회가 도래하고 있지만 외국인에 대한 차별과 타문화에 대한 배제는 늘어나고 있다. 정보화사회가 강화되면서 사회적 통합보다는 집단 간의 균열과 불필요한 이념갈등이 온라인상에서 확대되고 있다. 여기에 덧붙여 1990년대 말부터 '광풍'처럼 몰아치고 있는 신자유주의의 위험은 이 모든 것을 압도하면서 사회분열과 해체, 사회적 배제를 더욱 강화하고 사회갈등을 매우 복합적이면서도 중층적으로 누적시키고 있다.

그런데 한국 사회는 갈등과 대립이 뿌리 깊은 구조적 문제를 안고 있고 동시에 내구성이 강하고 다른 갈등이 이념갈등으로 대부분 귀결되는 특징을 안고 있다. 이로 인해 이념갈등이 중층적으로 진행되면서 그 해법을 찾기 어려운 상황이 전개되고 있다. 그 해법의 첫 열쇠는 국민 전체가 공감할 수 있는 공통의 분모, 혹은 결속과 소통을 가져올 수 있는 도덕적 유대를 찾아야 한다. 이것은 국민 개인 각자의 몫이 아니라 정치권력이 무엇보다도 해야 할 과제이다. 즉 정치적 리더십의 문제이기도 하다.

　그러나 근대적 위험과 탈근대적 위험이 동시에 공존하는 한국 사회에서 이 문제들을 해결할 국가권력과 관료집단, 정당은 국가적 의제와 공론화과정을 거쳐 정치적 해법을 찾지 못하고 있다. 보수와 진보정권이 들어섰지만 그 해법 모색은 만족스럽지 못한 상태로 남아 있다. 이러한 위기의 밑바탕에는 전근대적인 정치문화, 정치에 대한 불신, 연대의 결여, 공공성의 위기, 권력의 사유화라는 비정상적 권력의 일상화, 사유화의 문제가 있다. 따라서 이념갈등을 포함한 사회갈등의 해결을 위해서는 정상적 정치문화의 확립, 공공성과 연대에 대한 성찰, 정치불신의 해소, 그리고 신자유주의 위기 속에서 불평등 해결을 위한 정치적, 사회적 해법 모색이 중요하다.

　이 글에서는 먼저 한국 사회의 사회갈등, 이념갈등의 양상과 그 특징, 그리고 국민인식을 설명하기로 한다. 그리고 한국 사회의 이념갈등이 단순히 사회성원들의 인식과 세계관의 문제가 아니라 정치권력과 정당구조의 문제에서 파생된다고 보았을 때 한국 사회의 민주주의의 위기 진단을 통해 왜 이념갈등이나 사회갈등이 증폭되며 악화되고 있는가를 살펴보고자 한다. 한국 사회의 이념갈등은 분단구조와 반공질서의 측면에서 설명되는 부분이 있고 한국 사회의 정치질서를 보수세력들이 상당 부분 영향을 미쳤기 때문에 보수주의의 특성과 그 문제점을 분석하기로 한다. 마지막으로 이 문제를 해결하기 위한 해법을 정치제도와 정치문화, 사회적 신뢰의 수준에서 찾아보고, 그리고 이념갈등을 악화시키는 요인으로서 세대갈등과 불평등의 해결을 위한 방법을 모색하고 갈등을 제도화할 수 있는 방법과 제도적인 차원에서 사회연대의 형태인 거버넌스의 방법을 알아보기로 한다.

제 2 절 한국 사회의 사회갈등의 내용과 특징

1. 사회갈등의 양상과 국민인식

사회갈등은 사회집단이 권력, 사회적 지위, 희소한 자원 등을 차지하기 위해 상대집단을 의식하며 서로 경쟁하는 상태로 정의할 수 있다. 사회갈등은 갈등의 기능, 원인, 발생요인, 당사자 갈등의 진행 단계 등에 따라 다양한 형태로 구분될 수 있다. 갈등은 국가, 시장, 개인, 집단, 조직 간의 대립 또는 충돌을 불러일으키는 상호작용을 수반한다. 일반적으로 사회갈등은 집단, 공동체, 계층 사이에서 발생하는 대부분의 갈등을 말한다. 이중에서 갈등당사자들 간의 상호 양립할 수 없는 가치, 목표, 수단 등의 충돌이 사회, 경제적으로 심대한 영향을 미칠 때 정부의 개입이 발생하기도 한다. 광의의 사회갈등은 시민사회를 구성하는 다양한 집단들 간의 충돌, 분쟁뿐만 아니라, 공공기관과 시민사회 상호 간의 대립과 분쟁을 포괄한다. 사회갈등은 그 사회의 문화적, 정치적, 역사적 조건 등에 따라 특정 갈등이 부각되기도 하고 특정 갈등은 존재하지 않을 수도 있다.

그런데 한국 사회의 사회갈등은 민주화 이후 더욱 악화되고 있다. 민주화 이후 사회참여가 늘어나고 집단의 이익을 주장하는 목소리가 커지고 그들의 이익을 표출하는 자유가 허용되는 공간이 확대되면서 갈등이 지속적으로 분출하고 있다. 따라서 민주화 이후 중요한 국가적 과제는 갈등을 조절하고 수용하여 그것을 제도적으로 해결할 수 있는 방안을 찾는데 있다. 즉 갈등의 존재는 현대국가에서 당연히 존재하는 현상이지만 갈등을 제도화하여 관리, 해소할 국가의 능력이 매우 중요하다. 국가의 능력이 저하되면 단순한 사회적 갈등이 국민 분열을 넘어 국가를 위기로 몰아넣는 경우가 나타나게 된다. 그런데 국제사회와 비교했을 때 한국의 갈등관리 능력은 매우 낮은 실정이다. 다음의 〈표 4-1〉을 보면 알 수 있다.

표 4-1   세계 주요국가의 사회갈등관리지수(2011년 자료 기준)

사회갈등관리지수		사회갈등요인지수		사회갈등지수	
순위	국가	순위	국가	순위	국가
1	덴마크	1	칠레	1	터키
2	스웨덴	2	이스라엘	2	그리스
3	핀란드	3	터키	3	칠레
4	네덜란드	4	한국	4	이탈리아
14	프랑스	5	스페인	5	한국
18	일본	7	그리스	6	포르투갈
20	미국	8	영국	7	이스라엘
26	포르투갈	9	미국	12	미국
27	한국	10	이탈리아	13	영국
28	슬로바키아	14	프랑스	15	프랑스
30	이탈리아	15	캐나다	17	뉴질랜드
31	헝가리	17	독일	18	독일
32	그리스	22	덴마크	22	덴마크
33	터키	23	핀란드	23	핀란드
34	멕시코	24	스웨덴	24	스웨덴

자료: 한국보건사회연구원. 2015.

〈표 4-1〉에서 보듯이 사회갈등관리지수가 높은 국가는 덴마크(0.923), 스웨덴(0.866), 핀란드(0.859), 네덜란드(0.84)등 북유럽 국가들이었다. 사회갈등관리지수가 높다는 것은 갈등을 효과적으로 관리하는 능력이 크다는 것을 뜻한다. 반면 한국보다 낮은 국가는 멕시코(0.068), 터키(0.151), 그리스(0.206), 헝가리(0.247), 이탈리아(0.281), 폴란드(0.340), 슬로바키아(0.354)등 7개 국가뿐이었다. 그리고 사회갈등이 나타날 수 있는 가능성을 의미하는 갈등요인지수는 조사 대상 국가 OECD 24개국 중 한국은 칠레, 이스라엘, 터키에 이어 4번째로 높게 나타났다. 〈그림 4-1〉, 〈그림 4-2〉를 보면 한국 사회의 신뢰전반은 매우 낮게 나타났다. 한국인의 타인에 대한 신뢰도는 26 수준으로 OECD 평균보다 10 가까이 낮았다. 타인에 대한 신뢰도가 가장 높

그림 4-1 타인에 대한 신뢰도

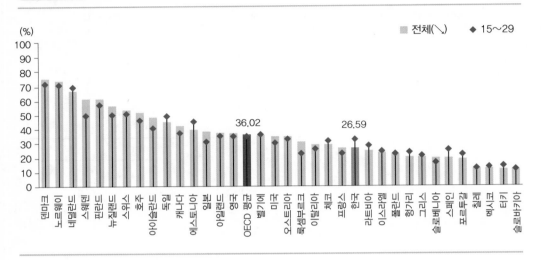

그림 4-2 정부신뢰도

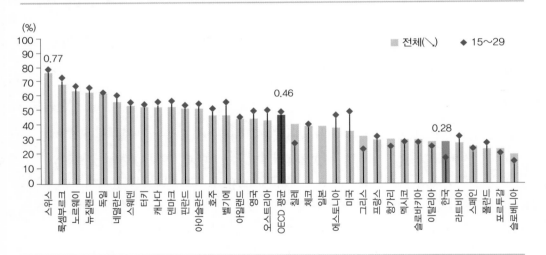

은 국가는 덴마크(75)였다. 한편 한국인의 정부 신뢰도는 더 낮았다. 정부
신뢰도는 0.28에 불과했고 청년층의 정부 신뢰도(0.17)는 이보다 더 낮았다.
정부 신뢰도 1위 국가는 스위스였다.[1]

1 OECD, *Society at a Glance* 2016.

　　한편 한국사람들은 다양한 사회갈등 중에서도 이념갈등과 계층갈등을 다른 갈등에 비해 심각하게 느끼고 있었다. 갈등에 대한 인식은 학력별로 차이가 났다. 저학력집단에서는 경제불평등으로 인한 계층갈등, 이념갈등을 우선 순위로 꼽았지만 대졸이상의 경우에는 노사갈등, 이념갈등을 꼽았다. 소득이 낮은 계층이라고 생각하는 집단은 불평등보다는 이념갈등을 우선 순위로 지적했고 주관적 소득계층이 높은 중상 이상의 층은 이념갈등보다는 불평등으로 인한 계층갈등을 우선 순위로 꼽았다(김미곤 외, 2014). 〈표 4-2〉를 보면 각 기관이 조사한 사회갈등 우선순위를 보면 계층갈등과 이념갈등, 노사갈등을 중요한 사회갈등으로 보았다. 5점척도로 조사한 경우 두 기관 모두 계층갈등을 가장 중요한 사회갈등으로 보았다. 전체적으로 보면 많은 한국사람들은 이념갈등과 계층갈등을 주요 사회갈등이라고 생각했고 학력이 높을수록 노사갈등, 주관적 소득계층이 높을수록 계층갈등을 주요 갈등으로 보았다. 즉 한국사람들은 계층갈등, 노사갈등을 이념갈등 이외에도 주요 갈등으로 인식하였다.

　　이와 같이 이념갈등은 민주화 이후 오히려 더 심화되고 있다. 이념갈등은 매우 복합적인 문제이며 정치적인 과제이기도 하다. 특히 정치에 대한 신뢰가 매우 낮은 한국 사회에서 이념갈등은 정치세력들 사이의 갈등으로 발전

표 4-2 　사회갈등의 영역별 심화 순위

순위	사회통합위원회(2012)	한국행정연구원(2012)	경실련(2013)
1	계층갈등(4.16)	계층갈등(3.7)	이념갈등(89.3%)
2	이념갈등(3.82)	노사갈등(3.54)	계층갈등(86.1%)
3	노사갈등(3.75)	세대갈등, 이념갈등(3.37)	세대갈등(62.1%)
4	세대갈등(3.65)	지역갈등(3.35)	영남과 호남지역갈등(51.9%)
5	지역갈등(3.62)	환경갈등(3.27)	수도권과 지방 갈등(50.2%)
6	환경갈등(3.54)	성별갈등(3.1)	남녀갈등(29%)
7	문화갈등(3.25)	-	-
8	남녀갈등(3.18)	-	-

자료: 장용석. "한국의 사회갈등 현주소와 국민대통합을 위한 중장기 정책과제." 2014.

하기 쉽다. 또 격화된 정치세력들 사이의 갈등은 정치불신과 이념갈등을 강화시키다. 따라서 사회전반에 대한 신뢰확산, 즉 이념갈등을 사전에 정치적으로 해결할 수 있는 방안과 함께 서로 다른 생각, 가치관, 정치관을 합리적으로 토론하고 논의할 수 있는 시민문화의 성숙이 필요하다. 이는 바로 신뢰문제와 밀접한 연관성이 있다. 특히 정치세력에 대한 신뢰증진은 역으로 불필요한 이념논쟁의 확산을 막을 수 있을 것이다.

〈표 4-3〉을 보면 집단 간 갈등이 노무현 정부 때보다 보수정부가 들어선이후 더 커지고 있다고 국민들은 인식하고 있었다.

표 4-3 집단 간 갈등 정도(단위:%)

문항	2006년		2013년		차이 (B-A)
	작다	크다(A)	작다	크다(B)	
진보와 보수	25.6	70.2	16.6	83.4	△13.2

자료: 장용석. "한국의 사회갈등 현주소와 국민대통합을 위한 중장기 정책과제." 2014.

한국 사회는 개인 간 및 집단 간에 사회문제를 해결해가는 수단으로서의 소통이 매우 취약하기 때문에, 자연히 계층을 비롯하여 세대 간, 정파 간, 지역 간, 이익집단 간 등의 단절이 일어나 높은 사회비용의 지출로 이어지고 있다. 향후 한국 사회에서 국민통합을 달성하기 위해서는 법제도의 공정한 적용을 통해 기관신뢰를 확보하고, 이를 통해 타인에 대한 신뢰를 증가시켜 소통이라는 통합 수단이 작동케 해야 한다. 이는 이념갈등의 해소를 위한 기본적인 단계일 것이다.

〈표 4-4〉에서 나타나듯이 한국사람들은 진보와 보수의 갈등, 정규직과 비정규직의 갈등, 계층사이의 갈등을 주요 사회갈등으로 생각하고 있다. 한편 세대갈등과 지역갈등은 다른 갈등보다는 덜 심각한 것으로 생각했다.

표 4-4 갈등에 대한 인식

구분	갈등이 매우 심하다	갈등이 대체로 심하다	갈등이 별로 심하지 않다	갈등이 전혀 심하지 않다	선택할 수 없음	모르겠음
(1) 가난한 자와 부유한 자 갈등	24.0	54.4	14.2	3.3	1.4	2.7
(2) 경영자와 노동자 간의 갈등	21.9	58.0	13.4	1.7	0.9	4.2
(3) 주택소유자와 비소유자 간의 갈등	11.4	40.9	35.6	6.8	1.4	4.0
(4) 정규직과 비정규직 간의 갈등	28.7	48.2	15.8	2.1	0.9	4.3
(5) 고령자와 젊은이 간의 갈등	13.9	42.3	32.6	6.3	1.6	3.3
(6) 진보와 보수 간의 갈등	34.0	46.0	12.9	2.2	0.9	4.1
(7) 지역 간의 갈등	22.9	44.1	23.9	4.3	0.8	4.1
(8) 다문화갈등	9.5	39.6	34.5	7.2	2.0	7.2

자료: 김미곤·여유진·김태완·정해식·우선희·김성아, 『사회통합 실태진단 및 대응방안 연구』, 2014.

2. 이념갈등의 양상과 그 특징

한국 사회에서 여전히 민주주의가 자리 잡지 못하는 이유 중 하나로 이념 갈등을 들 수 있다. 이념갈등으로 인해 사회적 대화와 타협은 더욱 어려워졌고 건전한 정치문화의 형성도 지체되었다. 또한 과도한 정치화로 인해 이념 갈등을 정책대결로 유인하지 못하고 사회적 이슈들을 진보 대 보수의 이념대결로 재편성하여 단순대립 구도로 전환하기도 하였다(장우영, 2014: 13).[2] 또 한편으로는 한국 사회의 이념갈등은 진보와 보수세력의 갈등도 중요하지만 이 갈등을 더 증폭시키는 정치권이나 언론계의 비생산적인 논쟁도 한 원인이 되기도 하였다. 즉 체계적인 논리에 기초한 정책적 지식에 입각한 논쟁이 부재함으로써 갈등을 증폭시키고 소모적으로 만들고 있는 것이다(한준·설동훈, 2007: 64).[3]

---

2 세대갈등은 한국 사회의 갈등 양상 중 다른 갈등에 비해 심한편이 아니라고 보는 연구가 있다. 소득갈등, 지역갈등, 노사갈등, 이념갈등에 비해 세대갈등은 심각한 편이 아니라는 설문응답자들이 많았다(국민대통합위원회, 2014a: 1).

3 영국의 경우 정당정치가 이념적 갈등을 정치적으로 대표해왔고 계급에 따른 이념적 갈등을 적절하게 관리하는 역할을 하였다. 이 때문에 이념갈등이 사회균열로 이어지지 않고 적절하게 통합으로 나갈 수 있었다(강원택, 정병기, 2007: 78).

　　서구에서는 일반적으로 전통적인 이념갈등은 약화되고 있다는 시각이 많다. 다니엘 벨(Daniel Bell)이 이념의 종언을 주장한 것처럼 물질적 풍요의 도래와 함께 경제문제를 둘러싼 계급 간의 대립은 축소되고 있고 정당들의 정책도 유사해지고 있다는 것이다. 사회갈등을 둘러싼 고전적 균열의 축이 약화되고 있다는 것이다. 반면 이러한 전통적 갈등은 약화되는 대신 새로운 갈등의 양상이 전개되고 있다는 주장도 있다. 대표적으로 잉글하트(Inglehart, 1984)는 계층균열과 경제적 가치를 바탕으로 하는 이념적 균열의 감소현상을 인정하지만, 이를 대치하는 삶의 유형, 삶의 질 그리고 자기표현 등의 이슈에 기초한 새로운 정치논쟁의 등장에 주목한다. 따라서 진보-보수에 대한 정의와 내용도 변화한다는 것이다. 그는 서구사회의 경우 2차대전 이후 경제성장과 평화유지라는 조건 속에서 교육수준이 높은 젊은 층은 물질적 안정보다는 소속감, 삶의 질을 중시한다고 보았다. 이것이 탈물질적 가치이다. 잉글하트는 탈물질주의로의 변화를 신사회운동의 가치와 연결시킨다. 그런데 기성세대의 이념 스펙트럼에서는 여전히 이념 구분은 사회경제적 양극화와 동일한 의미를 갖는다. 즉, 진보란 사회복지의 확대, 노동자 계층의 이해, 그리고 노조의 영향력 증가를 지지하는 성향이다. 보수는 제한된 정부, 중산층의 확대, 사적 경제영역의 보호를 지지하는 성향이다. 그러나 젊은 세대에서는 탈물질주의 혹은 자유의지론과 관련된 이슈가 새로운 이념적 정체성의 근거를 만들어준다. 젊은 세대에게 진보란 핵연료 사용 반대, 환경보호, 성적 평등, 국제주의적 성향과 다문화 수용 등을 추구하는 성향이다. 또한 보수란 전통적 삶의 방식, 도덕적 가치, 전통적 국가관과 국가이익의 옹호 등을 추구하는 성향이다. 요컨대 탈물질주의 가설의 핵심은 이념은 종식된 것이 아니라 사회의 변화에 따라 그 내용이 변화한다는 것이다(이정진·이현우, 2013).[4]

　　반면 한국 사회에서의 이념갈등은 서구와는 달리 통일과 남북문제에 대한 인식을 둘러싸고 전개되고 있다. 특히 이념갈등은 한국 사회에서 여야 간

4　반면 한국은 1980년대 이후 탈물질주의 가치가 증가하다 1990년대 세계화과정 이후 물질적 가치가 다소 증가하게 된다. 민주화는 반드시 탈물질주의를 동반하는 것은 아니며 물질주의가 한국 사회에서는 지역적, 계급적 균열구조가 나타나므로 강하게 나타난다고 할 수 있다(한준, 이재열, 2007).

의 진영정치와 맞물려 다른 사회적 쟁점이나 갈등을 이념갈등의 구조 속으로 흡인하여 갈등을 증폭시키는 경향이 있다. 남북한 대립, 분단, 통일정책 등을 중심으로 한 갈등, 진보와 보수의 대립은 특히 민주화 이후 증가하고 있다. 여기에는 구세대와 젊은 세대의 이념적 지향성의 차이가 개입되어 있다.[5] 또한 오랫동안 국가권력을 장악한 보수세력은 정치적 반대 세력을 외부의 적인 북한과 연계시켜 정치적 공격을 강화함으로써 객관적이지 못한 이념적 대결을 더욱 증폭시켰다. 국가권력에 대한 저항이나 비판세력이 정치적 공론장에서 정치적 주체로 인정받기 보다는 국가의 정의와 공정성을 위배하는 적이자 위험세력으로 치부됨으로써 민주화 이후에도 이념대결은 구악을 벗어나기 힘들었다.

한국 사회의 이념갈등은 역사적으로 억압기 → 잠재기 → 표출기 → 확산기를 경과해왔다. 현재와 같은 파국적인 양상의 이념갈등은 2000년 주요 선거들을 계기로 확산기에 접어들었다. 이념갈등은 민주화 이후에도 포퓰리즘으로 확산·증폭되고 있으며, 사회구성원의 자발인 참여와 동의를 통한 사회통합기제의 구축을 저해하고 있다. 나아가 이념갈등은 지역, 계층, 세대갈등 등 주요 사회갈등과 구조적으로 중첩되어 있다(서문기, 2004). 특히 2002년 대선과 2004년 총선 이후 보수와 진보 간의 이념 대립이 과도하게 진행되기 시작하였다. 이 시기부터 한국 사회의 이념변화는 과거의 획일적인 보수 지배로부터 진보진영이 세력을 확장하는 방향으로 이동하고 있는 것으로 나타나고 있다(이내영·이하경, 2003).

이러한 진보이념의 급격한 확산에는 한편으로는 보수이념의 실패를, 다른 한편으로는 민주주의의 위기를 그 원인으로 꼽기도 한다(최장집, 2002). 나아가 세계화, 민주화 그리고 경제수준의 향상 등에 기인한 가치관의 변화와 정보화의 진전, 세대갈등 등이 상황적 배경을 이루고 있다. 그리고 IMF 관리체제 이후 양극화의 심화로 기존의 정치적·안보적 영역을 중심으로 전개된 이념대립이 사회경제 부분으로 확산 되어왔다(이현출, 2005). 특히 세계

---

5 최근 여론조사에서 전쟁 상황에서 국가와 개인 중 무엇이 우선이냐는 질문에 대해 성인층은 약 50%가 국가를, 대학생은 27.5%, 청소년은 35.6%가 국가를 우선으로 꼽았다. 이는 20대 대학생층이 다른 연령층보다 국가보다는 개인을 우선시하는 탈집단주의적 성향을 가지고 있음을 보여준다(『동아일보』2016.6.24.: A10).

화·정보화 등으로 인한 사회정치적 의제범위가 팽창함에 따라, 이념갈등의 층위가 과거와 비할 바 없이 다층화 되고 있어 갈등의 수렴 가능성은 매우 희박해지고 있다.

진보와 보수의 대립 구도 속에 나타난 북한과 통일문제에 대한 인식의 격차, 대립이 세대갈등으로 전개되기도 하였다.[6] 김대중 정부 이후 남북한 화해와 협력정책이 강화되고 개혁적인 정부가 들어서면서 이념갈등은 과거보다 더욱 심화되었다.[7] 이념갈등의 심화에는 정부가 국민적 합의를 민주적 방식으로 이끌어 내는 데 실패하여 갈등이 고착된 점도 무시할 수 없다. 이념갈등은 진보와 보수세력의 핵심적 갈등과 대립의 개념이 됨으로써 다른 사회갈등과 구분되는 독립된 성격을 갖기 어려워졌다(마인섭, 2012: 26). 이념갈등과 진보와 보수의 갈등이 등치되는 순간 한국 사회에서 진보와 보수가 자신의 정체성에 맞게 추구해야할 합리적인 가치지향과 정책형성은 매우 어렵게 되었다. 이러한 이념갈등은 한국 사회 내부의 다양한 세력들의 견해와 가치관의 차이이자 갈등을 의미한다. 이념갈등은 다른 갈등과 가치와 연관되어 있기 때문에 다른 사회적 갈등을 증폭시키기도 한다. 이념갈등은 남북관계, 대북정책, 대외적 변화에 따라 왜곡되기도 하고 변형되기도 하는 생성

---

6 최근 통일의식 조사에서 '굳이 통일할 필요가 없다'라는 의견이 12.5%였다. 반면 '통일은 필요하지만 서두를 필요 없다'라는 의견에는 69.2%가 찬성하였다. 이것을 보면 통일은 필요하나 신중한 자세로 접근할 필요가 있음을 보여주고 있음을 알 수 있다. '굳이 통일할 필요가 없다'에서 30대 이하는 20%이상이 응답을 해 다른 세대와 비교하여 높은 비율을 보여주었다. 젊은 세대일수록 통일에 대한 당위성보다는 현실을 감안하여 통일문제를 바라보아야 한다는 태도를 보여주고 있다(『동아일보』, 2016.1.1.: A5).

7 2014년도 국민여론조사에 의하면 다양한 갈등 중에서 이념갈등에 대해 응답자 74%가 심하다고 응답하였다. 8개의 갈등유형 가운데 이념갈등을 두 번째로 높은 갈등유형으로 꼽았고 학력이 높을수록 부정적인 의견을 보여주었다. 가장 시급하게 해결해야 할 갈등 1순위는 계층갈등이었고 그 다음이 이념갈등이었다. 20, 30,40대는 계층갈등을 우선으로 응답한 반면, 50대는 이념갈등을, 60대 이상은 노사갈등을 우선으로 지적하였다. 학력이 높을수록 계층갈등과 이념갈등을 가장 먼저 해결해야할 것으로 보았다. 이념성향에 따른 지적을 보면 보수성향의 응답층이 다른 층과는 달리 이념갈등을 가장 우선 해결해야 할 갈등으로 보았다(국민대통합위원회, 2014b). 2015년도 조사에 의하면 이념갈등이 심각하다고 응답한 비율이 67%로 나왔다. 흥미로운 것은 대구,경북지역이 광주,전라지역보다 이념갈등을 심각하게 인식하고 있었다(국민대통합위원회, 2015a: 68-69). 그리고 8개의 주요 사회갈등 가운데 이념갈등을 가장 시급하게 해결해야 할 갈등으로 인식하였다. 그런데 20, 30대는 계층갈등을 가장 심각하다고 보았지만 40대 이상에서는 이념갈등을 가장 심각한 갈등으로 보았다. 이는 젊은 세대일수록 정치적 무관심이나 불신, 경제문제로 인한 결과로 보인다(국민대통합위원회, 2015a: 91-92).

적, 역동적 개념이지 고정된 성격의 개념은 아니다.[8] 특히 이러한 이념갈등은 민주화 이후 세대갈등과 어느 정도 관련성을 갖고 있다.

이념갈등과 관련된 세대갈등은 한국 사회의 근대화, 산업화, 민주화 과정에서 다양한 형태로 전개되었다. 정치적 갈등의 측면에서는 세대 간의 정치인식과 태도가 정치적 투표행위나 정치참여의 현상에서 두드러지게 나타났다.[9] 문화적으로는 탈물질주의의 등장, 개인화, 개별화 현상의 강화, 가족주의의 변화 등으로 인해 세대 간의 가치관, 세계관에서 차이가 나타나기도 하였다(박재흥·강수택, 2012; 조대엽·박길성, 2005). 경제적으로는 신자유주의의 강화, 양극화와 불평등으로 인해 세대 간의 경제적 이익을 둘러싼 갈등이 나타나기도 하였다. 한 조사에 의하면 세대 간의 이념적 간극은 큰 차이가 있었다. 20, 30대의 경우 진보적이라고 생각한 경우 30%가 넘었지만 60대 이상은 10% 이하였다. 반면 보수적이라고 생각한 경우 20, 30대는 14~17%였지만 60대 이상은 50%가 넘고 있었다(최유석, 2016). 이와 같이 세대 간의 정치적 성향은 분명히 차이가 나고 있었다. 또한 한 연구에 의하면 한국 사회에서 보수와 진보에 속하는 사람들의 불평등에 대한 인식은 차이가 났다. 한국 사회가 불평등하다고 생각하는 사람은 진보 쪽일수록 많았고 주관적 계층인식에서는 양 진영 간에도 차이가 나타났다. 보수적 성향일수록 자신이 중하층의 소득계층이고 생각하고 있는 반면, 진보적인 성향의 사람들은 중간층으로 인식하는 경우가 높았다(김미곤 외, 2014).

이러한 사실은 이념적 성향에 따라 한국 사회의 경제불평등 문제가 사회갈등의 중요한 문제인지에 대한 인식의 차이를 보여주고 있다. 특히 한국 사회처럼 압축적 발전을 경험한 사회에서는 세대 간의 경험과 차이가 더욱 증폭되어 나타나기 때문에 세대 간의 공감과 소통이 더욱 어려워지고 있다. 세

---

8 이러한 이념갈등이 전개될 때 동시성적 자아가 형성된다. 이는 정신분석적으로 병리적 현상을 의미. 다양한 가치의 공존은 조각난 자아보다는 동시성적 자아가 더 적합한 표현이 될 수도 있다(김용신, 2008).

9 정치참여의 대표적인 유형이 투표행위이다. 일반적으로 20-30세대의 투표율이 50대 이상의 투표율보다 낮은 것은 일반적인 사실이다. 그러나 최근 20대 총선에서 20대와 30대 초반의 연령대에서 19대총선 때보다 투표율이 대략 9% 정도 상승하였고 50대 이상에서는 저하하거나 답보상태에 머물렀다. 물론 평균투표율은 50대 이상이 20-30대에 비해 약 10% 이상 높게 나타났다(『조선일보』 2016.7.5.: A6).

대갈등은 다양한 사회적 현상이 중첩되어 나타나는 경우가 많다. 이에 따라 경제적 이해관계로 시작된 세대 간의 갈등, 경쟁이 정치적 대립이나 문화적 갈등으로 확산되기도 한다. 젊은층과 중장년층 간의 세대 갈등은 계층갈등, 이념갈등, 지역갈등, 남녀갈등을 유발하는 요인으로 작용하는 경우가 많다.[10] 예를 들어, 젊은 층은 진보, 중장년층은 보수의 이념 성향을 대부분 지니고 있다. 또한 IMF 이후 청년실업률이 증가하고 비정규직이 확대되면서 젊은 층의 경제적 불안이 가중됨에 따라 계층 갈등이 심화될 가능성이 크다.

그런데 20, 30대의 이념적 지향성이 변화하고 있다.[11] 간단히 말해 20, 30대의 탈이념화가 증가하고 있는 것이다.[12] 이는 탈물질주의의 등장으로 설명되기도 하지만 신자유주의의 영향에 따른 개인화, 개별화, 탈정치화의 영향으로 설명될 수도 있다. 실업과 일자리의 불안정, 개인화 현상은 세대갈등의 양상에 영향을 주면서 20대, 30대의 정치에 대한 무관심, 비참여, 그리고 통일과 북한문제에 대한 실용주의적 접근을 늘리고 있다. 물론 실용주의적 태도는 정치권에 대한 강한 불만의 표현을 드러내고 있는 것이기도 하지만, 한편으로는 20, 30세대가 과거처럼 선과 악, 정의와 불의라는 이분법적 시각으로 이념과 정치를 바라보고 있지 않다는 것을 보여주는 것이다(송호근 외,

---

10 최근 탄핵정국 이후 촛불시위가 등장하면서 탄핵에 반대하는 반촛불시위가 늘어나고 있다. 여기에 참여하는 세력들은 상당 부분 노년세대들이다. 이로 인해 촛불시위를 둘러싸고 세대전쟁이 벌어질지도 모르는 우려가 있다. 60세 이상의 세대는 촛불시위에 적극적으로 참여하는 젊은 세대에 대해 소외감을 느끼면서 집단화하여 '탄핵반대'를 표방하면서 집단화하는 움직임이 강화되고 있다. 이를 방치하면 이념대결이 세대 간의 갈등으로 악화될 소지가 충분히 있다.

11 한 전문가는 "한국인의 통일의식에 있어서 가장 중요한 특징은 20~30대 청년층의 상대적으로 낮은 통일의식"이라고 지적했다. 그는 "이들의 통일의식이 40대 이상 장년층에 비해 상대적으로 낮은 원인은 북한 주민이 같은 민족 또는 동포라는 동질성을 덜 느끼는 동시에 북한 사회에 대한 지식수준 역시 상대적으로 낮게 나타났기 때문이며 앞으로 한국 사회 통일교육은 청년층에 더 이상 통일의 당위를 강조하는 것이 아니라 통일이 이뤄져야 할 이유를 새롭게 고민하고 이를 청년층의 삶의 문제로 연결하는 질적 변화가 요구된다"고 지적했다(『문화일보』, 2016.6.14).

12 이정진·이현우(2013)의 연구에 의하면 40, 50대는 주요 이슈에 대해 뚜렷한 이념 차이를 보이지만 20, 30대에서는 이념에 따른 이슈 태도의 차이를 볼 수 없었다. 40, 50대는 민주화 이행 단계를 경과하면서 정치이념에 따른 대립 구도 인식이 강하지만, 절차적 민주화 이후의 세대인 20, 30대는 정치적 민주화보다 탈물질적 가치관과 다차원적인 이념속성을 보여주고 있다. 따라서 40대와 50대의 단절과 격차만큼 20대, 30대의 격차는 크지 않고 많은 부분에서 유사성을 보여주고 있다.

2010: 289).

　한편 금융위기, 실업위기, 경제위기를 통해 사회 전반적으로 개별화 현상이 강화되기도 하였다. 덧붙여서 북한의 호전적 태도와 도발로 인해 남북한 관계가 경색되고 통일에 대한 의식과 열망은 약화되기도 하였다.[13] 이러한 변화 추세와 함께 이념갈등의 특징과 양상도 변화하고 있다. 즉 남북한문제, 통일문제, 민족주의 문제에 대한 20, 30세대의 의식과 태도도 변화하고 있다.[14] 따라서 이념갈등은 세대갈등과 특히 20, 30대의 가치관과 정치적 태도의 변화 등을 함께 고려하여 파악되어야 한다. 이념갈등에 세대의 요인이 작동한 것이다. 즉 이념갈등 문제에 세대 간의 대립과 격차가 혼재된 것으로서 매우 복잡해지고 있는 것이다.

　한국에서 대북정책에 대한 이념갈등이 본격적으로 부각된 것은 김대중정부 시기부터이다. 이 갈등은 흔히 말하는 남남갈등으로 전개되었다. 특히 김대중, 노무현 정부의 화해와 협력에 기초한 대북정책에 대한 지지와 반대는 정치권의 정책갈등을 시민사회 내의 대립양상을 더욱 악화시켰다. 이러한 남남갈등 증폭에는 '언론'의 역할도 컸다고 할 수 있다. 특히 보수적 언론은 남남갈등을 과장, 왜곡하고 특정 대북정책을 선호에 따라 옹호하거나 비판함으로써 보수, 진보 간의 대립 조장하였다. 대북정책을 둘러싼 지지와 반대의 기준이 정책의 합리성이나 적실성 여부가 아니라 '나의 이념과 가치에 얼마나 부합하느냐의 여부'에 달려 있기 때문에 이념갈등이 더욱 심화될 수 있

13　한 연구에 의하면 2030세대에서는 진보와 보수 사이에 차이가 크지 않은데, 이들은 90년대 이후 제도권 교육을 받은 세대로 이전 세대와 같이 반공이데올로기 속에서 북한을 바라보지 않기 때문이다. 이들은 4050세대가 반공교육을 그대로 간직한 보수집단과 이를 극복한 진보집단으로 구분되어 이념에 투영되는 것과는 차별적이다(이정진·이현우, 2013).

14　이러한 20, 30세대의 변화를 탈정치화로 설명하기도 한다. 탈정치화에 대한 정의는 다양하다. 정치적으로 보면 탈정치화는 일반적으로 과거에는 정치에 대한 일에 관심을 가졌지만 어떤 시점에서 정치에 대한 관심을 갖지 않거나 관계를 끊고 비정치적인 영역으로 들어가는 것을 말한다. 탈정치의 현상이 발생하는 원인은 다양하다. 특히 한국 사회의 청년세대의 탈정치화가 지속되는 현상에는 다양한 배경이 관련되어 있다. 먼저 정당체제의 문제와 대안 정당의 부재를 들 수 있다. 기존 정당들이 독점적인 구조를 형성하는 질서 속에서 20, 30세대는 자신들의 이해관계나 이념을 구현할 수 있는 정당을 발견하지 못해 투표에 참여하지 않거나 정당정치에 관심을 갖지 않게 된다. 둘째 신자유주의의 등장과 경제위기의 확산으로 인한 청년실업의 확산, 일자리의 양극화, 저출산과 만혼, 미혼 등에서 나타나는 생애위기, 생존위기 등을 들 수 있다. 마지막으로 자기계발문화의 확산, 개인화 현상의 증가이다. 이러한 현상들이 복합적으로 작용하여 20, 30세대의 탈정치화를 강화하고 있다고 할 수 있다.

는 것이다(변창구, 2014: 80).

대북정책의 적실성을 판단하는 기준으로 작용하고 있는 진영의 논리는 한국 사회의 갈등을 심화시킨다. 특히 노무현 정부 시기 몇몇 보수 언론의 지지와 지원 속에 등장한 뉴라이트 세력은 과거 보수세력과는 달리 체계적인 보수논리를 갖추고 젊은 세대가 참여하는 시민사회단체를 기반으로 보수세력의 리더로 등장하였다. 이들은 보수적 기독교 세력의 지원 속에서 오프라인뿐만 아니라 온라인 속에서도 진보세력과 노무현 정부를 비판하는 등 이전 보수세력과는 다른 모습을 취하였다. 이후 한국 사회의 이념논쟁은 온라인 속에서 치열하게 전개 되었다. 이는 이념갈등을 더욱 비논리적이고 감정적으로 만드는 한 배경이었다.

그런데 한국의 남남갈등은 구조적 요인인 반공주의로부터 시작되어 이념적인 갈등의 핵심으로 자리 잡았다. 남남갈등의 역사적 배경에는 몇 가지가 있다. 첫째 분단과 전쟁의 역사적 경험이 이념갈등의 근저를 이루고 있다는 점이다. 한국 사회는 매우 짧은 현대정치사 속에서 사회주의와 자본주의의 양극화된 극단적 이념 투쟁을 경험하였고 국가 수립과정에서 정치적 파벌 간 경쟁은 증오의 정서를 배태하였다. 둘째, 세계적인 탈냉전 시대 이후에도 한국에서는 여전히 냉전적 사고가 유지되고 있고 온존과 해체를 둘러싼 이념대립이 격화되고 있다(강원택, 2011). 셋째 언론의 편향성이다. 객관성과 사실에 입각한 보도를 해야 할 언론도 보수와 진보라는 이념적 편향성을 드러내고 있을 뿐만 아니라 언론권력이 자신의 이해관계에 부합하는 정책이나 정당을 의도적으로 지원하면서 사실을 왜곡한다는 점도 이념갈등이 증폭되는 하나의 배경이다. 그리고 김대중 정부에서 보았듯이 대북정책은 개인 또는 집단적 신념의 문제로 전락하고 사회를 분열시켜 통일을 위한 합리적 정책과 전략의 선택가능성을 제약하기도 하였다.

이념갈등은 특히 북한과의 관계에서 발현되고 확대되어 지역, 세대 간 갈등과 중첩되고 이를 정치권에서 조장하여 사회의 단결과 안정을 저해했다는 점에서 심각한 사회적 문제를 만들고 있다.[15] 이를 문화적 측면에서 보면 배

---

15 노무현 정부 시기 언론사들의 정치적, 경제적, 사회적 현안에 대한 입장은 극명하게 구분되었다. 보수와 진보의 입장에서 언론들은 칼럼, 기사 등을 통해 이념적 지향성을 뚜렷하게

제와 강요라는 냉전문화를 확산하고 사회적 소통과 연대를 근본적으로 차단하는 효과를 가졌다. 그렇기 때문에 이념갈등은 단순히 정치적 대립의 문제가 아니라 사회전반의 갈등과 대립을 가져올 수 있는 복합적이고 중층적인 갈등인 것이다. 대북지원, 국가보안법 등 안보가 다른 정치사회적 이슈와 비교할 때 주관적 이념성향과 가장 높은 상관관계를 보여주고 있다. 국민사이에 이념갈등이 있다 해도 정치권에 의해 정책변화나 정책변화를 위한 시도와 같은 정치적 행위에 의해 매개도지 않고서는 이념갈등으로 나타나지 않는다. 이와 같이 보수와 진보균열은 개관적 물질적 토대보다는 주관적, 의식적 태도에 위에 기반을 둔다.

앞에서 보았듯이 한국 사회의 이념갈등은 복합적이고 다양한 영역이 중첩되어 전개되고 있지만 그 핵심에는 남북문제, 통일문제를 둘러싼 이념갈등이 있다. 그런데 이 갈등이 최근 세대갈등과 결부되어 매우 복잡한 양상으로 전개되고 있다. 즉 이념갈등의 중심에 북한과 통일문제가 있지만 다른 영역의 갈등과 대립의 문제로 인하여 그 갈등이 첨예화되기도 하고 혹은 그 갈등의 핵심과 그 해결방안을 찾기 어려운 상황으로 변화하고 있다. 이념갈등의 그 핵심에는 북한문제 뿐만 아니라 대미관계도 존재한다. 미국에 대한 역대 정부들의 정책과 외교관계는 단순히 외교갈등 뿐만 아니라 국내 정치세력과 시민사회의 이념갈등을 증폭시키는 대표적 사례였다.

특히 보수세력은 진보세력의 미국에 대한 모든 비판을 한마디로 '반미'로 일괄하여 규정하였다. 즉 반미는 친북이었고 사회주의 세력이었다. 반면 친미는 반북이었고 안보와 국가발전을 수호하는 세력이었다. 이러한 이분법적 구도 속에서 반미와 친미의 논리가 전개되었기 때문에 미국에 대한 객관적 인식과 비판은 자리 잡기 힘들었다. 그런데 일반적으로 반미주의는 미국, 미국대외정책, 주요 가치들, 문화, 미국인들에 대한 적대적인 행위나 표현을

보여주었다. 당시 중요한 쟁점은 이라크파병문제, 국가보안법 개정문제, 고교평준화 문제, 부동산 정책이었고 이 사안에 대해 각 언론사들은 다양한 개념, 단어들을 동원해 정치적 입장을 표명하였다. 한 연구에 의하면 이념적 입장의 차이를 더 넓히는 데 언론사들이 기여하지 않았고 오히려 현실적으로 존재하는 차이를 언론사들이 충분히 반영하지 못했다는 점이 드러났다. 이러한 미분화된 태도가 입장의 모호함을 낳고 모호함 속에서 갈등을 반복하는 경향이 있었다(한준, 설동훈, 2007). 즉 분화된 이념에 따라 생산된 정책적 지식에 입각한 논쟁이 부재한 것이 이념논쟁을 가열시켰다는 사실이다.

말한다. 반미주의에는 문화적 반미주의, 정치적 반미주의가 있다. 반미에는 미국의 특정한 정책에 대한 비판과 미국에 대한 전체적 거부가 있다. 전자를 반미감정, 후자를 반미주의로 보기도 한다. 반미감정은 미국에 대해 완전히 적대적 태도를 보이는 것이 아니라 미국의 특정한 정책이나 행위를 싫어하는 것이다(김진웅, 2003).[16]

이러한 한국 사회 이념갈등의 뿌리는 매우 깊다. 그 뿌리는 권위주의정권하에서 무의식중에 자리 잡은 이분법적 사고방식과 냉전이데올로기의 정치적 상황 등이다. 서구의 경우와는 달리 국가권력의 통치이데올로기로서의 반공주의는 자유민주주의를 왜곡하였고 '적'과 '우리'를 구분하는 명쾌한 판단의 잣대였다. 반공에 저항하거나 비판하는 세력은 용공세력이자 국가전복세력으로 '비국민', '비시민'이었다. 그러나 민주화과정을 거치면서 반공이데올로기의 허구성이 드러나고 다양한 이념적 논리와 철학이 수용되면서 '보수와 진보'의 갈등으로 표현되는 다양한 이념갈등이 분출되기 시작하였다. 그러나 이념갈등이 공동체의 운영원리가 아니라 정파적 이익을 염두에 두고 진행되었다는 것이 문제였다. 더군다나 언론은 이러한 사회현상에 대한 합리적인 진단보다는 편향된 목소리를 통해 한국 사회 이념 갈등을 더욱 부추기고 있었다(서울대학교 한국정치연구소, 2014).

이와 같이 이념갈등의 범위가 북한문제와 같은 정치적 이슈에 국한되지 않고 경제, 사회, 문화, 교육, 복지 등 모든 영역으로 확산될 뿐 아니라, 갈등표출 시기 또한 특정 시기로 국한되지 않고 일상화되고 있다. 이념갈등이 일상화되고 있다는 것은, 이념갈등이 공적 영역이 아니라 사적 영역에서 빈번하게 나타나고 있다는 것을 말한다. 사적 공간에서의 갈등은 친밀한 대면적 접촉을 가로 막을 수도 있고 공적 문제에 대한 토론과 대화를 통해 공중, 혹은 교양 있는 시민으로서의 성장을 방해하는 요인이 될 수도 있다. 이는 공공성에 관한 진지한 고민이나 숙의를 약화시키고 공중이 아닌 군중으로서의 대중으로 머물게 하는 위험한 요인일 수도 있다.

---

16 혹은 미국에 대한 일시적 비판이나 반대도 반미의 범주에 넣어야 한다는 주장과 미국에 대한 지속적인 혹은 체계적인 비판이나 반대만 반미로 봐야 한다는 견해도 있다(이장희, 2002).

　　모든 사회쟁점의 이념화 현상은 갈등의 해결을 어렵게 만들고 있다. 사회쟁점에 대해 정당, 시민사회, 국민 개개인이 진보와 보수의 갈등구조 속에 편입되어 그 쟁점, 특징, 해결방안을 진지하게 고민하고 함께 논의하기 보다는 진영정치를 공고화하고 상대방을 공격하는 양상이 전개되고 있는 것이다. 이념성향의 차이는 주요 이슈에 대한 태도뿐 아니라 민주주의 그리고 정당 및 대통령 선호도에 있어서도 영향을 미치고 있다. 이러한 것은 이념의 차이가 단순히 사고의 다름의 문제가 아니라 한국 사회 전체 수준에서 보면 민주주의 수준을 저하시키는 근본적 문제도 내포하는 것임을 보여준다.

　　한국 사회에서 진보와 보수 사이의 갈등은 심하지만 특정 이슈에 대한 이들의 입장은 내용상 비슷하다. 〈표 4-5〉에서 보듯이 일반적으로 진보와 보수가 사회이슈와 경제이슈에 있어 의견 차이는 크지 않게 나타나고 있다. 크게 차이가 나는 이슈는 한미동맹, 국가보안법 폐지, 북한지원증대 등 외교통일분야와 공기업 민영화 부문이었다. 이렇게 볼 때 한국 사회에서 이념갈등의 핵심에는 북한과 통일문제가 개입되어 있음을 알 수 있다. 한미동맹 강화에 대해서는 진보, 중도, 보수 세 집단 모두 찬성하는 입장이나 보수가 진보나 중도 집단에 비해 찬성하는 비율이 높게 나타났다. 한편 국가보안법 폐지와 북한지원 증대에 대해서는 세 집단 모두 반대하는 입장이나 상대적으로

표 4-5　이념별 이슈태도 평균 값(1=매우 반대, 4=매우 찬성)

이슈	진보	중도	보수
한미동맹 강화	2.77	2.87	3.12
국가보안법 폐지	2.29	2.27	2.05
북한지원 증대	2.14	2.13	2.06
복지 증대	2.71	2.65	2.62
고소득자 세금인상	3.51	3.39	3.42
공기업 민영화	2.02	2.26	2.56
체벌 허용	2.72	2.67	2.87
대체복무 허용	2.07	2.02	2.04
사형제 폐지	2.17	2.12	2.07

자료: 서울대학교 한국정치연구소. 『한국형 사회갈등 실태 진단연구』. 2014.

진보가 중도나 보수 집단에 비해 덜 반대하는 입장을 보여주었다. 경제 이슈에 있어서는 복지증대와 고소득자 세금인상에 대해 세 집단 모두 찬성하는 태도를 보이고 있고, 공기업 민영화에 대해서는 진보와 중도 집단은 반대하는 입장에 가까운 반면, 보수집단은 찬성하는 입장을 보였다. 사회이슈에 있어서는 세 집단 간에 동일한 태도를 보여주었다. 즉 체벌 허용에 대해서는 세 집단 모두 찬성하는 입장이 강하고, 대체복무와 사형제 폐지에 대해서는 모두 반대하는 태도를 보여주었다. 이렇듯 한국 사회에서는 진보와 보수는 다양한 사회쟁점에 관해 뚜렷한 입장 차이를 보여주면서 대립하기 보다는 사안에 따라 유사한 태도나 혹은 크게 구분되지 않는 입장을 가지고 있었다. 그러나 이념갈등은 분명히 존재한다. 특히 북한과 통일문제에 있어서는 그 차이가 다른 사안에 비해 잘 드러나며 이것이 그 갈등의 핵심적 사안이 된다는 점은 부인할 수 없다.

표 4-6 보수의 이념표상

문항		보수 → 진보		보수 → 보수	
개혁	긍정	236(22.5)	1	20(2.0)	
기득권	부정	65(6.2)		131(12.8)	3
열린 사고	긍정	92(8.8)	4	43(4.2)	
좌경	부정	53(5.1)		24(2.3)	
합리성	긍정	59(5.6)		101(9.9)	4
청렴	긍정	38(3.6)		16(1.6)	
분배	긍정	49(4.7)		35(3.4)	
안정	긍정	22(2.1)		196(19.1)	1
정체	부정	10(1.0)		100(9.8)	5
정직	긍정	19(1.8)		65(6.3)	
혼란	부정	126(12.0)	2	16(1.6)	
급진	부정	114(10.9)	3	9(0.9)	
친북	긍정	89(8.5)	5	11(1.0)	
성장	부정	56(5.3)		73(7.1)	
권위적	부정	20(1.9)		184(18.0)	2
합계		1048(100)		1024(100)	

자료: 서울대학교 한국정치연구소.『한국형 사회갈등 실태 진단연구』. 2014.

그 다음 보수와 진보가 각자를 어떻게 인식하고 있는지, 그리고 상대방을 어떠한 시각에서 바라보고 있는지를 살펴본다. 이는 이념대결이 '나'의 진영이 아닌 '타자'의 진영을 바라보는 것에서 나온다는 점에서 상대에 대한 인식은 갈등의 원인이 무엇인지를 진단할 수 있는 단서가 되기도 하고 '자신'진영의 정체성에서 무엇을 중시하는지를 알 수 있는 내용이다.

〈표 4-6〉에서 보듯이 보수가 진보에 대해 갖는 표상을 보면 개혁(22.5%), 혼란(12%), 급진(10.9%), 열린 사고(8.8%), 친북(8.5%) 등이 다수를 차지하고 있었다. 한편 보수가 스스로에 대해 갖는 표상은 안정(19.1%), 권위적(18%), 기득권(12.8%), 합리성(9.9%), 정체(9.8%) 순으로 나타났다. 전체적으로 보았을 때 보수가 인식하는 진보의 표상은 개혁, 열린 사고, 성장 등 긍정적 단어가 54.4%를 차지하였고, 혼란, 급진, 친북 등 부정적 표상은 45.6%를 차지하여 긍정적 표상이 좀 더 많은 것으로 나타났다. 한편 보수가 인식하는 스스로에 대한 전체적인 표상은 안정, 합리성, 정직 등 긍정적 단어가 53.6%를, 그리고 권위적, 정체, 기득권 등 부정적 단어가 46.5%를 차지하였다. 보수가 스스로에 대해서보다 진보에 대해서 좀 더 많은 긍정적 인식을 갖고 있었다. 보수는 진보집단의 개혁성에 대해서는 긍정적으로 평가하나, 혼란, 급진, 친북 등과 같은 부정적 인식을 상당히 갖고 있었기 때문에 이러한 개념을 중심으로 진보를 규정하여 그 갈등이 약화되기 어려울 수 있다는 생각을 갖게 한다. 한편 보수집단은 스스로를 안정을 추구하고 합리적이라고 긍정적 인식을 하는 반면 동시에 권위적이고 기득권을 추구하고 정체되어 있다는 부정적 인식 또한 갖고 있었다. 이러한 조사 결과를 보았을 때 보수는 스스로가 생각하는 부정적인 정체성을 개선하고 그것을 탈피하고자 하는 실천적 노력이 필요하다. 동시에 진보에 대해 가지고 있는 긍정적 이미지를 적극적으로 수용하여 진보에 대한 편견이나 고정관념을 타파하려는 노력이 필요하다고 본다.

진보가 생각하는 보수의 이미지도 다양했다. 〈표 4-7〉을 보면, 진보집단은 보수에 대해 권위적(23.1%), 정체(16.6%), 기득권(16.1%), 안정(10.4%), 합리성(5.7%) 등과 같은 표상을 갖고 있으며, 스스로에 대해서는 개혁(27.6%), 열린 사고(15.8%), 급진(9.1%), 성장 (9.1%), 합리성(8.3%) 등의

| 표 4-7 | 진보의 이념표상 |

문항		진보 → 보수		진보 → 진보	
개혁	긍정	9(0.8)		295(27.6)	1
기득권	부정	171(16.1)	3	35(3.3)	
열린 사고	긍정	25(2.3)		169(15.8)	2
좌경	부정	46(4.3)		9(0.8)	
합리성	긍정	61(5.7)	5	89(8.3)	5
청렴	긍정	19(1.8)		65(6.1)	
분배	긍정	41(3.8)		67(6.3)	
안정	긍정	111(10.4)	4	29(2.7)	
정체	부정	177(16.6)	2	11(1.0)	
정직	긍정	31(2.9)		31(2.9)	
혼란	부정	52(4.9)		42(3.9)	
급진	부정	18(1.8)		97(9.1)	3
친북	부정	28(2.6)		19(1.8)	
성장	긍정	31(2.9)		97(9.1)	3
권위적	부정	246(23.1)	1	14(1.3)	
합계		1066(100)		1069(100)	

자료: 서울대학교 한국정치연구소. 『한국형 사회갈등 실태 진단연구』. 2014.

표상으로 인식하였다. 즉 진보는 보수집단에 대해 권위적이고 정체되어 있으며 기득권을 추구한다고 생각하였다. 이점은 보수 스스로도 인식하고 있는 표상이어서 보수집단이 극복해야 할 과제임을 알 수 있었다. 진보가 갖는 이념표상을 전체적으로 보면 보수에 대해서는 합리성, 성장 등 긍정적 표상이 30.6%를 차지한 반면 권위적, 정체, 기득권 등 부정적 표상이 69.3%로 절대적으로 많았다. 진보가 스스로에 대해 갖는 표상은 개혁, 열린 사고, 성장 등 긍정적 단어가 78.8%가 절대적으로 많았고, 급진성, 혼란과 같은 부정적 표상은 21.2%에 불과하였다. 이렇게 볼 때 진보는 자신들을 개혁, 열린사고 등 매우 긍정적으로 평가하였고 상대 보수에 대해서는 반대로 권위적, 기득권 등 매우 부정적으로 생각하고 있었다.

지금까지 본 바와 같이 한국의 보수와 진보는 정책적인 면보다는 정파적인 면과 결부되어 있다고 말할 수 있다. 특히 대통령이나 여당의 정책에 대한 야당이나 시민단체 등의 비판이나 공격이 시작되면 신문과 방송은 중립적 입장보다는 특정 세력을 적극적으로 지지하면서 이념대결이 증폭되는 경우가 많다. 이 때문에 정책에 대한 심층적인 검토와 숙지보다는 그 정책을 지지하는 정파에 따라 입장이 극단적으로 분할되는 경우가 많다. 중립적인 입장을 취하는 중도세력이나 타협을 이끌어내고자 하는 세력들은 양 극단의 입장에 의해 배제됨으로써 '극단의 정치'가 더 강화된다. 이와 같이 이념을 통해 정책과 선호 세력이 결정되기보다는 선호하는 정치세력을 통해 이념과 정책이 형성되는 모습을 보인다는 점은 한국정치의 후진성, 나아가 사회갈등을 왜곡, 강화하는 결과를 낳게 된다. 진보와 보수집단이 서로를 배타적이고 적대적으로 인식하고 중도적 입장을 배제한다면 한국 사회에서 가치의 차이는 서로 극복할 수 없는 장벽이 될 것이다. 이는 결국 사회갈등을 더욱 심화시키는 결정적인 원인이 될지 모른다.

이념갈등의 극복은 대화와 타협이라는 시민사회의 정상문화의 정착을 필요로 한다. 이는 무엇보다도 국민들 사이의 갈등을 수용하고 이를 정치적 문제로 해결할 정치권과 정당의 역할을 필요로 한다. 단순히 말하면 정당정치의 확립이고 다른 시각에서 보면 신뢰와 타협의 문화에 기초한 정치문화의 개혁이다. 이들은 통일을 위한 합의 기반이 될 것이다. 그러나 이념갈등은 때로는 긍정적 역할을 하기도 한다. 미래 한국 사회의 한국 사회에서의 이념갈등이 경제, 사회, 문화의 다차원적인 이슈들과 중첩되면서 사회적 불안과 분열을 초래하고 있지만, 시민들의 이념논쟁의 긍정적 기능도 존재한다(유희정·이숙종, 2016). 왜냐하면 이념적 다양성은 사회문제를 해결할 수 있는 풍부한 시각을 제공하고 그 사회기 해결해야할 사안들을 중요한 과제로 부각시키기도 하기 때문이다. 그리고 국민의 다수가 선호할 수 있는 정책의 합의점을 찾는 긍정적 기회가 되기 때문이다. 문제는 이러한 다양성과 차이를 서로 존중하고 인정하는 자세와 태도, 나아가 정치세력들의 '정치'에 대한 공공성을 복원하겠다는 의지이다.

제 3 절 **한국정치와 이념갈등**

　　민주화 이후 한국 사회의 민주화 공고화과정에 대해 긍정적 평가를 내리기는 힘들 것이다. 최근 박근혜 대통령의 탄핵사건을 예로 들지 않아도 사회 전반의 민주화 진행과정을 보면 부정적 평가를 내릴 수 밖에 없다. 민주화의 실패는 단순히 정치제도와 질서의 실패가 아니라 사회 각 영역의 입체적인 민주화의 정착이 잘못되었음을 의미한다. 민주화과정을 거치면서 대통령의 권한 및 국가의 권한 등을 민주화해야했지만 이 문제가 본질적으로 논의되지 못한 채 과거의 권위주의적이고 비민주적인 권력 및 권한행사 형태가 여전히 남아 있다. 때로는 대통령 권력의 사인화 현상이 나타나고 청와대, 행정 관료들이 정당을 배제한 채 독점적으로 권력을 행사하여 민주주의의 발전을 가로막기도 하였다. 대통령제도 자체가 승자독식의 성격이 강했기 때문에 권력행사가 제도와 법에 따라 이루어지지 않는 경우도 많았다. 혹은 측근과 비선조직이 정책을 좌지우지하거나 지대추구 행위가 만연하여 정치가 합리적으로 실천되기 어려웠다(윤성이, 2015: 50). 이러한 점들은 사회적, 정치적 갈등을 유발시키는 원인이 되기도 하였다.

　　그렇다면 왜 민주주의는 위기이며 사회갈등은 증가하고 있는가. 민주주의는 대중들의 요구에 민감하게 반응하도록 고안된 정치질서이다. 그러나 한국 사회의 경우 갈등을 정치의 틀 안으로 가져오고 이를 정치적 결정을 위한 의제로 만들어야 할 정당의 역할이 잘 수행되지 않았다(최장집, 2002: 206). 한국 사회에서 정당체제의 문제는 정당이 사회의 다양한 이익과 요구들을 대표하지 못한다는 점이다(최장집, 2004: 202). 특히 한국 사회처럼 매우 빠르게 근대화, 산업화를 추진하고 사회전반에 걸쳐 이해관계의 충돌, 가치관과 이념의 격돌이 예상되는 경우 정당이 국민의 의지를 제대로 반영하지 못하고 내부적인 합의와 통합을 제대로 실현하기 어렵게 된다. 냉전시대 붕괴와 세계화, 다문화시대의 환경과 민주화 이후 다양한 집단과 세력들의 이해관계의 대립이 끝없이 분출하였으나 이를 정책적으로 수용하여 제도화할 정당과 의회의 역할은 미진하였다. 이는 결국 사회갈등의 공론화과정이 생략된 채 사회전반을 대결구도로 만들었다.

최근에는 불평등 현상이 심화되면서 탈근대적 문제뿐만 아니라 근대적인 위험, 즉 계층갈등, 노사갈등 등이 줄어들지 않고 있다. 사회적으로는 자살자의 증대, 노동시간의 증대, 행복도의 저하, 청년실업률 증가 등 사회의 모든 면이 불안해지고 있다. 즉 위험사회를 넘어 초위험사회로 진입하는 양상이다. 이에 따라 정치권이나 정당에 대한 불신이 늘어나고 현재 상황에 대한 불만은 증가하고 있다. 그리고 청년세대를 중심으로 미래에 대한 불확실성이 증가하고 있다. 이러한 상황 속에서 사회적 분노와 불신이 팽배해지면서 집단 간, 세대 간, 계층 간 불신과 갈등이 심화되고 있다. 따라서 작은 갈등이 사회적 위기를 불러올 만큼 매우 불안정한 사회로 변화하고 있다.

현 한국 사회에 사회갈등을 해결할 능력이 있는지가 의문시되고 있다. 민주주의는 경쟁하는 다양한 정치조직들과 리더들이 만들어낸 대안들 가운데 하나를 대중들이 자발적으로 선택하는 정치체제이다(Acemoglu and Robinson, 2006: 17). 정치권력을 통해 다른 집단의 저항에도 불구하고 자신들의 이익을 실현하는 능력이 현대사회의 정치의 핵심이 된다. 그러나 그 권력은 정치영역에서만 확보되는 것이 아니라 광범위한 사회영역의 확보를 필요로 한다.[17] 이를 위해서는 시민사회의 동의 등 다양한 집단으로부터의 협력과 지지가 필요하다. 그러나 이러한 협력보다는 기형적 정치행태와 무능력한 정당의 구도는 시민사회의 갈등과 대립을 오히려 증폭시켰다. 그러나 이것은 단지 정당과 의회만의 책임은 아니었다. 최근의 사태에서 보듯이 대통령과 관료집단의 문제도 지적하지 않을 수 없다.

한국 사회에서 대통령은 관료의 통제, 의회와 정당의 설득, 시민사회의 지지 등을 필요로 한다. 민주화 이후 대통령은 관료에 대한 정치적, 민주적 통제를 통해 정책적 일관성과 집행능력을 확보해야 하고 정당과 의회에 대한 설득과 협상을 통하여 정책, 예산, 법률을 통과시켜야 한다(김용복, 2007:

---

17 이 때문에 민주주의를 단순히 정치학이 아니라 정치사회학으로 사유하는 일이 필요하다. 그것은 민주주의를 사회와의 관계 속에서 일차적으로 파악하고 사회와의 관계 속에서 정치를 사유하고 분석하는 것을 말한다. 이때 권력의 문제, 민주주의의 통치문제도 단순히 권력을 누가 소유하고 있는가 하는 문제가 아니라 권력이 어떻게 작동하는가에 대한 문제의식과 관련되어 설명되어야 한다(조희연·장훈교, 2013).

12). 그러나 역대 대통령들을 보면 관료의 정치적 통제를 통해 정책적 일관성을 유지했기 보다는 편중인사, 정실인사 등으로 관료의 정치화를 가져왔다.[18] 이는 대통령 제도의 원칙, 목적, 내용에서 요구되는 헌정주의에 위반되는 일이었다.[19]

민주화이후 5년 단임제가 정착되면서 관료들의 속성도 변화하였다. 관료들은 교체되었지만 여전히 복지부동, 전문성결여, 무책임성 등이 증가하였고 정책이슈의 복잡성이 증대하면서 정부 부처 간 정책갈등이 증대하고 부처 이기주의, 관료집단이기주의가 팽배하기 시작하였다. 민주화가 되었음에도 불구하고 관료들의 권한은 더 커졌고 그들의 관료적이고 폐쇄적인 성향은 줄어들지 않았다. 한국에서 관료는 정권이 교체되었음에도 불구하고 그 영향력은 더욱 강화되었고 국가가 독점적으로 자원을 배분하는 과정에서 기득권층으로 편입되었다(고세훈, 2013: 73). 정치가 무기력해진 틈을 타 임기를 무제한으로 보장 받는 관료들은 대통령과 의회의 빈틈을 채워나가면서 그들의 권력을 확대해나갔다. 민주화 이후 정치가 실종된 자리를 정책적 효율성을 숭배하는 관료들이 메우기 시작하였다(최형익, 2013: 26). 민주화 이후 정부들은 역설적으로 권위주의 시대의 정부보다 더 관료에 포획된 정부가 되고 말았다. 이는 사회전반의 갈등을 국민들의 다양한 시각 속에서 그 해법을 찾기보다는 막스 베버(Max Weber)의 지적처럼 'iron cage'의 협소한

---

18 이러한 문제가 있기 때문에 바람직한 대통령의 리더십을 책임윤리적 리더십으로 설명하기도 한다(임혁백, 2011: 63). 책임윤리적 리더십은 대중을 설득시켜야 한다는 강박관념을 버리고 시민들과 감성적 공감대를 형성하는 과제를 중시한다. 정치는 권력을 획득하고 보존하며 유지하는 것이 주 목적이지만 지도자는 비르투(virtue)의 리더십을 필요로 하는 것이다(임혁백, 2011: 78).;인사정책은 특히 정부출범시기에 매우 중요하다. 정부의 핵심인물은 그 정부의 국정목표와 국가비전을 잘 이해해야 하고 자신이 담당한 조직의 업무를 신속히 파악하고 조직을 장악할 능력을 갖추어야 한다. 이를 위해서는 당선 전 미리 주요 요직에 대한 인선을 구상하고 국정운영을 준비해야 한다(함성득, 2012: 280-281).
19 한국 사회에서 이념논쟁을 심화시키는 원인 중의 하나는 대통령의 문제이다. 가령 새누리당과 박근혜 대통령에 대해 진보집단이 각각 100점 만점에 37.19점과 41.67점이라는 낮은 점수를 준 반면, 보수집단은 각각 60.20점과 65.79점으로 비교적 후한 점수를 주고 있다. 한편 사회쟁점에 대한 태도가 아니라 대통령에 대한 평가가 가장 중요한 요인으로 나타난다. 이념집단 간에 사회쟁점에 대한 인식 차이 는 크지 않지만, 대통령과 집권당에 대한 평가는 뚜렷이 갈리는 것이 우리 사회 이념 갈등의 실체라 할 수 있다. 사회쟁점에 관해 이념집단 간 차이가 있다면 토의와 조정의 과정을 거치면서 합의점을 찾을 수 있을 것이다(윤성이, 2015).

시각 속에서 찾게 될 가능성을 높이게 된다.

그러나 불행하게도 한국 사회를 보면, 시민사회는 공익창출의 안정적 기반으로 기능하지 못하고 민주주의는 위기에 직면하고 있다. 정당이 제대로 기능하지 못함에 따라 대통령의 리더십도 합리적으로 발휘되지 못하고 있다. 때로는 사전에 정책대안을 철저히 준비하지 않은 상태에서 대통령후보가 정당 내에서 먼저 선출되고 마지막에 정책대안을 만들고 국가의제를 제시하거나 통치이념을 확립하는 경우가 발생한다(최장집, 2008: 90). 특히 한국 사회의 정당은 사상 또는 철학적 기반에 의해 형성되기 보다는 사적 이익에 따라 움직여왔고 특정 인물 중심으로 형성되었다. 따라서 정당 경쟁은 정책 경쟁보다는 불필요한 이념적 양극화로 변질되었다. 또한 공천과 기득권을 위해 당의 가치보다는 특정 정치인을 추종하는 형태가 지속됐다. 이러한 형태는 서구처럼 정강정책에 기반 하여 정당이 만들어지고 발전하는 것보다는 매우 소모적인 대립이나 증오의 정치를 낳았다. 이에 따라 모든 정치적 이슈가 진보와 보수, 이분법적으로 단순화되어 극명하게 대립하고 그 영향은 국민전체에게 미쳐 이념갈등을 강화하기도 하였다.

민주주의에서는 정치제도가 권력의 할당, 권력의 향방을 결정한다. 정치제도는 정치권력의 영향을 받는다. 서구의 민주주의의 역사는 대중이 정치권력을 동원하여 비민주적인 질서를 민주주의로 변화시키기 위한 투쟁과 노력의 역사였다. 그런데 민주주의의 역사는 단순히 대중이 권력을 획득한 역사라기보다는 때로는 엘리트가 혁명적 위협과 정치적 이해의 득실을 고려하면서 대중들에게 일정한 부를 양보하고 대중과 타협한 역사이기도 하였다. 또한 민주적인 정치제도들이 대다수의 권력의 영향을 받고 집단 간의 불평등이 약할 때 민주주의는 신장될 수 있다(Acemoglu and Robinson, 2006: 24-36). 그러나 한국의 불평등 현상을 보면 권력의 균형이 깨졌거나 민주적인 제도들이 효과를 발휘하지 못하였기 때문에 발생한 것이었다.[20] 이러한 불평

---

20 개인민주주의 시대는 연대와 포용의 정치보다는 개인들의 자유, 소유의 권리만을 강조하는 시대이다. 물론 그러한 대중들의 참여가 줄어들고 탈정치화 되는 시대에 평등과 같은 집단적 권리보다는 개인의 권리가 우선시되는 것은 당연하다. 그러한 것들을 인권, 민주주의로 표현하기도 한다. 과거에는 인권, 민주주의가 국가에 의해 적대시되고 불온시 되었지만 이제 인권은 많은 국가들이 지향하는 중요한 개념이 되었다. 이에 따라 국가중심적인 정치에

등은 단순히 양극화나 빈곤의 문제만을 발생시키는 것이 아니라 계층갈등,
노사갈등, 이념갈등의 원인이 되기도 한다.

　그런데 문제는 사회의 다양한 갈등은 단순히 행정이나 통치의 문제로 풀
릴 수는 없다는데 있다. 갈등해소를 위해서는 갈등의 문제를 정치영역으로
흡수하고 이를 공동체 문제로 전환하여 정치적 결정을 위한 의제로 만들어
야한다(최장집, 2002: 206). 앞에서 지적했듯이 한국 사회는 정당들이 사회의
다양한 이익과 요구들을 대표하지 못하기 때문에 정당체제가 문제가 되고
있다(최장집, 2008: 202).[21] 선거를 위해 존재하는 포괄정당의 성격이 강한 한
국정당구조 속에서 반공주의는 정당의 다양성을 방해하였다. 이로 인해 진
보적 이념의 정당이 자리 잡기 힘들었고 정치 경쟁의 이데올로기 지평은 매
우 협소하였다(최장집 외, 2017). 그럼에도 불구하고 이념적 대립이 사회 전
반에 강하였으나 다른 측면에서는 사회경제 정책 등 주요 정책에서는 주요
정당들의 정강정책이 큰 차이가 없었다. 이 때문에 한국의 정당들은 유권자

서 대중참여적인 정치, 시민사회중심적인 정치로 변화하고 있다. 그러한 변화는 흔히 민주
주의로의 이행, 민주주의의 공고화로 설명된다. 다양한 시민단체, 조직들이 참여하는 범위
와 강도가 높아짐에 따라 인권의 규범은 민주주의의 발전의 중요한 척도가 된다. 인권은 이
제 한 국가의 규범 척도가 아니라 전 세계의 민주주의의 질을 평가하는 객관적 기준이 되었
다. 이러한 특징은 탈냉전 이후 신자유주의 시대에 더욱 강화되고 있다. 영향력 있는 유력
단체들이 각 국가의 인권을 평가하고 그들은 도덕적 사업가로 나서고 있다. 세계화, 개방
화 시대에 민주주의와 인권을 표방하는 단체들이 주요 행위자로 등장하게 되었고 이들은 다
양한 전문가들과 대기업이 지원하는 재단 등의 지원을 통해 영향력을 더욱 확대하고 있다.
그 움직임의 핵심에 미국이 있다. 미국의 인권정치는 이제 전 세계의 규범이 되었고 전 세
계에 '시장민주주의'가 구축되고 있다. 미국의 민주주의 수출은 새로운 형태의 정치적, 법률
적, 학문적 제국주의의 등장을 촉진하고 있다(Guilhot, 2014: 39). 미국의 민주주의 재단들
은 실제로 정보기관이나 국가권력과 밀접한 연관을 갖고 있는 사람들에 의해 운영되고 있
다. 과거 냉전시대에 반공산주의운동을 벌였던 세력들이 이제 민주주의의 옹호자로 나서면
서 인권의 정치가 전 세계로 확장되고 있다. 세계화 시대에 계급정치, 노동정치, 이데올로
기는 종식을 고하게 되었고 중산층이 주도하는 정치가 정치안정과 민주질서를 공고화하는
것으로 이해되고 있다. 중산층의 정치는 개혁의 정치, 자유의 정치를 지향한다. 이러한 정
치의 핵심에 미국식의 민주주의의 논리가 있다. 미국의 권력증가는 인권의 성장을 고무하
며 민주주의의 확산은 미국의 영향력을 강화하고 있는 것이다(Guilhot, 2014: 135).

21 정당체제의 문제는 문민화이후의 과정에서도 해결되지 못하였다. 소위 3김 시대의 민주
주의도 여전히 민주적 책임성과 응답성을 결여한 엘리트 민주주의를 벗어나지 못했고 가부장
주의, 지역주의, 보스주의, 가신주의, 패거리정치, 위임주의로 인해 민주주의로 도약하지
못하였다. 전근대적 유교적 가산주의를 청산하지 못하고 신자유주의 물결 속에서 공공성이
실종되고 상업적 시민의 영역이 공적 시민의 영역을 압도하게 되었다(임혁백, 2011).

들의 이해관계와 정치적 의견을 수렴하지 못하고 이념적, 정책적 균열을 극단적으로 보여주고 있다. 유권자들의 의식과 달리 정당들은 기존의 이념구도와 지역주의를 이용하여 양극단의 정치를 추구하는 성향이 선거 때 자주 나타나고 있다. 이러한 경향은 소셜네트워크 정치시대에 더욱 강화되고 있고 주요 정책이나 법안에 대해 당파적이고 양극화된 형태를 보여주고 있다(조화순·송지향, 2015: 42-43). 이는 또한 온라인상에서의 이념갈등, 세대갈등 등으로 전개되기도 한다.

한국정치는 책임정부, 정당정부라는 기본적인 민주주의의 성격을 갖지 못한 채 선거에만 과도하게 집중하고 반응하는 정치로 발전하였다. 정당은 지지자들 사이에 공유된 인식의 기반을 만들기 보다는 선거에서의 득표만을 과도하게 추구하는 정치로 전락하였다(박상훈, 2015: 300-301). 이 때문에 정치엘리트들이 선거에서의 득표를 위해 양극화된 선택구조의 틀을 활용한다. 그 결과 그러한 양극화된 성향은 강화될 수 밖에 없다. 결국 선거는 양극화된 질서 속에서 객관성 없는 이념논쟁이나 세대 간의 대결을 유도하였다. 이러한 선거의 왜곡은 정치 갈등이 정치권에 수용되지 못하고 불필요한 비용을 치루는 결과를 낳았다(이현우, 2009: 21).

민주화과정 이후 한국의 정치사회는 대화와 타협을 통해 사회적 갈등을 해결하고 합의에 도달하는 방식으로 움직이는 민주주의를 만들어 내지 못하였고 정당 또한 사회갈등의 해결사 역할을 하지 못하였다(임혁백, 2011: 146). 그러나 이러한 문제의 책임이 반드시 정당에게만 있는 것은 아니다. 이 문제의 중요한 해결주체인 대통령의 통치문제도 거론하지 않을 수 없다.

민주화 이후 정치의 실패의 원인은 다양하지만 그 결과는 결국 국민의 정치에 대한 불신을 강화하고 국민간의 통합을 저해하며 장기적으로는 불필요한 사회갈등을 조성한다. 특히 보수와 진보 세력 간의 정권교체가 2번이 있었고 각각 10년 동안 한국 사회를 운영할 권력을 장악하면서 나타난 부정적 결과는 진보와 보수 정권 모두에게서 공통적으로 나타났다. 외환위기 이후 등장한 김대중 정부와 노무현 정부 시기는 근대화, 산업화의 부정적 유산들을 정리하고 합리적인 민주적 질서를 형성하는 과정에서 과도한 이념적 충돌과 대립이 나타났다. 김대중 정부의 대북포용정책은 새로운 남북관계를 여는 역사적 의미가 있었지만 남남갈등이라는 정치권 내부의 이념충돌과 시민사회의 갈등과 분열을 일으킨 사건이기도 하였다. 이로 인해 2000년 이후부터 진보와 보수의 이념갈등이 심화되었고 시민단체의 전면적 등장과 충돌로 인해 사회의 다양한 집단들 간의 갈등도 심화되었다(함성득, 2017). 노무현 정부 시기에는 4대입법과정에서 여야 간 충돌이 정치권의 갈등으로 그치지 않고 시민사회 내부의 대립, 즉 이념대립을 강화하였다. 과거에는 남북문제와 한미관계를 둘러싸고 이념대결이 격화되었지만 다양한 정부정책의 입법화와 집행을 중심으로 전개되었다는 점이 이 시기의 특징이었다.

만약 정치권과 정당이 정책을 둘러싼 논쟁을 합리적으로 진행하고 그것이 갖는 정치적, 사회적 의미를 합리적으로 국민들과 소통하여 정당과 의회에서 효율적으로 여과시키는 경험과 노력이 있었다면 불필요한 소모적 이념갈등과 정쟁은 줄어들 수 있었을 것이다. 덧붙여 이러한 갈등을 정략적, 혹은 인기영합적으로 악용한 언론의 책임이 크다. 특히 뉴라이트가 등장하는데 일조한 주요 일간지와 건강한 보수주의를 확립하기 보다는 남북 간의 긴장을 확대해석하거나 '안보'의 이름으로 모든 정부정책을 단순하게 재단하는 언론과 일부 지식엘리트의 책임도 부정할 수는 없다.

어떻게 보면 국민들 사이에서 나타나는 이념갈등의 내용은 '안보'와 '북한'문제만은 아니고 정치권과 언론이 이를 악용하거나 오도하여 이념적 갈등을 방치하거나 조장하여 확대재생산한 면이 크다. 이렇듯 이념갈등은 복합적인 문제들이 결합되어 나타난다. 이념갈등이 세대갈등이나 지역갈등 등과 연관되어 나타나는 경우도 많았다. 따라서 그 해결책도 단순히 한 가지 차원에서 찾기보다는 사회문화적, 혹은 정치적 측면에서 해법을 모색하는 노력을 기울여야 할 것이다. 그렇기 때문에 무엇보다도 이념갈등의 해소를 위해서는 정치권과 정당의 열린 자세, 정부의 적극적인 노력이 필요하다고 하겠다.

제 4 절 한국 보수주의의 문제와 사회통합[22]

서구의 보수주의는 17~18세기에 탈전통적인 사상이 등장하고 프랑스 혁명에서 영향을 받은 인권사상이 등장하면서 구질서가 급격히 해체되고 새로운 정치질서가 형성되는 과정 속에서 출현하였다. 이 때문에 보수주의는 전통, 권위, 종교, 역사의 개념을 중시하고 진보, 변화, 자유, 탈권위를 지향하는 진보의 사상을 배격하였다. 중세의 기독교 중심적 철학과 전통에 기반한 정치질서를 타파하고 평등 자유 진보의 내용을 강조한 자유주의와 계몽주의 철학은 보수주의와는 양립할 수 없는 것이었다. 탈교권과 인간 중심적 사고를 지향한 계몽주의 철학에 반기를 들었기 때문에 자연스럽게 보수주의는 신 중심적인 사고를 가질 수밖에 없었고 진보와 개혁 그리고 보다 나은 삶을 추구한 계몽주의의 노선을 의심어린 눈으로 바라보게 되었다. 인간과 사회의 거대한 개조와 변신을 통하여 전통과 단절 하고 새로운 질서와 인간형을 추구한 계몽주의적인 기획을 보수주의는 수용하기 힘들었다. 이러한 특징 때문에 서구의 보수주의는 인간은 본성상 종교적 존재이며 건강하고 평화로운 삶을 유지하기 위해서는 종교적 정향을 채택해야 한다고 보았다. 또한 사회는 오랫동안 이어져 내려온 전통과 관습을 고수하고 지켜 낼 때만 안정된 질서를 유지할 수 있는 것이었다. 보수주의는 합리적 이성에 바탕을 두고 사회 문제를 해결할 수 있다는 사고에 반대하기 때문에 이성 대신에 전통, 관습, 관행, 종교에 의지하였다. 이들에게 있어 인간은 불완전하기 때문에 종교에 의해 보완되어야 하는 것이었다. 사회개혁 제도의 변화를 통하여 사회가 발전하고 인간이 진보한다는 사고는 보수주의와 융합될 수 없었다.

서구의 경우 진보와 보수세력 이 근대화 과정에서 자유 경제발전 인권 등 다양한 주제를 매개로 하여 민주적인 틀 내에서 토론과 비판 상호갈등과 조

---

22 이 부분은 윤민재(2004b, 2008)의 논문에 기초하여 작성했음을 밝혀둔다. 이 부분에서는 보수주의의 건강성 회복을 위한 비판적 접근을 시도하고 진보와 개혁세력에 대한 비판은 추후의 과제로 남기기로 한다. 한국의 이념갈등은 단순히 국민들만의 문제가 아니라 정치권에서 파생되는 경우가 많다. 김대중 정부 이후 한국의 개혁적 세력과 진보세력이 가지고 있는 다양한 문제도 이념갈등을 증폭시킨 원인임을 부인할 수 없다. 이들에 대한 상세한 연구는 윤민재(2017)를 참조하기 바란다.

정을 통하여 자신들의 이념을 체계화하였다. 그렇기 때문에 보수주의 철학은 장구한 역사과정에서 건전한 발전의 과정을 구축할 수 있었고 시민사회 속에서 확고한 지지세력을 확보할 수도 있었다. 그러나 한국은 과거 유교의 전통과 역사로부터 어떠한 것도 수용하지 못한 보수세력이 근대화를 급격하게 추진하여 보수주의 철학을 발전시키지 못하였다. 다시 말해서 강정인 교수의 지적처럼 서구는 전통, 권위, 종교, 역사가 보수주의 철학을 성립시켰지만 한국의 근대화 과정에서 보수세력은 과거로부터 물려받은 소중한 자산인 전통, 권위, 종교, 역사를 파괴하거나 왜곡시키는 반전통적 입장을 취하는 성향이 강하다.

그러한 한계는 미국과 북한을 대상화하여 자기정체성을 확보하고 그 대상에 의해 비주체적으로 규정되며 자신의 내면적 반성과 철학적 성찰이 없이 보수는 진보를, 진보는 보수를 적대적 타자로 규정하여 자기 안으로부터 배제함으로써 타자를 악으로 규정하는 비이성적인 자기규정에서 나온 것이었다. 민족주의가 위계적이고 종속적인 전근대적 정치질서를 타파하고 수평적인 인격관계를 지향하면서 근대의 새로운 공동체 원리로 출현하다는 사실은 서구의 역사적인 경험이 보여 주고 있다. 한국의 민족주의의 형성과 발전 과정은 물론 서구와는 매우 다른 경로를 거쳐 왔고 그 성격 또한 매우 다른 면을 가지고 있다. 민족주의는 통합된 가상의 공동체를 만들어내는 것을 목표로 한다. 그러한 가상의 공동체는 구성원들을 동질적이고 일과 직업위세(위계)수평적인 관계로 규정한다. 따라서 구성원들의 다양성과 차이 분열은 허용되지 않는다. 이러한 것들을 정치적, 도덕적 차원에서 합리적인 형태로 수용하여 제도화하면 그러한 차이와 다양성이 오히려 존중되면서 공동체의 역동성을 보다 강화시킬 수도 있다. 이러한 과정에서 민족주의는 아래로부터의 대중들의 자발적인 협력과 동의보다는 위로부터의 민족주의를 선호하며 개인과 집단의 다양성과 차이를 인정하지 않고 동질감과 유대감 형성을 위하여 강압적인 동원방식을 선택한다.

한국의 보수주의는 과거 정권을 쟁취하고 지키는 데 성공했을지 모르지만 민주주의를 완성하고 사회통합과 인류의 보편 가치를 발시키는 데는 실패하였다. 보수주의는 한국 사회라는 공동체의 내용을 사회적 약자 보호, 공동체정신, 자율, 공정성 등의 가치로 채우지 못다. 한국의 보수주의는 서구의 보수주의처럼 과거 속에서 지켜야할 소한 가치들을 찾아내지 못하고 오히려 파괴하거나 변형시키기도 하였다.

새로운 보수로 자임한 뉴라이트 세력이 등장한 원인은 보수세력 내부의 변화에서 찾아볼 수 있다.[23] 한국보수의 고질적인 병폐인 반공과 친미에 기반을 둔 과도한 강조, 사회소외층에 대한 무심, 지나친 권위주의, 지키기만 할 뿐 시대의 변화에 따라 가꾸지 못한 것, 공동체주의를 지향하지 못한 차가운 보수 등을 비판하고 보수를 새롭게 변화시키려는 노력이 다양한 부문에서 나타났다. 이에 비해 기존 보수단체는 새로운 보수세력은 개인의 자유의지를 중시하며 정치적 성격의 운동과 함께 사회발전을 위한 가치운동에도 관심을 가지고 있다고 평가하기도 하였다.

새로운 보수세력은 박정희 정권의 근대화 과정을 거치면서 나타난 사회불평등, 인권문제, 사회차별, 물질만능주의 등의 문제를 치유하고 개선할 수 있는 정책을 제시해야만 했다. 그러나 이들은 현실상태에 안주하고 그로부터 명예, 부와 같은 반사이익을 더욱 추구하고, 그 결과 대중들로부터 더욱 멀어지게 되었다(임희섭, 2007: 24). 이러한 문제에 하여 진보진영은 보수세력과는 달리 문제의 원인과 본질을 읽어내고 문제의 해결책을 찾고자 다양한 시도를 하였다. 이 때문에 보수진영 자체에서도 보수세력은 진보진영에게 시대정신 해독능력, 시대정신 창조능력을 빼앗기고 무기력한 반응형 보수로 전락했다는 자성의 목소리가 나타났다(박효종, 2007: 159). 보수세력들은 국가의 다양한 기구와 조직을 통해 표현되는 인위적 질서만을 강조하다 보니 지시와 강압, 상명하복, 감시 등의 개념과 메커니즘으로 구성된 권위주의 질서만을 소중하게 여기는 관행을 갖게 되었다(박효종, 2005: 45).

시대의 변화에도 불구하고 보수세력이 그 사상적 기초를 견고하게 유지

---

23 민주화 이후 자유민주주의를 수호하려는 자기정립적 보수세력과 민주화 이전 명분으로만 자유민주주의를 수호하려던 자기배반적 보수세력이 나뉘어진다. 후자가 바로 뉴라이트세력이다. 이들은 이전 보수세력이 지키고자 하는 정치현실의 핵심적 내용이 모호하다고 비판한다. 뉴라이트가 보기에 이전 보수는 기존질서를 파괴하고 변화를 모색하지 않는 과거에 침잠한 세력이고 자신들은 지속적으로 혁신하고자 하는 현재진행형 보수라고 자칭하였다. 과거 보수세력은 공산주의를 반대하는 것이 자유민주주의로 이해하는 표면만 보수인 원칙 없는 보수였다.

하는 밑바탕 에는 대미대북관계에 대한 확고한 인식과 개혁과 진보에 대한 비판이 있다. 그것은 이상적 논리, 확고한 신념과 원칙이라기보다는 해방 직후부터 보수세력에게 이어져 온 비정상적 '마음의 습속'(habits of the heart)일지도 모른다. 민주주의의 발전에 중요한 가치인 책임, 신뢰, 협동, 배려, 유대 등의 마음의 습속이 서구 사회의 시민정신의 큰 축이었다면 한국 사회 보수세력의 마음의 습속은 북한과 미국이라는 타자를 중심으로 자신을 성찰하는 민족주의와 자기혁신과 자기초월이 없는 정체된 자의식이라고 할 수 있다. 서구의 경우처럼 진보주의에 대응하는 형태로 보수주의가 치열하게 고민하는 자세 속에서 자신들의 철학을 풍요롭게 하지 못하고 발전의 싹을 스스로 절단해 버리는 우를 범한 것이다. 물론 우리의 경우 서구의 근대화 과정과는 매우 다른 역사적 경험을 가지고 있지만 그 발전의 근원을 해방 직후에 마련할 수 있었음에도 불구하고 근본적으로 자신의 성찰과 거울상의 역할을 할 수 있는 진보의 내용을 한국정치사회에서 삭제함으로써 보수주의 철학의 생성과 발전의 토대를 무너뜨리는 결과를 초래한 것이다.

보수세력은 민주주의를 실현하려는 임무를 공산주의 위협으로부터 지키는 임무로 대체하고 자유민주주의를 반공과 동일시하였다. 반면 유럽에서는 보수세력이 근대화에 저항하고 반발하는 과정에서 전근대적 질서를 옹호하려는 노력의 결실로 보수주의가 출현했다(강정인, 2009). 한국은 근대화를 위해 과거의 전통과 역사로부터 단절을 추구하는 보수세력이 근대화를 추진하였다. 이때 중심에는 반공주의가 있었다. 경제성장논리와 함께 반공주의는 발전과 성장을 뒷받침하는 수단이자 반정부세력과 비판적 시민사회를 적대시하고 배제하는 논리이자 힘이었다.

탈냉전시대 이후 한국 사회의 보수와 진보 간의 이념갈등은 더욱 깊어갔다. 특히 김대중, 노무현 정부의 시기에는 대북정책을 중심으로 보수진영의 공격이 거세졌다. 탈냉전 이후 보수세력은 좀 더 정교하게 자신들의 이데올로기와 사상을 다듬고 야당으로의 정권교체 이후 개혁적인 모습을 보여주어야 했지만 과거 보수세력의 강경한 대북정책, 통일정책을 더욱 강하게 추진하였다. 이것은 자연스럽게 이념갈등, 남남갈등을 유발하였다. 진보와 개혁세력들은 이러한 보수세력을 일방적으로 수구적 보수로 보고 냉전, 반북, 반

통일, 반평화로 규정하였다. 반대로 보수세력은 진보세력을 친북, 좌파로 규정하였다. 이러한 보수와 진보의 대립은 김대중 대통령과 김정일의 정상회담 전후로 더욱 강화되었다. 주요 일간지들이 1990년대 10년 동안 수구를 쓴 건수는 5천여 건이었지만 2000년 대 10년간은 1만 4천건이 넘었다(권용립, 2015). 진보세력은 보수세력을 시대착오적인 수구로 바라보았다. 남북관계에 영향을 받아 보수세력은 진보와 종북, 친북을 구분하지 않았고 진보세력은 보수와 수구를 구별하지 않았다. 이에 따라 한국 사회에서 보수와 진보의 내용은 엄밀한 검증을 거쳐 철학적 차이로 쓰이지 않고 정치세력이 자신의 이익을 위해 상대방을 극단적인 용어로 규정하는 것이었다. 진보세력은 보수를 정치적 무능, 부도덕, 친미독재세력으로 규정하였다. 이것은 결국 한국 사회를 절대악과 절대선으로 나누어 보는 절대주의의 대결장으로 만드는 것이었다. 이러한 분위기 속에서 오히려 보수는 진보에 대한 공격에 매몰되지 않고 자신들의 철학을 내실 있게 혁신할 필요가 있었다.

한국 보수주의는 해방직후 민주주의와 자유주의를 단계적으로 받아들이고 체화해야 했지만 그렇지 못하였다. 이들은 민주주의와 자유주의를 자신들의 정통성을 인정받는 하나의 수식어로 이용하는 경우가 강하였다. 단지 표면적으로 존재한 이들의 정치적 원리의 핵심에는 자유민주주의가 있었다. 그런데 한국의 자유민주주의 수용은 내부적 동력과 주체세력이 부재한 채로 즉, 부르조아지 헤게모니 없는 전개과정이었고 그 결과 한국자유민주주의는 국민 일반들에 의한 아래로부터의 필요에 의해서가 정치엘리트들에 의해 일방적으로 도입된 측면이 강하였다(김면회, 2004).

보수주의의 핵심에는 반공주의가 있다. 반공주의는 민주주의와 자유주의의 기본원리를 견고하고 내실 있게 만들기 보다는 오히려 그 기본가치마저도 훼손시키는 독소였다. 반공주의는 국가의 안보와 법치를 내세웠지만 실상은 강력한 국가권력과 결합하면서 그 기본가치를 흔들고 결국에는 자유민주주의를 훼손하였다. 이는 나아가 민주주의의 기본 질서와 이념의 다원성, 개인의 자율성마저 파괴하는 질서였다. 그럼에도 불구하고 자유민주주의는 반공집단의 사상적 무기가 되었고 인권유린과 헌정질서 파괴를 당연히 하게 하였다. 이에 따라 민주주의의 기본개념인 자유, 인권, 평등의 개념은 자유민주주의의 기본가치로 존중받기 힘들게 되었다. 그것은 당연히 반공주의에 저항하는 세력은 반공주의의 실제 주요 가치인 안보와 법치를 중시하지 않게 하였고 이는 진보세력의 사상적 스펙트럼과 정책의 유연성을 방해하는 요소였다(조효제, 2015).

그 후 신자유주의 세계화시대에는 민주주의의 기차와 규범 제도화가 안착되지 않은 상태에서 시장질서에 무게중심을 두는 자유주의의 이데올로기가 전면으로 부상하였다. 결국 자본주도의 보수적 시민사회가 더욱 강화되는 추세를 부추겼으며 이는 정치영역의 민주화 이후 사회경제적 영역의 민주화를 심화하려 한 자유민주주의의 방향을 퇴행으로 이끄는 한 배경이었다.

제 5 절 한국 사회 이념갈등의 극복을 위한 해법 모색

1. 세대문제 해결을 통한 이념갈등 완화

앞에서 보았듯이 세대갈등은 복합적인 현상인데 특히 이것이 2000년 이후 단순한 세대 간의 격차와 이질성을 넘어 이념대결로 발전하고 있다. 세대 간의 투표 성향의 차이뿐만 아니라 사회경제적 이슈에 대한 20, 30 세대의 의식과 태도는 50대 이상의 세대와 큰 차이를 보여주고 있다. 그런데 복지문제와 청년세대 문제가 중요한 사회적 이슈로 부각되면서 정치적 대표성과 그 영향력에서 다소 떨어지고 있는 취약계층, 혹은 청년세대는 이러한 국가 정책개발과 실행에서 다소 소외되는 측면이 나타나고 있다. 노인복지 문제에 비해 상대적으로 청년세대 지원정책이 최근 강화되고 있음에도 불구하고 실질적으로 그렇지 못하다는 점에서 이러한 사회경제정책의 내용은 이념대결로 전환될 가능성이 커지고 있다. 그렇기 때문에 세대갈등의 해소는 이념갈등의 폭과 깊이를 줄일 수 있는 중요한 정책 가운데 하나라고 볼 수 있다.

한국의 급속한 근대화는 경제적 재화의 분배를 둘러싸고 지역 간, 계층

간 갈등을 낳았다. 한국정치사회에서 나타나는 지역갈등, 이데올로기 갈등, 계층 간 갈등은 근대화, 산업화과정을 통해 형성되었고 민주화과정을 거치면서 정당정치를 통해 표출되기 시작하였다(강원택, 2011:121).

　이처럼 민주화 이후 한국 사회의 불평등은 심화되고 있다. 또 한편으로는 민주화 이후 대통령제도의 문제는 민주적 대통령에 의해 시행된 많은 사회경제정책들이 민주적이지 못하고 반민주적이었거나 매우 보수적인 성향이 강했다. 이러한 사실은 한국 사회의 불평등과 양극화를 심화시켜 민주주의의 기초이자 토양인 사회경제적 조건과 역량을 쇠퇴시킴으로써 사회갈등을 악화시켰다(최형익, 2013: 238). 빈곤과 불평등의 증가는 민주주의의 토대를 약화시킬 수 있고 그 문제를 해결할 정치체제, 정당체제의 결여는 더 심각한 문제를 야기할 수 있다. 더군다나 IMF 경제위기 이후 금융-세계화의 가속화가 진행되면서 복지문제는 중요한 사회적 위험을 야기했다.[24]

　최근 한 연구에 의하면 한국 사회의 공공갈등 가운데 빈부갈등(계층갈등)이 국민들이 인식하는 가장 큰 갈등으로 나타났다(가상준, 2015). 이는 〈표 4-8〉을 보면 어느 정도 파악할 수 있다. 계층갈등은 사회통합을 방해하고 잘못되면 이념갈등으로 발전할 수 있다는 점에서 국가가 합리적으로 해결해야할 매우 중요한 사회갈등임을 알 수 있다.

　민주화 이후 외환위기, 금융시장개방, 무역자유화 등으로 인해 복지제도가 새로 만들어지는 역설적 현상이 발생했지만 불평등을 완화하기에는 미흡한 것이었다. 〈그림 4-3〉은 한국 사회의 복지지출규모의 취약성을 보여준다. 그렇기 때문에 민주화 이후 사회경제정책들은 민주화과정을 보다 공고히 하고 민주주의의 질적 발전과 사회통합을 실현할 수 있는 매우 중요한 의미를 갖고 있다.

　서구의 역사를 보더라도 자유의 실질적 향유를 위한 평등한 기회의 보장이라는 맥락에서 사회적으로 생산된 부의 정의로운 분배에 대한 요구는 사

---

24 이를 신사회위험으로 부르기도 한다. 여성의 노동참여가 증가하면서 돌봄문제가 발행하거나 저숙련 노동자들이 저임금에 시달리기도 하고 사회보험의 사각지대에 있는 노동자가 증대하고 저임금 일자리가 확산되고 있다. 이와 함께 경제성장률이 하락하고 조세 증가가 어렵게 되고 정부의 복지재원 조달능력이 저하하는 위기에 직면하게 된다(김윤태, 2015(b):58-59).

| 표 4-8 | OECD 국가들과 한국의 소득격차와 저임금의 비율 |

	상위10%와 하위10%간의 소득배율		남녀간 임금격차(%)		저임금의 비율(%)	
	1999	2012	1999	2012	1999	2012
호주	3.00	3.38	14	14	14.3	18.9
캐나다	3.63	3.72	24	19	23.1	21.7
프랑스	3.10	2.97	9	14	..	..
독일	3.22	3.26	23	14	20.0	18.3
이탈리아	2.50	2.22	8	11	10.4	10.1
일본	2.97	2.99	35	27	14.6	14.3
한국	3.83	4.71	41	37	23.4	25.1
네덜란드	2.89	2.90	22	20	14.8	14.6
스페인	..	3.08	..	9	..	14.6
스웨덴	2.24	2.27	17	15	..	..
스위스	2.53	2.70	22	19	..	9.2
영국	3.44	3.55	25	18	20.1	20.5
미국	4.50	5.22	23	19	24.5	25.3
OECD	3.01	3.38	20	15	16.8	16.3

자료: OECD. *Employment Outlook*. 2013. 2014.

회권, 즉 사회경제정책으로 만들어지고 시행된 과정임을 알 수 있다(장은주, 2006). 그러한 의미에서 민주적이고 사회통합적인 사회경제정책의 실시는 민주주의의 질적 발전을 위한 필수적인 조건이 된다. 그러나 한국의 경우 민주화 이후 신자유주의적이고 시장 중심적이며 친기업적인 정책들이 대표적으로 실시되었다는 점은 민주주의를 위험에 빠뜨리고 있다.

한국의 복지정책은 과거보다 더 체계적인 복지정책을 갖추었지만 계급이익을 대변하는 정당이 부재하고 강력한 친복지 정치세력이 형성되지 못하면서 서구와는 다른 복지정치의 모습을 보여주었다(김윤태, 2015a: 57). 다시 말해서 복지이슈를 중심으로 유권자들이 정치적으로 조직화되어 있지 않고 정치적으로 동원되지 않고 있다는 것이 한국 사회의 문제점이다(강원택,

그림 4-3 　 OECD 국가 GDP 대비 사회복지지출 규모

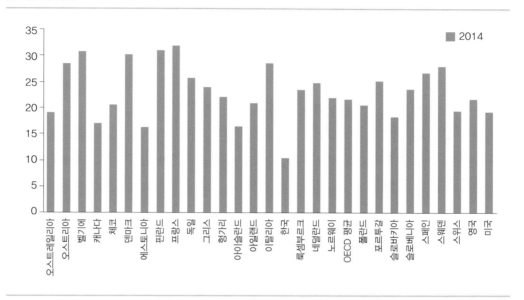

자료: OECD, *Employment Outlook*, 2013, 2014.

2015: 212). 그렇기 때문에 한국 사회는 복지확대나 재조정을 정치인들이 공약하더라도 반드시 추진해야 하는 정치적 절박감이 약하다.[25] 지지기반을 계급이나 계층에 두는 사회와 달리 한국정치는 사회복지정책을 공론화하지 못하였다. 정당들도 자신들의 노선과 지지계층의 이해관계에 맞는 정책을 당론으로 명시하는 경우도 드물었다. 여전히 복지는 국가나 행정부의 소관이었다. 민주주의가 제대로 작동되면 사회복지정책의 아이디어나 발상이 경쟁이 이루어지고 이것이 정당이나 사회적 합의기구, 시민단체 등이 함께 논의하고 토론하고 결국에는 제도화된 정책에 반영된다(주은선, 2013: 476). 한국 사회는 이러한 것들이 부족하였다. 민주화 이후에도 여전히 대통령을 중심으로 하는 행정부의 일방적 목소리가 다양한 사회영역의 목소리를 누르면서

25 최근 한 여론조사에 의하면 나이가 적을수록, 고졸 이상의 학력층이, 도시에 거주할수록 한국의 복지수준이 높다는 평가가 많았다. 그리고 진보적일수록, 진보적 정당을 지지할수록, 그리고 박근혜 정부에 불만족할수록 복지수준을 낮게 평가하였다. 성장과 분배의 문제에서는 성장을 우선시하는 사람 중 복지확대에 찬성하는 사람이 61.6%로 전체 국민의 33.8%를 차지하였다. 즉 성장과 분배를 이분법적 사고에서 생각하지 않고 두 문제를 복합적인 문제로 바라보고 있는 사람이 많이 있음을 알 수 있다(황아란·이지호, 2016).

복지정책을 실시하였다. 의회나 사회합의기구의 소통은 거의 없었고 복지정책의 사회적 공론화의 과정도 매우 미약하였다. 이것은 결국 사회갈등, 특히 이념갈등을 왜곡하거나 더욱 악화시키는 요인으로 작용할 수 있다.

이러한 복지정책은 오히려 집단 간 갈등을 촉발시킬 위험을 내포하게 되었다. 인구고령화에 따라 한국 사회의 복지정책은 세대 간의 갈등을 악화할 소지가 있다. 서구의 경우 출산율, 사회지출, 가족정책 지출 비율이 높을수록 세대갈등이 낮게 나타났다. 세대 갈등이 낮은 네덜란드와 덴마크의 경우 청년세대가 자녀를 출산하여 키울 수 있는 여건이 다른 국가에 비해 양호하게 나타났다. 그리고 사회정책 지출 규모가 큰 국가는 세대갈등이 낮았고 노동시장 지출 중에서 GDP 대비 적극적 노동시장정책 지출이 높을수록 세대갈등이 낮게 나타났다. 노인의 기여에 대하여 긍정적인 인식을 하는 국가는 노인 인구비율과 출산율이 높고 GDP 대비 사회지출 비율이 높은 국가로 평가되었다. 스웨덴, 덴마크처럼 청년세대와 노인세대 모두 경제활동을 활발히 하고 연금제도에서 기여와 급여 간의 공정성에 대한 인식이 높은 경우 세대갈등이 일어날 가능성은 매우 적었다(최유석, 2016). 이들 국가에서 보듯이 저출산고령화의 위험에 있는 사회에서 세대갈등을 줄이기 위해서는 무엇보다도 국가의 적극적인 개입과 복지정책이 있어야 한다. 이는 세대갈등이 이념갈등 등 다른 갈등으로 확산될 가능성을 줄일 것이다.

2. 정당정치의 정착과 이념갈등 해소

한국 사회는 모든 사회문제가 정쟁의 대상이라 해도 과언이 아닐 정도로 과도정치화(overpoliticization)되고 있다. 이는 급속한 민주화가 그에 상응하는 건전한 시민의식이나 정치문화에 의해 뒷받침되지 못했기 때문에 생겨난 문제이다. 그 결과 단순한 기술적, 정책적 차원의 이견도 선악이나 가치 충돌의 문제로 전환되어 생사를 건 싸움이 되고 있다. 이러한 과도정치화는 이념갈등을 정책대결로 유인하지 못하고, 제반 이슈들을 진보, 보수의 이념대결로 재편성하여 단순화시켜왔다.

또한 한국 사회는 사회갈등을 민주적으로 해결할 수 있는 장치와 제도가 부족하기도 하지만 있더라도 효율적으로 작동이 되지 않는 경우가 많다. 이는 사회 구성원들 간의 갈등을 확대, 증폭할 수 있는 상황을 조성하고 있는 것이다. 특히 한국 사회는 양당제가 오랜 기간 동안 자리 잡으면서 이념의 스펙트럼이 넓은 다당제 구도가 정착되지 못하였다.[26] 양당제는 사실상 이념상으로는 큰 차이가 없지만 지지세력의 확보를 위해 과도한 이념대립을 양산하는 정치행태를 보여주었다. 이러한 현상을 바로잡기 위해서는 온건하고 합리적인 중도세력이 의회 내에 상당한 의석을 확보하여 양당의 구도를 타파하거나 극단적인 이념대결을 완화할 수 있는 정치세력화가 필요할 것이다. 물론 이를 위해서는 기존의 투표제도를 보완하여 선거제도를 근본적으로 혁신하는 움직임이 필요할 것이다.

정치인들이나 지식인들이 사회 전체가 당면한 본질적인 사회 갈등과 균열을 정면으로 극복하려고 노력하지 않고, 자신들의 개인적 당파적 이익에 유리한 갈등만을 편향적으로 동원하고 활용하려고 하기 때문에 고질적인 이념갈등이나 지역갈등이 정치과정에서 해결되거나 완화되는 것이 아니라 오히려 정치과정을 통해 재생산되고 악화되고 있다. 정치인이나 지식인들은 사회의 본질적인 갈등과 균열을 해소하는데 기여하기보다 오히려 편향성의 동원과 갈등의 사유화를 통해 자신들의 개인적 당파적 이익에 유리하게 활용한다. 즉 정치인과 지식인들이 사회의 본질적인 갈등과 균열을 해소하는데 기여하기 보다는 오히려 '편향성의 동원'과 '갈등의 사유화'(privatization of conflict)를 통해 우리 사회의 갈등과 균열을 왜곡, 확대하고 있다(서진영, 2010).

마찬가지로 대통령제도의 기형적 형태도 이념의 갈등을 촉발시키는 한 원인이다. 제왕적 대통령제를 비롯한 선거제도와 정당체제 등도 이념 양극화를 부추기는 요인으로 작동하고 있다. 대통령제 자체가 승자독식 제도이

---

26 한국 사회에서 다당제가 자리 잡지 못한 것에는 반공주의의 영향도 간과할 수 없다. 반공주의는 민주화 이후에도 여전히 작동하고 있으며 개혁적 세력도 반공주의의 틀을 벗어나기 힘들었다. 보수세력은 정치적 이념이 다른 세력들을 반공주의의 틀을 벗어나면 종북으로 공격하였다. 이 낙인으로 벗어나기 위해 개혁적 세력들은 과거와 마찬가지로 반공주의의 틀을 벗어나기 힘들었다. 이로 인해 OCED 국가 중 사회주의 세력이 무력한 국가는 한국이 유일하다(강명세, 2015). 또한 중간정당이 의회의 주요 세력으로 자리 잡기도 힘들고 결국은 양대 정당 중 하나의 정당은 선거 때 선택해야 하는 악순환이 되풀이 될 수밖에 없다.

다 보니 경쟁이 치열할 수밖에 없다. 특히 대통령제의 경우 권력이 제도와 절차에 따라 행사되지 않고 비선정치와 지대추구 행위가 만연하여 제로섬게임 양상이 뚜렷하게 나타난다. 제왕적 대통령제의 문제는 권력이 제도와 절차에 따라 행사되지 않고 대통령을 둘러싼 핵심 인물들이 비선조직을 만들어 사실상 모든 주요한 정치적 결정을 하는 데 있다. 제도와 절차가 아닌 비선조직이 권력을 주무르게 되면 비선조직에 선을 대려는 사람들이 생겨나고 비선조직에 가깝게 접근할수록 권력의 시혜를 얻게 되는 방사선형 권력구조가 형성된다(윤성이, 2015).

국가정책들은 공론의 장에서 토론과 대화 설득을 거쳐 합의를 도출하고 이 결과 도출된 정책들을 국가가 추진할 때 소모적인 이념적 대립은 해소될 수 있다(임희섭, 2007). 영국정당정치는 이념갈등을 정치적으로 잘 대표해왔기 때문에 계급에 따른 이념갈등을 적절하게 관리한 역사를 보여준다. 영국 보수당의 역사를 보았을 때 이념지향과 시대의 요구를 적절히 조화시키는 능력을 배워야 한다. 보수당은 국민생활에 직결된 경제 안보에서 적정한 정책 개발, 국민통합에 주력(『조선일보』, 2017.1.6.: a21). 즉 갈등의 완화와 사회통합은 합의정치의 내용에 따라 달라질 수 있다(강원택·정병기, 2007).[27] 그만큼 한국 사회에서 특히 이념갈등의 해소를 위해서는 정치권의 합의문화의 창출, 소통의 강화 등 정치문화의 개선이 필요한 것이다.

민주주의는 갈등의 사회화를 주요 과정으로 인정하고 그것을 합리적으로 해결할 때 발전하게 된다. 민주화 이후 한국의 대통령들의 통치과정을 보면 대통령의 우월적 지위를 남용하거나 지나치게 권한행사를 하고 사법부와 의회의 독립성과 자율성을 훼손하는 제왕적 대통령의 모습이 나타난다는 것은

---

27 립셋과 로칸(Lipset & Rokkan)에 따르면 일련의 사회균열구조는 네 개의 제도적 관문(institutional thresholds)을 통과하며 특정의 정당체제로 전환된다. 즉 정당체제는 사회균열의 반영물로서, 제도적 환경과 사회적 긴장관계에 따라 상이하게 형성된다. 첫째, 집권세력 이외의 세력에게 비판과 반의 권리를 허용하는 정도를 뜻하는 정당화(legitimation)의 관문이 존재한다. 둘째, 특정 운동이나 정치세력이 자신의 반자들과 동한 정치적 시민권을 부여받는 정도를 뜻하는 통합(incorporation)의 관문이 존재한다. 셋째, 비례표제와 같이 새로운 운동이나 정치세력이 정치사회 내에서 독자적인 대표성을 확립할 수 있는 제도적 장치의 구축 정도를 뜻하는 대표성(representation)의 관문이 있다. 넷째, 승자독식과 같이 수적 우세에 기반한 다수의 결정권에 한 견제와 제어의 정도를 뜻하는 다수지배(majority power)의 관문이 있다(장우영, 2014).

부인할 수 없다.[28] 제왕적 대통령은 위임민주주의 국가에서 전형적으로 나타난다. 선거는 단순히 최고 지도자에게 권력을 부여하는 절차로 인식되고 민주주의는 권위주의 통치를 정당화시켜주는 것으로 전락한다. 법 또한 질서를 유지시켜주는 통치의 수단으로 인식되고 사법의 정치화 및 정치의 사법화 현상을 가속화시킨다(김비환, 2016: 396).

이 때문에 기본적으로 한국의 정당체계와 질서를 변화시킬 필요가 있다. 제도정치 내에 보수와 진보 간의 비적대적 공존이 확대되어야 한다. 특히 지역구도에 기초한 양당구조는 많은 문제를 내포하고 있다. 이 양당제가 불필요한 이념논쟁을 촉발시키기도 한다. 강한 양당제 해소를 위해서는 선거제도 개혁이 필수적인데 특히 승자독식의 소선거구제 개혁, 정당 간 이념집단 간 교차 당선을 위한 석패율제 도입, 지방선거에서의 국민추천제 병행을 적극적으로 논의해야한다. 나아가 지역구 중심 체제를 타개하고 정단 지지에 기반을 둔 비례대표제를 전향적으로 확대하는 방안도 논의될 필요가 있다(장우영, 2014).

정치의 핵심은 대중이 갈등의 확산에 참여하는 방식 및 갈등의 해결을 관리하는 과정이다(Schattschneider, 2008: 44). 대통령을 비롯한 정치권은 갈등관리의 문제를 매우 중요한 과제로 인식해야 한다. 갈등관리는 갈등이 역기능적이고 파괴적인 갈등으로 전개되는 것을 방지하고 갈등의 순기능을 증가시키도록 도와주는 구조와 조건을 형성하는 것이다. 갈등관리는 갈등이 되는 문제의 해결을 의미하고 갈등의 문제를 상호간의 협의를 통해 일치해 가는 과정이자 행위, 그리고 나아가 서로 협력으로까지 연결되는 것을 의미한다.[29] 갈등이 방치되었을 경우 사회 분열을 야기할 뿐 아니라 국가 경제에도 큰 타격을 주게 된다. 따라서 갈등이 발생하였을 때, 사회 발전에 직접적으

---

28 이와는 달리 대통령제가 한국에서 성공할 수 있었던 것은 한국의 대통령들이 헌법에 규정되지 않은 초법적, 편법적 방법으로 권한을 확대하여 국회의 실질적인 역할을 무력화했기 때문이라는 시각이 있다. 미국의 경우 대공황이후 대통령 비서실을 강화한다든지 '국가안전법'을 제정하여 외교안보정책기구를 창설하여 대통령의 외교정책권을 강화하기도 하였다(조윤제, 2009: 96-99).

29 한국은 OECD국가 중 갈등지수가 높게 나타난 국가에 속한다. OECD 평균으로 갈등지수를 낮추면 1인당 GDP가 최소한 7%이상 증가할 수 있다는 예측도 있다. 네덜란드의 경제성장의 기적은 노사정 간의 타협 등 갈등관리를 원만하게 한 결과로 볼 수 있다(박준, 2013).

로 도움이 될 수 있도록 이를 효과적으로 관리하는 능력이 매우 중요하다. 즉, 갈등관리를 제도화하는 것이 필요하다.

갈등이 제도화되면 사회갈등이나 불만, 분노가 즉각적으로 시민사회에서 표출되어 부정적 현상을 노출시키기 보다는 그것을 여과하고 순화하여 국가 정책에 반영하는 기회를 제공한다. 반대로 갈등이 제도화되지 않은 사회에서는 단순한 이견, 불만, 차이가 상호 적대감으로 발전하여 사회균열을 일으켜 통합의 근간을 흔들 수 있다. 따라서 정부는 한국 사회의 갈등 및 사회통합 현황을 정확히 파악해야 하고 전담기구의 역량을 강화할 필요가 있다. 한국 사회의 근본적인 변화를 유도하기 위해서는 국민들의 의식을 개선할 수 있는 정책이 필요하다. 통합을 위한 국민 대상의 교육과 홍보는 공감을 통해 자발적 참여의 바탕이 되기 때문에 국민의식을 제고하는데 기여할 수 있다. 이를 위해서는 시민의식의 고양을 위한 교육과 홍보가 절대적으로 필요하다.

3. 세대공감 확대와 신뢰강화

이념갈등의 근원에는 한국 사회에 오래 동안 남아 있는 배제와 불신의 냉전문화가 자리 잡고 있다. 냉전문화는 사회적 쟁점을 바라보는 프레임의 구실을 통해 흑백논리라는 이분법적 시각을 강화한다. 상대방의 절멸과 공격을 통해서 자신의 존재의 이유와 그 기반이 만들어질 수 있다는 논리는 자신과 다소 차이가 있거나 이질적인 상대의 정치적, 사회적 태도를 '존재해서는 안되는 것'으로 규정한다. 결국 토론과 이해, 교류, 합의의 시민문화는 이러한 냉전문화 속에서는 형성되기 어려울 것이다. 따라서 냉전문화를 극복, 대화와 타협이라는 시민사회의 정상문화의 정착은 정상적인 국가의 발전을 위한 합의 기반이 될 것이다. 이를 위해서는 먼저 상호 이해와 소통의 문화, 나아가서 신뢰의 확산이 매우 중요하다. 또한 민주화 이후 참여의 형태나 양상이 변화하고 있다. 즉 때로는 과잉참여가 문제가 되기도 한다. 참여의 과잉은 정치적 헤게모니를 둘러싼 이념 양극화를 초래하고 있기도 한데 따라서 이를 극복하기 위한 대안 모델로써 이성적 공론활동에 기초한 숙의민주주의가 필요하다. 이는 사회성원들간의 신뢰확보를 필요로 한다.

호혜성에 바탕을 둔 신뢰문화가 사회전반에 확산되면 사회성원들 간의 상호작용을 확산하고 연대를 강화한다. 또한 신뢰문화는 사회성원들의 결사체 결성을 촉진하고 협력과 친밀감을 강화시킨다. 바로 이것이 사회자본의 강화로 이어지는 것이다. 신뢰문화는 결사체 형성을 촉진하고 그것을 통해 상호호혜성의 규범을 강화하며 성원들에게 상호이익을 증진시켜주고 협력을 강화한다. 그것이 바로 사회의 연대강화로 이어질 수 있는 것이다. 이를 위해서는 제도적인 뒷받침이 필요하다. 신뢰자와 피신뢰자 모두 규범과 규칙을 존중하고 그러한 것을 어겼을 때 처벌과 비용이 높다는 것을 보여주는 제도적 장치가 필요하다. 통제와 감시의 역할을 하는 제도적 장치가 성원들 간의 합의에 의해 사회적인 틀 속에서 성숙하게 될 때 민주적인 제도로 정착하게 되고 다시 신뢰의 문화를 사회전반에 확산시킬 것이다. 신뢰의 문화의 형성은 특히 아래로부터의 신뢰구축이 중요하다.

사회성원들이 자발적인 의사로 결사체를 조직하고 능동적으로 참여하여 신뢰를 강화하는 것이 신뢰문화 형성의 중요한 과제가 될 수 있다. 결사체를 조직하고 참여함으로써 익명의 성원들이 직·간접적으로 접촉하여 서로를 신뢰하게 되고 그것이 시민참여연결망을 형성하게 한다. 이 연결망을 통하여 일반화된 상호호혜적 규범이 확산되고 협력과 연대, 의사소통의 촉진 등 긍정적인 규범과 관행이 정착하게 되는 것이다(윤민재, 2004a). 한국인은 '우리' 안에 들어가는 집단으로 가족, 이성친구, 아는 친구, 친척을 최우선 순위로 들었고, 일본인은 취미나 여가를 함께하는 사람, 서클회원, 내가 아는 친구 등을 들었다. 이를 통해서 보면 한국인은 '우리'라고 생각하는 범주를 일상적으로 자주 접하고 '가족'처럼 느껴지는 대상으로 설정하고 있음을 알 수 있다. 이러한 상황에서 '우리'집단에 대한 신뢰는 매우 강할 것이고 그것은 정서적, 감정적 기초에 의한 것이므로 일반화된 신뢰를 막는 특수화된 신뢰를 양산할 가능성이 크다. '우리'라는 집단범주에 기반을 둔 내집단 신뢰는 외집단 신뢰를 줄일 것이다. '우리'집단과 '그들'집단은 서로 편향된 시각을 갖게 됨으로써 외집단('그들' 집단)과의 상호작용을 줄이고 그 대신 내집단과의 상호작용을 더욱 강화함으로써 상호간의 신뢰성은 더욱 떨어지고 결국은 특수화된 신뢰만을 형성하게 될 것이다.

이러한 차원에서 신뢰는 집단 간의 연대와 결속을 강화하는 중요한 요소라고 할 수 있다. 세대 간의 격차와 갈등이 이념갈등을 강화한다면 이를 실생활 차원에서 그 간극을 좁히는 노력이 필요하다. 젊은 세대와 노년세대가 서로 공감할 수 있는 분야의 개발을 통해 신뢰를 강화하는 것도 하나의 방법일 것이다. 하나의 예로서 가족주의의 연대를 들 수 있다. 특히 극한 경쟁에 모든 세대가 시달리는 상황에서 가족주의의 연대는 중요한 안정망의 역할을 한다. 가족을 통한 정서적, 경제적 지원이 개인을 보호하는 역할을 수행하고 사회불만과 저항, 분노를 줄일 수 있다면 이러한 가족주의의 확대는 필요할 것이다(최유석, 2016). 노년세대와 청년세대의 이해와 공감을 늘리기 위해서는 노인에 대한 이해를 증진하는 교육을 강화할 필요가 있다. 노인 세대의 경험, 노화과정, 신체변화에 대한 이해를 심화시킬 수 있는 제도적 교육프로그램이 요구된다. 유사한 차원에서 두 세대가 일상적으로 상호작용하고 교감을 확대할 수 있는 행정적 프로그램의 개발이다. 가령 '한지붕 세대공감'처럼 주거 공유프로그램을 통해 함께 생활하면서 상호 이해를 확대하는 프로그램도 좋은 예일 것이다. 결국 이러한 정책들은 세대 간 신뢰와 협력을 강화할 것이다. 사회갈등은 결국 신뢰부족에서 파생할 수 있다고 볼 때 이러한 작은 영역에서의 신뢰확보는 매우 실용성 있는 접근방식일 것이다. 세대 간의 갈등이 이념갈등을 증폭할 수 있다고 할 때 서로의 삶에 대해 공감하고 이해하게 되면 크게 보면 사회적 연대도 강화될 것이다(최유석, 2016).

이러한 차원에서 사회적 자본을 확충하고 사회 구성원들 사이에 배려와 공감의 문화를 확산할 수 있는 정책을 더욱 확대해야 한다. 사회적 자본은 한 사회에서 오랜 시간을 거쳐 성숙되는 것이 일반적이지만 단기적인 학습과정을 통해서도 형성될 수 있다(장용석, 2014). 공공갈등의 경우 자문회의나 공청회를 통해서 사회구성원들이 참여하여 소통할 수 있는 장을 마련하는 것은 집단 간 이해관계를 사전에 조정하여 향후 발생할 수 있는 손실을 최소화할 수 있다. 그 과정 속에서 참여자들 사이의 신뢰는 강화될 수 있다. 이러한 과정을 거치면서 사회 구성원들은 불필요한 갈등 해소의 방법을 학습하게 되어 시민성이 향상되며, 이는 통합에 기여할 수 있는 기회를 갖게 될 것이다.

결국 건전한 시민문화의 정착은 사회갈등을 줄일 수 있는 매우 중요한 과제임을 알 수 있다. 한국 사회처럼 빠른 시간 내에 근대화, 산업화를 달성하고 분단을 경험하는 상태에서는 다양한 사회갈등, 이념대립이 나타날 수밖에 없다. 다양한 사회균열이 존재하게 되고 사회적 긴장과 갈등은 지속되기 마련이다. 건전한 시민문화는 서로 다름을 인정하고 상호이해 속에서 합의를 이끌어내려는 노력이 토대가 되어야 한다.

한국처럼 유사한 분단국가를 경험한 독일에는 냉전시대에 합의의 문화를 만들 수 있는 시민문화를 육성하려는 노력이 있었다. 1976년 바덴뷔르템베르크 주정치교육원에서 열린 시민교육 관련 학술대회에서 독일 시민교육에 관한 최소한의 기준인 '보이텔스바흐 협약'(Beutelsbacher Konsens)이 만들어졌다. 보이텔스바흐 협약은 세 가지 원칙으로 이루어졌다. 첫째, '강압의 금지'는 교육내용의 주입, 교화, 조작을 하지 않는 것을 의미하며, 문제점과 논쟁에서 생기는 모든 의문을 공개하는 투명성이 수반된다. 둘째, '논쟁'으로 학습주제와 관련해 교수자가 학습자에게 학문적으로나 정치적으로나 논쟁적인 것을 논쟁적인 것으로 명백히 밝히는 의무가 있다. 셋째, '이해관심 지향'으로 학습자들은 자신의 질문과 의견을 말로 표현해야 하며, 그들의 정치적 이해관심을 산출할 수 있어야 한다. 이렇듯 독일은 중요한 사항에 대해 정치적 접근을 차단한 것이 아니라 그것을 공론화하여 찬반토론과 서로의 소통을 매우 중시한 것이다. 이러한 과정이 교육사회화과정에 포함되면 다름과 차이로 인한 불필요한 이념논쟁, 사회갈등은 줄어들 수 있을 것이다. 시민교육에 있어서 정치적 중립이란 논쟁이 되는 이슈의 찬반양론을 학습자에게 모두 균형 있게 제공해야 한다는 뜻인데, 한국에서는 교육현장에서 정치적 논쟁이 되는 이슈는 다루지 말아야 한다는 뜻으로 해석되고 있다. 한국에서 실효성 있는 시민교육과 건전한 시민문화가 발전하기 위해서는 정치에 대한 학습, 토론과 소통에 관한 교육이 필요하다고 하겠다(한국민주주의연구소, 2016).

마지막으로 보수와 진보 집단 간의 공론장의 구축, 대화와 토론의 장이 필요하다. 이념갈등이 긍정적인 방향으로 전개되어 사회적으로 건강한 결과를 가져오기 위해서는 무엇보다도 논쟁이 합리적인 방식으로 진행되도록 하는 '민주주의적 담론 절차'가 필요하다(선우현, 2002). 민주화 과정을 거쳤지만 여전히 사회적 현안이나 문제를 자유롭고 평등한 입장에서 토론, 논쟁할수 있는 민주주의는 시민사회 속에서 정착되지 못하고 있다. 이로 인해 이념갈등이 발생하면 상대방을 극단적으로 규정하여 합리적인 대화의 장으로 도저히 나오지 못하게 하는 혐오적인 감정을 갖도록 한다. 그리고 중요한 정책들은 관련 분야 전문가나 정치인들에 의해 결정되고 그들 간의 문제로 그치게 되기도 한다. 국민들은 이러한 정책에 대해 때로는 방관자적 자세를 취하기도 한다. 이때 정치인들은 당리당략적 차원에서 정책을 결정하거나 국민감정을 동원하여 악용하기도 한다. 이념갈등이 당리당략적 차원에서 활용되어 다른 갈등과 중첩되어 비생산적 방식으로 논쟁이 격화되면 시민사회는 양극단의 입장으로 나뉜다. 이는 다시 이념갈등을 더욱 증폭시키게 된다.

그런데 이와 관련하여 최근 국민대통합위원회에서 실시한 한 사례는 큰 성과를 거두지 못했지만 주목할만하다. '보수·진보 공감 컨센서스'는 국민통합적 차원에서 보수·진보의 대표적인 시민단체들 간의 대화와 소통을 촉진하며, 시민사회 책임윤리와 시민사회 관심 이슈에 대한 공론을 형성하고 컨센서스를 도출하기 위해 진행되었다. 2014년 9월부터 보수적 성향의 시민사회단체와 진보적 성향의 시민사회단체 등으로 구성된 '시민사회소통포럼'을 운영하고, 2015년에는 12개의 보수·진보 단체와 3개의 참관단체가 참여하였다. 2015년 시민사회소통포럼은 간담회와 공감 토론회를 통해 상호 간소통의 기회를 마련했으며, 이후 상호 공감할 수 있는 세부 주제를 선정하여 총 4차례 토론회를 개최하였다. 또한 이러한 논의와는 별개로, 보수와 진보 간의 갈등 현황 분석, 시민사회 단체 활동가들의 의식조사 등을 추진하여 보다 진일보한 공감대를 형성하기도 했다. 4차례의 토론회와 설문조사 등으로 진행된 보수·진보 간의 공감컨센서스를 추진한 결과, 그 차이와 다양성을 상호 간에 인정하는 노력이 필요하다는 점을 인식하게 되었다. 또한 이념적 차이가 존재함에도 불구하고 양 진영 간의 신뢰관계가 존재한다면 갈등이 충분히 해소될 수 있다는 가능성을 보여주었다(국민대통합위원회, 2016).

4. 시민사회와 정치권 간의 거버넌스의 창안

갈등관리의 성공을 위해서는 합의의 과정이 중요하다. 그 가운데 하나가 공공토론이다. 공공토론을 통해 사회적 합의에 도달할 수 있기 위해서는 토론과정에서 요구되는 관용이나 상호성과 같은 시민성(civility)이 전제되어야 하는데 심의적 토론을 가능하게 하는 기본적 신뢰와 상호존중의 관계가 형성되지 않는다면 의견을 달리하는 토론 참가자들은 자신의 의견을 적극적으로 개진할 유인을 잃게 될 수 있다. 나아가 심의적 의사소통과정에 핵심적인 절차와 규범에 대한 합의가 무너질 경우 일방적인 주장이나 대화의 거부, 극단적인 투쟁으로 이어질 수 있다. 사회갈등에 대한 전통적인 해결방식이나 협상 또는 보상의 차원을 넘어 갈등당사자 간의 소통과 신뢰에 기초한 합의형성(consensus building)의 중요성이 부각되면서 심의민주주의(deliberative democracy)가 공공갈등의 새로운 해결방식으로 대두하고 있다.

좁은 의미의 합의형성적 접근이란, 문제해결을 위해 폭넓은 이해관계자의 참여, 토론과정에서 참여자의 학습과 심의, 그리고 합의에 의한 의사결정을 구성요소로 하는 심의민주주의적 접근방식을 말한다. 참여주체의 대표성 저하는 결국 합의결과의 성찰성과 지속성에도 영향을 미쳐 갈등해결 기제로 제대로 작동하지 못하게 한 중요한 원인으로 작용하게 된다. 심의민주주의적 의사결정방식을 활용할 경우 제도설계 과정에 참여 주체의 대표성 확보를 우선적으로 고려해야 한다. 갈등이 표면화되면 신뢰 기반이 약화되기 때문에 심의민주주의적 방식의 성공 확률이 그만큼 낮아지게 된다.[30] 이는 결국 합리적인 거버넌스 모델로 이어질 수 있다.

거버넌스는 20세기 후반 이후 새롭게 등장한 개념이다. 이것은 새로운 통치과정을 의미하는 개념이다.[31] 거버넌스라는 말은 정부가 주도적으로 수행

---

30 인터넷과 미디어의 발전은 심의민주주의를 강화할 수도 있지만 부작용도 만만치 않다. 미디어를 통해 전달되는 정보는 객관성과 정확성을 검증하기 힘들고 주관적이고 편향되고 선정적인 정보가 퍼져나간다. 이러한 매체 환경에서 개인은 자신의 생각과 유사한 정보만 선별하여 습득할 수 있다. 인터넷의 사회 파편화 효과는 심리적 요인과 맞물려 더욱 심화될 가능성이 높은데 사람들은 인지적 일관성과 효과적 정보처리를 위해 자신들의 견해를 뒷받침할 수 있는 정보를 찾는 경향이 강하기 때문이다(윤성이, 2015).

31 거버넌스에는 두 가지의 성격이 담겨져 있다. 첫 번째는 규범적 의미가 있다. 거버넌스는

해오던 공공영역에 민간이 참여하여 정부와 함께 의미 있는 역할을 수행하는 협력체계를 의미한다. 거버넌스 개념은 정책영역의 확장과 참여자의 확장이라는 의미를 담고 있다(정상호, 2009: 259-261). 즉 거버넌스란 개념 속에는 정부, 기업, 시민사회 등 다양한 구성원들이 정책과정에 자신의 이해와 요구를 반영하기 위해 자발적이고 독립적으로 참여한다는 의미가 있다. 이 말은 국가관리에 대한 수평적이고 통합적이며 행정적인 성격의 의미를 담고 있다.[32]

최근에는 거버넌스의 의미를 파트너십(partnership)의 개념으로 이해하기도 한다. 왜냐하면 시민사회는 국가와 시장에 대한 감시, 견제의 역할 뿐만 아니라 공동세계 구축이라는 공동의 과제를 중시하기 때문에 파트너십이라는 말이 더 적합하다고 보기 때문이다. 파트너십의 관계에서 보았을 때 구성원들의 개별성을 존중하면서 최대한 보존하여 한곳에 모으는 공동의 것을 기초로 삼고, 다른 한편으로는 이기적이고 부분적인 개별성들의 한계를 넘어 전체를 고려할 수 있는 공적인 것을 고려해야 한다. 즉 구성원의 개별성을 존중하고 그것을 뛰어넘어 공적인 것을 추구해야 하는 것이다(이동수, 2014).

이러한 의미에서 거버넌스는 곧 파트너십으로 이해된다. 파트너십은 다

국가의 규제와 역할을 최소화하고 다양한 사회행위자들을 참여시킨다는 점에서는 좋을 수 있으며 그렇지 못할 때는 나쁘다라는 의미를 가질 수 있다. 둘째 서술적 의미를 가질 수 있다. 거버넌스는 사회적 상호작용의 결과이며 다양하 사회네트워크의 상호의존성의 결과이기도 하다(Rose, 2007: 16-17).; 거버넌스에 대한 잘못된 해석 가운데 하나는 거버넌스의 의미를 매우 광의의 의미로 사용하는 것이다. 메타 거버넌스는 자기조직 네트워크의 조직, 다양한 분야의 자기조직화를 촉진하기 위한 제도설계, 목적과 행위, 시공간적 지평, 결과들의 조정 등에 관심을 갖는다. 미첼 딘은 'governing societies'의 목적 , 합리성, 기법, 실천들은 사회에 필요한 공간들을 평정하기 위한 조건들을 만들 수 있는 권력의 일종, 즉 주권의 쟁점을 재고해야만 이해될 수 있다고 보았다. 또한 신자유주의도 시공간을 무너뜨려 장벽을 없애고 있고 권위와 위계의 질서를 거버넌스와 네트워크라는 개념으로 대체하고 있다. 이것이 바로 신자유주의가 사회를 통치하는 중요한 전략 가운데 하나이다(Dean, 2007).

32 노무현 정부는 시민사회세력과 노동세력을 동원해 광범위한 지지를 획득하여 보수세력을 견제하고자 하였다. 그 결과 NGO 활동가들의 정부진출 및 정책연대가 활성화되었고 언론 독점을 타파하기 위하여 진보적인 언론주변단체 출신인사들을 정부 주요직책에 임명하기도 하였다. 오히려 이러한 시민사회에 대한 정책이 경제, 정치, 외교정책에 대한 지지를 감소시키고 사회의 다양한 영역에서의 이념갈등을 증폭시켜 사회통합에 실패한 측면도 무시할 수 없다.

양한 이해관계를 가진 시민들의 자발적 참여를 의미하므로 결사체 민주주의의 성격을 갖는다. 과거의 국가와 시장중심에서 벗어나 제3영역이 활성화되고 그들의 역할이 중시되는 시대에 필요로 하는 거버넌스 모델이다. 국가와 시민사회의 파트너십을 통해 문제를 해결해야 한다는 국가와 시민사회의 상승작용의 입장을 새로운 거버넌스 모델은 취한다. 결사체 거버넌스는 국가와 이익집단 사이의 교섭, 교환의 관계이다(김의영, 2014: 211).[33]

신자유주의 확산 속에서 나타난 거버넌스 논의는 주로 네트워크 개념을 강조한다.[34] 네트워크는 사회적 조정을 강조하고 행동의 상호작용의 결과로 나타나는 직관적으로 예측할 수 없었던 새로운 현상, 즉 창발성(emergence)을 강조한다. 네트워크 관점에서 정부는 사회문제 해결의 촉매로서 역할을 하며 사회구성원들의 협력에 의한 사회문제해결에 필요한 여건 조성의 역할을 맡는다. 창발성은 혼돈과 무질서처럼 부정적 결과를 낳을 수 있다. 그렇기 때문에 정보교환과 의사소통이 원활하게 이루어지는 조건이 충족되어야 한다. 이렇게 될 때 긍정적인 네트워크 거버넌스가 이루어질 수 있다고 본다(이명석, 2011).

이때 정부는 다양한 공공문제 해결책 강구, 민간 부분 파트너들과의 협력관계 구축, 창의적인 자원조달 방안 강구, 네트워크 관리 핵심역량 개발 등에 주력해야 한다. 네트워크에 바탕을 둔 거버넌스 이론은 국가의 강력한 개

---

33 최근 세계은행은 거버넌스를 한 국가의 시민이나 대표자가 요구하는 공공재나 재화를 제한된 자원을 가지고 효과적으로 투명하고 공정하며 책임성 있게 제공할 수 있는 공공조직의 제도적 능력으로 정의하고 좋은 거버넌스의 4대요소로 공공부문 관리, 발전을 위한 법칙틀, 책임성, 투명성과 공개를 제시하고 있다(김의영, 2014: 65). 이렇듯 신자유주의의 리더집단인 세계은행이 거버넌스 모델을 강조한 것은 매우 새로운 전략이며 비경제적인 수단을 통해 경제적 목표를 성취하겠다는 숨겨진 의도들 가지고 있다고 볼 수 있다.

34 글로벌 차원의 거버넌스 문제를 신자유주의 통치성의 문제로 다루기도 한다. 신자유주의는 다양한 NGO들을 전략적 차원에서 포섭하여 신자유주의 논리를 강화한다. 글로벌 거버넌스는 정부기구와 국제기구, 사적, 공적 결사체들, 그리고 비정부기구와 기업들을 통해 정치경제와 안전을 결합시킨다. 통치기구와 안전기술은 사물들의 올바른 정향을 보증한다. 이때 글로벌 권력은 세계질서를 정상화시키는 헤게모니 담론을 통해 표현된다. 이때 글로벌 NGO들은 신자유주의 기획을 통해 경합하기도 하고 조절되기도 한다. NGO들은 결코 국가 밖에 있는 자율적 행위자의 영역들이 아니라 신자유주의 질서 속에서 경제행위들을 개혁하고 재조정하며 재정치화하는 활동 속에 관련된다. 따라서 시민사회의 결사체와 조직들은 인구의 복지에 대한 위협으로 보이는 조건들을 안정화하고 정상화하는 데 도움을 준다(Lipschutz and Rowe, 2005: 15-55).

입으로 인해 나타날 수 있는 정책결정의 경직성과 관료주의화, 비효율성을 막고 효율성을 높이고 통치위기를 극복할 수 있다고 전망한다. 거버넌스 이론은 자발적 시민사회의 힘을 기초로 국가, 시장, 기업, 시민사회 누구도 정치적, 경제적, 사회적 권력을 독점하지 못하도록 하고 효율성과 능동적 참여, 신뢰확산에 관심을 둔다. 이는 시민사회의 참여를 촉진하며 정책성과를 개선하는데도 기여할 수 있고 일정 부분 책임감을 가짐으로써 능동적으로 정책수행에 참여하여 사회적 갈등과 대립을 완화할 수 있는 가능성을 갖게 된다.

제 6 절   결 론

최근 강화되고 있는 신자유주의는 한국 사회의 불평등과 양극화를 심화시켰다. 이는 민주주의의 기초이자 토양인 사회경제적 조건과 역량을 쇠퇴시킴으로써 사회갈등을 악화시키고 있다. 이러한 문제들을 해결하고 민주화 이후 실질적인 민주주의 담아낼 수 있는 정책과 이념, 정치적 기획이 무엇인지 진지하게 고민해야 함에도 불구하고 정치세력은 이에 대한 대안과 장기적인 전망이 부족한 실정이다. 민주화 이후 정치의 역할은 과거보다 더 민주적으로 제도화되었고 이를 견제하고 감시할 제도적, 법적장치들이 강화되었지만 그 결과는 미진하다. 또한 시민사회의 갈등이 지속적으로 분출하고 있지만 이를 조정하고 수용하여 입법화, 제도화하려는 정치사회의 노력이 민주주의를 신장하는데 큰 역할을 못하고 있다. 이에 따라 한국 사회는 그 어느 때보다 총체적 위기에 직면하고 있다.

만연된 사회갈등은 시간이 지날수록 다른 갈등과 중첩되면서 복합갈등의 양상을 보여주고 있다. 또한 과거에 없었던 새로운 위험들이 등장하면서 그 해법을 찾기가 매우 어려워지고 있다. 그러나 이때 무엇보다도 정치권의 노력과 반성이 진지하게 요구된다. 그러나 한국정치의 현실은 그리 전망이 밝지만은 않다. 더군다나 자살률, 노동시간, 임금불평등, 저출산, 심지어는 결핵발생률, 남성흡연자비율 등은 세계 최고 수준을 보여주고 있다. 즉 사회 각 영역에서의 위험수준이 극대화되고 있고 사회갈등도 심화되고 있다. 갈등의 해결은 국가, 시민사회, 시장영역이 연대하여 갈등의 원인과 문제를 공론화하고 지대추구행위를 금하면서 해결할 때 찾아질 수 있다. 무엇보다도 정치세력의 정상적인 리더십이 요구된다.

정치발전은 건강한 정치문화, 시민문화와 밀접한 관련성이 있다는 사실은 멀리는 고대 그리스 사회에서, 가깝게는 서구의 민주주의의 발전과정을 보면 쉽게 찾아 볼 수 있다. 다양한 갈등과 대립, 불평등과 사회배제, 비정규직과 청년실업 등 복합적인 위험사회 수준의 문제를 가지고 있는 사회에서 정치세력의 판단력과 식견, 역사인식과 철학 등은 매우 중요하다. 이를 통해 갈등관리와 해결을 할 정책과 제도가 요구된다. 특히 먼저 정치세력들은 사회신뢰를 확보하여 정책에 대한 국민적 지지와 참여를 유도해야 한다. 그리고 비정상적인 정치권을 정상화하려는 노력과 공공성을 확대할 수 있는 정치문화의 개선이 필요하다. 복합적 사회갈등의 핵심에는 이념갈등이 있다. 이념갈등을 다른 갈등을 더 악화시키기도 하며 다른 갈등과 친화성을 가지고 결합되어 사회갈등을 악화시킨다. 특히 청년세대의 문제에서 보듯이 이념갈등을 줄이기 위해서는 복지정책, 청년정책에 대한 관심이 필요하다.

탈냉전 이후 오히려 한국 사회는 이념갈등이 줄어들지 않고 있다. 사회적 책임이 있는 언론, 정치권에 의해 이념갈등이 의도적으로 악용되는 사례가 빈번하게 나타나고 있다. 이념갈등은 시민사회 내부의 사상적 갈등의 문제만은 아니다. 이념갈등의 피해는 국민에게 파급되며 통합과 연대를 결정적으로 방해하는 요소이다. 이를 감시하고 객관적으로 인식할 수 있는 시민교육의 확대도 필요하다. 더욱 중요한 사실은 이러한 이념갈등의 해소를 위한 정책개발과 제도개선은 정치세력과 시민사회가 협력하여 국가적 위기를 극복하겠다는 도덕적 의지가 있을 때 가능하다는 점이다.

● 참고문헌

가상준. 2015. "공공갈등에 대한 국민들의 인식: 갈등인식지수." 가상준·김강민·김재신·임재형 저.『공공갈등 국민에게 묻는다』. 노스보스. pp.17-50.

강명세. 2015. "반공주의와 정당체제의 왜곡." 김동춘·기외르기 스첼·크리스토프 폴만·노명환·류대영 저.『반공의 시대』. 돌베개. pp.158-174.

강원택. 2011. "한국에서 정치균열구조의 역사적 기원."『한국과 국제정치』27(3): 99-129.

_____. 2015. "국민이 행복한 복지는 어떻게 실현되는가." 안상훈·김병연·장덕진·한규섭·강원택 저.『복지 정치의 두 얼굴』. 21세기북스.

강원택·정병기. 2007. "이념갈등과 사회통합: 영국과 독일의 경험을 중심으로." 한국사회학회·한국정치학회 편.『한국사회의 새로운 갈등과 국민통합』. 인간사랑. pp.67-104.

강정인. 2009. "보수주의." 강정인·김수자·문지영·정승현·하상복 저.『한국정치의 이념과 사상』. 후마니타스. pp.35-119.

국민대통합위원회. 2014.『2014년도 국민통합에 관한 국민의식조사』.

_____. 2016.『2015년 국민대통합위원회 백서』.

고세훈. 2013. "복지국가, 정치, 관료."『황해문화』79: 66-83.

권용립. 2015.『보수』. 소화.

김면회. 2004. "한국사회 변화와 자유민주주의의 위상." 송병헌·이나미·김면회 저.『한국자유민주주의의 전개와 성격』. 민주화운동기념사업회. pp.151-193.

김무경·이갑윤. 2005. "한국인의 이념정향과 갈등."『사회과학연구』13(2): 6-32.

김미곤·여유진·김태완·정해식·우선희·김성아. 2014.『사회통합 실태진단 및 대응방안 연구』. 한국보건사회연구원.

김용복. 2008. "민주화이후 정당정치와 대통령리더십."『기억과 전망』17: 6-37.

김용신. 2008.『보수와 진보의 정신분석』. 살림.

김윤태. 2015(a). "역사적 경로의존성을 넘어서: 발전주의 복지국가의 쇠퇴와 제도적 역도성."『담론201』18(1): 43-68.

_____. 2015(b).『복지국가의 변화와 빈곤정책』. 집문당.

김의영. 2014.『거버넌스의 정치학』. 명인문화사.

김주성. 2011. "보수주의와 민주주의" 안병직 편.『한국 민주주의의 기원과 미래: 보수가 이끌다』. 시대정신. pp. 187-217.

김진웅. 2003.『반미』. 살림.

김형준. 2005. "제왕적 대통령제의 종언과 3권 분립." 양승함 편.『노무현 정부의 국가관 리 중간평가와 전망』연세대학교 국가관리연구원.

마인섭. 2012.『북한문제와 남남갈등』. 성균관대출판부.

박상훈. 2015.『정당의 발견』. 후마니타스.

박준. 2013. "한국 사회갈등의 현주소." 전국경제인연합회.『제2차 국민대통합 심포지움』.

박찬표. 2017. "촛불과 민주주의." 최장집·박상훈·서복경·박찬표 저.『양손잡이 민주주의』. 후마니타스. pp. 173-252.

박효종. 2008. "한국보혁갈등에 관한 일 고찰." 한국사회학회·한국정치학회 편.『한국사회의 새로운 갈등과 국민통합』. 인간사랑. pp. 105-164.

변창구. 2014. "국민통합과 통일기반의 구축."『통일전략』14(4): 77-102.

서문기. 2004. "한국의 사회갈등 구조 연구."『한국사회학』38(6): 195-218.

서울대학교 한국정치연구소. 2014.『한국형 사회갈등 실태 진단연구』. 국민대통합위원회.

선우현. 2002. "한국 사회에서 진보 / 보수 간 이념적 대립 구도의 왜곡화 − 대북 정책을 둘러싼 남한 내 갈등 사태'를 중심으로."『사회와 철학』4: 79-118.

유희정·이숙종. 2016. "한국사회 갈등의 원인 및 관리에 대한 연구."『한국사회』17(1): 39-80.

윤민재. 2004(a). "신뢰와 사회자본에 대한 사회학적 이해."『신뢰연구』14(1): 3-35.

_____. 2004(b). "한국 보수세력의 이념과 활동에 대한 정치사회학적 연구."『사회이론』26: 242-274.

_____. 2008. "뉴라이트의 등장과 보수의 능동화."『시민과 세계』13: 46-65.

_____. 2017.『민주화 이후 한국사회와 신자유주의』. 오름.

윤성이. 2015. "무엇이 이념갈등을 증폭 시키는가." 『황해문화』 88: 40-58.

이동수. 2014. "시민사회, 파트너십 그리고 공공성." 이동수 편. 『시민사회 파트너십과 공공성』. 인간사랑.

이명석. 2011. "네트워크 거버넌스와 정부의 역할." 『국정관리연구』 6(1): 1-32.

이장희. 2002. "반미감정의 원인과 그 해결 방안." 한국국방연구원 편. 『한국사회의 반미분위기와 한미동맹』. 한국국방연구원. pp.18-39.

이현우. 2015. "한국민주주의와 국회 70년." 이완범·진덕규·신명순·이현우·이효원 저. 『한국의 정치70년』. 한국학중앙연구원출판부.

이현진·이정진. 2013. "세대별 이념갈등의 이질성." 『국가전략』 19(1): 57-81.

이현출. 2005. "한국 국민의 이념성향." 『한국정치학회보』 39(2): 321-343.

임혁백. 2011. 『1987년 이후의 한국민주주의』. 고려대학교출판부.

임희섭. 2007. "세계화시대의 사회통합." 한국사회학회·한국정치학회 편. 『한국사회의 새로운 갈등과 국민통합』. 인간사랑. pp.15-34.

장우영. 2014. "이념갈등 극복과 국민합의의 모색." 국민대통합위원회·한국동북아학회·대구가톨릭대학교 사회과학연구소 저. 『국민합의 형성과 국민통합의 모색』. 국민대통합위원회.

장용석. 2014. "한국의 사회갈등 현주소와 국민대통합을 위한 중장기 정책과제." 국민대통합위원회 저. 『국민대통합 정책연구협의회 이슈보고서(vol.1)』. 국민대통합위원회. pp.63-106.

장은주. 2006. "사회권의 이념과 인권의 정치." 『사회와 철학』 12: 187-216.

정상호. 2009. "이익입단과 NGO." 민주화운동기념사업회 편. 『민주주의강의3: 제도』. 민주화운동기념사업회.

조윤재. 2009. 『한국의 권력구조와 경제정책』. 한울.

조화순·송지향. 2015. "네트워크 시대의 정당정치와 양극화." 조화순 편. 『한국 정당의 미래를 말하다』. 한울아카데미.

조효제. 2015. "한국의 반공주의와 인권." 김동춘·기외르기 스헬·크리스토프 폴만·노명환·류대영 저. 『반공의 시대』. 돌베개. pp.369-389.

조희연·장훈교. 2013. "민주주의의 외부와 급진민주주의 전략." 급진민주주의 연구조합 편. 『한국 급진민주주의 프로젝트 3』. 데모스.

주은선. 2013. "한국의 복지정치" 이종오·이정우·김용일·최영기·은수미·조흥식·정해구·신필균·김호균·김윤태 저. 『어떤 복지국가인가』. 한울아카데미.

최유석. 2016. 『세대 간 연대와 갈등의 풍경』. 한울아카데미.

최장집. 2002. 『민주화이후의 민주주의』. 후마니타스.

_____. 2004. "한국민주주의의 제도디자인." 김우식 편. 『21세기 한국의 국가관리와 리더십』. 연세대학교 국가관리연구원.

_____. 2008. 『한국민주주의 무엇이 문제인가』. 생각의 나무.

_____. 2013. "한국민주주의 어디서 와서 어디로 가고 있나." 최장집·박상훈·박찬표·서복경·박수형 저. 『논쟁으로서의 민주주의』. 후마니타스.

최장집·박상훈·서복경·박찬표. 2017. 『양손잡이 민주주의』. 후마니타스.

최형익. 2013. 『대통령제, 정치적인 너무나 정치적인』. 비르투.

한국민주주의연구소. 2016. 『시민사회의 시민교육체계 구축과정 연구』. 민주화운동기념사업회.

한준·설동훈. 2007. "한국사회 이념갈등의 현황과 구조." 한국정치학회·한국사회학회 편. 『한국사회의 새로운 갈등과 국민통합』. 인간사랑. pp.35-66.

한준·이재열. 2007. "한국인의 탈물질주의." 강원택 편. 『한국인의 국가정체성과 한국정치』. EAI. pp.213-227.

함성득. 2013. 『대통령 당선자의 성공과 실패』. 나남.

_____. 2017. 『제왕적 대통령의 종언』. 섬앤섬.

황아란·이지호. 2016. "복지국가 태도의 결정요인." 이현우·노대명·서복경·이덕로·이정진 저. 『좋은 정부의 제도와 과정』. 오름.

Acemoglu, Daron and James A. Robinson. 2006. *Economic origins of dictatorship and democracy*. Cambridge University Press.

Dean, Mitchell. 2007. *Governing Societies*. Open University Press.

Guilhot, Nicolas. 2014. *The Democracy Makers*. Columbia University Press. (김성현 역. 2014. 『민주주의를 만드는 사람들』. 한울아카데미.)

Lipschutz, Ronnie D. and James K. Rowe. 2005. *Globalization, Governmentality and Global Politics*. New York : Routledge.

Rose, Nikolas. 1999. *Powers of Freedom*. Cambridge University Press.

제 5 장

젠더관계의 균열과 가족의 위기: 해법의 모색

제 5 장 젠더관계의 균열과 가족의 위기: 해법의 모색

김 혜 영 (숙명여대 정책산업대학원)

제 1 절 들어가는 말

  그동안 우리사회는 다양한 변화를 경험해 왔지만, 오늘날처럼 사적영역의 변화가 사회적인 쟁점이 되고 이것이 새로운 제도와 정책, 나아가 사회의 질적 전환을 요구하는 것은 상당히 이례적인 일이 아닐 수 없다. 급속한 사회변동과 함께 지속적으로 변화해온 한국인의 의식과 행위양식은 젠더관계는 물론 가족의 의미 변화로 이어지고 있는 것이다. 그 가운데서도 최근 우리가 목도하는 여성의 역할 및 지위변화는 성별관계를 넘어 가족과 사회의 재구조화를 요구할 만큼 역동적인 것으로 평가된다.

  그러나 가부장적 가족구조를 사회변동의 효과적인 대응기제로 활용해온 발전주의 국가체계의 오랜 관성은 이러한 변화를 인정하고 수용하기보다는 가족주의에 호소하는 방식으로 변화를 축소하거나 폄하해온 측면이 없지 않다. 그 결과 우리사회는 결혼 및 출산 지연내지 기피와 같은 급속한 개인화 현상과 함께 사회적 재생산체계의 교란마저 경험하게 되었다. 더욱이 현재와 같은 가족기능의 급격한 위축은 결과적으로 광범위한 사회정책의 개입과 높은 사회적 비용부담이라는 부메랑을 낳고 있다. 이제 결혼을 통한 자녀 출산과 양육은 모든 개인들이 수용해야 하는 보편적 규범의 범주에서 밀려나기 시작했으며, 과거와 같은 아들선호나 성별에 따른 차별적인 교육투자와 같은 문화적 관행은 이미 그 적실성을 상실한 바 있다. 이는 정보화 이후 가속화된 기술발달과 노동시장의 변화가 기성의 성별 및 세대관계의 변화를 추동하면서 새로운 가족 및 사회문화를 형성해가고 있음을 의미하는 것이다.

다른 한편, 사적영역의 급속한 변화는 성별과 세대, 계층 및 지역별로 상이하게 경험되고 해석되면서 이에 대한 개인 적응의 문제와 함께 적실한 사회적 지원체계의 미비에서 오는 집단 및 계층의 긴장과 갈등을 초래하기도 한다. 더욱이 오늘날 개인 및 가족관계의 변화는 단순한 개인의 가치관이나 행동규범뿐만 아니라 노동시장 등 사회의 불확정성 증가와 맞물려 있다는 점에서 작금의 변화는 상당한 정책적 함의를 던져주고 있다. 예컨대 과거와는 달리 성별 구분 없는 유급노동이 모든 세대의 생애과업이 되고 있지만, 정작 빠른 기술발달은 노동시장을 더욱 불안정하게 만듦과 동시에 만성적인 구직난으로 이어지면서 성별, 세대별 경쟁과 갈등을 부추기고 있다. 따라서 과거처럼 표준화된 생애주기에 맞춰진 결혼과 출산은 물론 성별로 정형화된 부부의 역할수행이 모든 사람들에게 자연스러운 삶의 방식일 수 없게 되었다. 일하면서 결혼하고 자녀를 출산·양육하는 일은 오로지 개인의 능력과 여건에 따라 선택하거나 선택할 수 없는 그 무엇, 즉 특정한 여건에서만 가능한 프로젝트로 변화하게 된 것이다. 이처럼 시장만능주의를 부추기는 신자유주의는 개인들로 하여금 삶에 대한 자기 준거적 선택을 중요시하는 개인주의 문화를 확산시키고 있지만, 그 이면에는 개인화를 강요하는 사회 구조적 압력이 강하게 작동되고 있다.

사적영역의 변화는 다양하게 해석되고 있다. 일부에서는 이러한 변화를 무분별한 개인주의 확산에 따른 개인 및 가족 삶의 질 저하로 보는가 하면 (Bellah et.al, 1985; Popenoe, 1988), 제도적 혼인과 가족의 구속력으로부터 벗어나 개인의 선택권이 확장되는 사적영역의 민주화(A. Giddens, 1996), 혹은 시장화의 압력에 의한 개인화, 즉 가족시간과 가족생활은 일터의 요구에 따라 자유로이 조정되는 과정으로 보기도 한다(Beck, U & Beck-Gernsheim, 1999). 특히 최근에 와서는 작금의 변화를 구조적으로 강제되고 강박적으로 추구되는 개인화와 접목시키거나 여기에 한국적 특수성과 결합되어 있다는 해석이 주류를 이루고 있다. 따라서 한국가족의 특징을 서구와는 다른 개인화, 즉 개인주의 없는 개인화로 해석하거나 가족을 경유하는 개인화, 또는 개인들로 하여금 구조화된 선택을 강요하는 사회적 경향이 반영된 가족의 개인화나 탈제도화로 해석하고 있다(심영희, 2013; Chang, Kyung-Sup & M-Y, Song, 2010; 김혜경, 2013; 김혜영, 2014: 256-257 재인용).

　분명한 것은 성별 및 세대관계의 사회적 규정이나 개인에 대한 가족구속력은 과거처럼 절대적인 것으로 다가오지 않는다는 사실이다. 또한 특정한 방식으로 개인이나 가족 삶을 규정하고 정형화하기에는 결혼 및 가족구성의 방식과 형태가 대단히 다양화되고 복잡해지고 있다. 즉, 여성의 공적 지위변화가 크게 개선되지 않음에도 불구하고, 여성의 결혼 및 가족의식의 변화가 남성의 그것보다 더 빨리 변화하고, 여성들이 사적영역의 변화를 주도하는 한국의 현실은 상당히 다층적인 정책적 해법을 요구하는 것으로 볼 수 있다. 변화의 급진성과 이로 인한 성별 및 세대별 격차는 공·사적 영역의 긴장 및 갈등발생의 가능성과 함께 가부장적 사회문화의 균열과 재편을 요구하는 것이기 때문이다.

　이에 본고는 여성의 사회인구적 위치는 물론 이들의 의식변화로부터 가족의 형태적, 내용적 변화를 보여주는 관련 통계를 통해 사적영역의 변화 내용과 방향을 살펴보고, 그것이 갖는 정책적 함의를 논의하고자 한다. 사적영역의 변화에 대한 주의 깊은 관찰과 분석은 변화 요인에 대한 단서와 함께 문제의 해법, 즉 정책개입의 지점과 방식에 관한 유용한 지침을 제공해 줄 수 있을 것이기 때문이다. 또한 여성 및 가족변화의 특징과 이로 인한 사회적 결과에 주목하고, 이의 대응방안을 모색하는 일은 향후 새로운 사회의 비전과 설계의 중요한 단서를 제공할 수 있을 것이다.

제 2 절　여성의 지위변화와 성불평등

　급속한 고도성장으로 인한 한국의 사회변화는 여러 가지 지표로 확인가능하다. 빠른 경제성장으로 삶의 질을 향상시키는 사회 환경과 관련 인프라가 지속적으로 확장되어 왔음은 주지의 사실이다. 그러나 다른 한편에서는 압축적 경제성장으로 인한 부작용도 적지 않은데, 무엇보다 경제성장에 대한 균형적 분배과정의 부재와 이로 인한 사회적 갈등이 적지 않았음이 바로 그것이다. 급격한 경제규모 확대의 이면에서는 계층 및 지역, 성별 및 세대 간 불평등이 지속적으로 확대되어왔음을 부정하기 어렵다. 예컨대 한국은 부유층과 하위 계층의 소득 격차가 10.1배로 OECD 평균보다 높으며, 65세 이상 노인의 빈곤율이 49.6%로 회원국 가운데 가장 높게 나타나고 있다(KBS 보도 2015.5.22.).

더욱이 과거와 같은 수준의 경제성장이 보장될 수 없는 오늘의 현실에서는 다양한 불평등기제에 대한 세간의 관심이 집중되고 있는데, 성불평등 역시 예외는 아니다. 경제성장과 의료기술 발달에 힘입어 여성의 평균기대수명이 증가하고, 개인들의 의식과 가족구조의 변화로 여성의 생애주기가 크게 변화하고 있다. 이러한 변화를 반영하듯, 2001년 여성정책을 전담하는 중앙부처가 마련되어 다양한 비전과 정책을 추진해 왔다. 그럼에도 불구하고 사회참여를 제약하는 한국의 기업 및 가족문화는 여전히 여성의 삶을 왜곡시키면서 생애 위험을 증폭시키고 있는 것이 사실이다. 글로벌 경쟁체제가 가속화되면서 대다수 청년세대들은 성별을 넘어 심각한 구직난을 경험하고 있으며, 유례없는 기대수명의 연장은 장년세대들로 하여금 노후불안을 안겨주고 있는 상황이다. 따라서 과거와 같이 가족을 통한 돌봄과 부양을 기대하기 어려움에도 불구하고, 여성들은 여전히 노동시장 진입부터 직무배치나 승진의 기회는 말할 것도 없거니와 임금 등 광범위한 차별적 관행에 그대로 노출되어 있다. 따라서 노동시장에 진입하였다고 할지라도 임신과 출산으로 인한 경력단절의 압력이나 경력유지의 어려움은 결코 완화되고 있지 않다. 이러한 모순적 사회구조는 여성의 결혼 및 출산 기피와 지연으로 나타나고 있으며, 이는 한국 사회의 재생산구조의 마비와 교란이라는 사회적 위험으로 가시화되고 있다.

1. 여성의 생애주기와 교육수준의 변화

2016년 기준으로 한국 사회의 총인구는 5,124만 6천 명 가운데 여성은 2,555만 2천 명으로 전체 인구의 49.9%를 차지하고 있다. 이 가운데 가임연

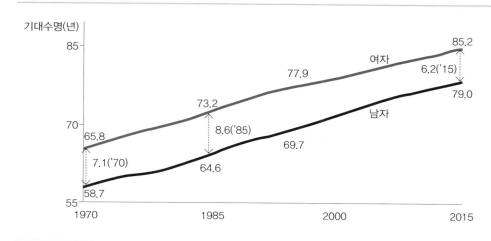

| 그림 5-1 | 성별 기대수명 및 성별 차이: 1970-2015 | (단위: %) |

자료: 통계청. 『2015년 생명표』. 2016. 2쪽.

령에 해당되는 15~49세 여성인구의 비중은 49.5%에 달하지만, 2002년 이후 가임기 여성의 수는 감소세를 보여주고 있어 향후 초저출산 추세가 쉽사리 전환되기 어려울 수 있음을 예측케 한다. 또한 통상 결혼 적령기로 분류되는 20~39세 인구의 성별분포를 살펴보면, 2016년 여자 100명당 남자의 수는 110.6명으로 결혼시장의 불균형 문제와 함께 결혼 및 가족생활에서의 여성지위 변화를 예측할 수 있다.

또한, 한국인의 평균수명이 빠르게 증가하여 불과 45년 만에 평균기대수명은 30년 가까이 증가해왔다(〈그림 5-1〉 참조). 하지만 기대수명의 성별격차가 적지 않아 고령인구 가운데 여성의 비중이 높게 나타나고 있다. 예컨대 남녀의 평균수명 격차는 점차 줄어들고는 있지만, 여전히 여성의 평균수명은 2015년 기준 남성보다 6.2년 긴 85.2세인 것으로 나타났다. 한국 사회가 빠르게 고령화되고 있지만, 특히 여성의 평균기대수명이 여전히 남성보다 높고 노동시장 참여경험이 적다는 점에서 초고령 노인이나 고령으로 인한 와병노인 및 빈곤노인 가운데 여성의 비중은 당연히 높을 수밖에 없다. 남성이 과거와 같은 생계부양자의 지위를 안정적으로 유지할 수 없을 뿐만 아니라 결혼안정성이 크게 약화된 상황에서 여성들의 사회참여는 이제 선택이

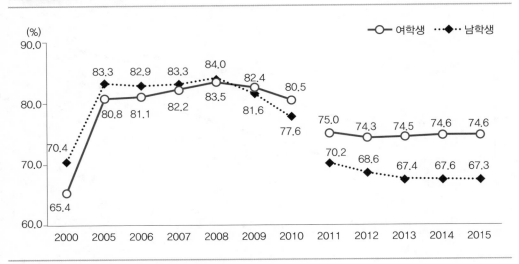

그림 5-2　성별 대학진학률 추이　　　　　　　　　　　(단위: %)

자료: 교육부·한국교육개발원,『교육통계연보』
주: 1) 진학률은 당해 연도 졸업자 중 국내·외 상급학교에 진학한 사람의 비율(재수생 미포함)　2) 국내 진학
　　자에 한함　3) 교육대학, 산업대학, 기술대학, 방송통신대학이 포함됨　4) 2011년부터 4월 등록자 기준(종
　　전은 2월 합격자 기준)
출처: 통계청,『2016년 통계로 보는 여성의 삶』, 2016. 23쪽.

아닌 필수로 인식되고 있다. 하지만, 여성들의 사회참여는 여전한 제약과 차
별을 감내해야 하는 일이 되고 있으며, 실제 노동시장의 진입이 녹록치 않은
현실이다. 따라서 길어진 수명만큼이나 여성 삶의 불안정성도 커지고 있다.
　　경제성장은 비단 평균 기대수명 뿐만 아니라 전반적인 교육수준 또한 크
게 확대시켜 왔다. 중등교육은 말할 것도 없거니와 고등교육 진학률의 지속
적인 상승세는 특기할 만하다. 특히 2009년을 기점으로 여성의 대학진학률
이 남성을 앞지르기 시작했음에 주목할 필요가 있다. 2009년은 우리사회에
서 최초로 대학진학률이 감소하기 시작한 시점이라는 점에서 성별 역전 현
상이 갖는 의미와 효과는 상당히 복잡하게 해석될 수 있다. 2015년 경우 여
학생의 대학진학률은 74.6%로 전년과 동일하다. 그러나 남학생은 다소 감소
하여 대학진학률에 있어 성별격차는 7.4%p로 벌어지고 있으며, 전문대학과
4년제 이상 대학 모두에서 여학생 진학률이 높게 나타나고 있다.
　　한편, 여성 평균기대 수명의 증가에도 불구하고, 교육 및 사회참여 욕구

그림 5-3　혼인상태별 여성인구　(단위: %)

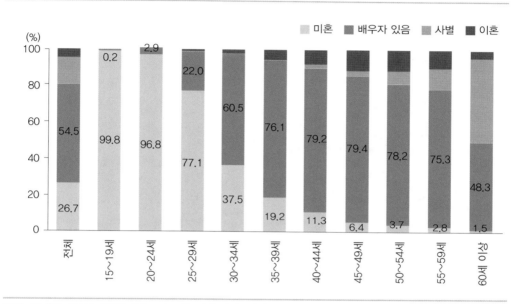

자료: 통계청. 『2015 인구주택총조사 표본 집계 결과: 여성·출산력·아동, 주거실태』. 2017. 1쪽.

의 증가와 가족가치의 약화 등으로 혼인율은 크게 약화되고 있다. 실제로 지난 5년간 여성의 모든 연령층에서 미혼 비율이 증가하였으며, 특히 주 혼인연령층인 25~34세의 미혼 증가율은 상당히 높게 나타나고 있다. 예컨대 2010년 25~29세 여성의 미혼율은 69.3%, 30~34세 29.1%였지만, 2015년의 경우에는 각기 77.3%, 37.5%로 8p이상 증가하고 있어 결혼에 대한 매력요인의 감소뿐만 아니라 여성에게 임신과 출산 등을 고려한 생물학적 요인이 과거에 비해 결혼의 압력요인으로 강하게 작용하지 않음을 보여준다.

　　결혼규범의 약화는 결혼의 지연과 해체, 재구성의 변화를 가져오기 마련이다. 앞서 확인한 바와 같이 결혼하지 않는 여성의 증가와 함께 여성이 가구주로 등록한 여성 가구주가구는 2016년 547만 8천 가구로 전체의 28.9%를 차지하고 있는데, 이는 90년 176만 4천 가구에 비해 3배가량 증가한 수치이다. 이러한 여성 가구주 비율은 2016년 28.9%에서 2020년 30.8%, 2030년 34.0%로 계속 증가할 것으로 전망되고 있다. 2016년을 기준으로 하여 여성가구주의 배우자 상태를 살펴보면, 사별(34%), 유배우자(25.1%), 미혼(22.3%)로 나타나고 있지만, 연령대별로는 30대까지는 미혼의 여성가구주 비중이 가장 높게 나타난다. 이에 비해 40~50대는 배우자가 있는 경우, 그리고 60대 이상에서는 사별한 경우의 여성가구주 비중이 더 높게 나타나고 있다. 여성가구주가 갖는 의미는 복잡하지만, 적어도 가구를 실질적으로 대표할 만한 사유가 있는 가구란 점에서 여성 스스로가 가구를 대표하거나 책임지는 가구가 크게 늘어나고 있음은 분명하다. 하지만 여성가구주의 소득은 남성가구주의 소득의 절반[1]에도 미치지 못한다는 점은 이미 널리 알려져 있어 여성가구주 가구의 경제적 어려움은 상당할 것임을 예측할 수 있다.

　결혼뿐만 아니라 출산하지 않는 여성들도 늘어가고 있다. 예컨대 2015년 인구주택총조사 결과에 나타난 15~49세의 가임기 기혼여성의 평균 기대 자녀수는 1.83명인데, 이는 2010년 1.96명에 비해 0.13명 감소한 수이다. 따라서 결혼을 선택한 기혼여성이라 할지라도 출산기간은 매우 단축될 수밖에 없다. 조사결과에 따르면, 출생아수가 2명 이상인 기혼여성의 평균 출산기간은 5년으로 나타나고 있다. 구체적으로 살펴보면, 출생아수가 2명인 경우 평균 출산기간은 3년 1개월(37개월)이며, 3명인 경우 6년 3개월(75개월)로 나타났다(통계청, 2017a). 또한 자녀를 출산하지 않은 여성도 크게 늘어나고 있는데, 가임 기혼여성(15~49세) 692만 명 가운데 한 번도 출산하지 않은 여성은 77만 8000명(11.2%)으로 2010년 대비 4.9%포인트 증가했다. 현재 자녀가 없고, 앞으로 출산 계획도 없다고 답한 여성은 29만 명으로 확인된 바, 이는 5년 전보다 14만 명 늘어난 수치이다(통계청, 2017).

　이러한 여성의 출산기간의 단축은 여성생애에 상당한 의미와 변화를 함축하는 것이다. 실제로 한 연구에 의하면, 전반적으로 가족생애주기가 개인의 생애과정에서 차지하는 비중은 감소하고 있으며, 자녀수의 감소와 함께 기혼여성들 조차 가족확대완료기 이후의 시간이 크게 연장되고 있는 것으로 분석되었다. 이는 여성의 개인적 삶의 시간과 더불어 노년기 부부생활이 길어지고 있음을 의미하고 있어 점차 노년기 부부의 상호의존과 돌봄이 가족

---

[1] 2015년 여성가구주의 소득은 2,417만 원임에 비해 남성가구주는 5,435만 원으로 나타나 여성가구주의 2.1배에 달하고 있음이 확인된다(한국여성정책연구원, 2017a: 19).

생활의 주요한 변인으로 등장할 것임을 예측할 수 있다(진미정·변주수·권순범, 2014). 따라서 오늘날의 여성들은 길어진 수명과 높아진 교육수준에 비해 출산과 자녀 돌봄의 기간은 짧아지고 있어 과거보다 그들 자신만의 역동적인 삶의 기획과 실천이 중요한 생애과제로 부상하고 있다. 그리고 이는 적어도 과거 부모님 세대와는 다른 생애설계가 기획되어야 하며, 일과 가족생활의 연계와 결합이 더욱 중요해짐을 의미한다.

2. 성차별적 노동시장과 여성의 경력단절

앞서 논의한 바와 같이 오늘날의 여성들은 과거보다 더욱 적극적인 삶의 기획을 요구받고 있으며, 실질적으로 이것이 가능할 수 있는 인적자본을 획

표 5-1 성별, 연령별 경제활동 참가율과 고용율의 추이 (단위 : %)

	경제활동 참가율[1]	남 자	여 자	차이 (남-여)	고용율[2]	남 자	여 자	차이 (남-여)
2000	61.2	74.4	48.8	25.6	58.5	70.7	47.0	23.7
2005	62.0	74.6	50.1	24.5	59.7	71.6	48.4	23.2
2010	61.0	73.0	49.4	23.6	58.7	70.1	47.8	22.3
2011	61.1	73.1	49.7	23.4	59.1	70.5	48.1	22.4
2012	61.3	73.3	49.9	23.4	59.4	70.8	48.4	22.4
2013	61.5	73.2	50.2	23.0	59.5	70.8	48.8	22.0
2014	62.4	74.0	51.3	22.7	60.2	71.4	49.5	21.9
2015	62.6	73.8	51.8	22.0	60.3	71.1	49.9	21.2
15~29세	45.7	44.5	46.9	-2.4	41.5	39.8	43.2	-3.4
30~39세	76.6	93.8	58.8	35.0	74.2	90.9	56.9	34.0
40~49세	81.0	94.1	67.6	26.5	79.1	92.2	65.7	26.5
50~54세	79.4	91.4	67.3	24.1	77.8	89.6	66.0	23.6

주: 1) 15세 이상 인구 중 경제활동인구(취업자+실업자)가 차지하는 비율 2) 15세 이상 인구 중 취업자가 차지하는 비율
자료: 통계청. 『경제활동인구조사』. 각 년도.

득하고 있다. 물론 여성들의 교육수준의 증가가 반드시 노동시장에서 요구하는 양질 혹은 미래지향적인 자본과 일치하는 것은 아니지만, 적어도 제도적 교육 차원에서는 남성을 앞지르고 있다. 그러나 여성교육의 증가에도 불구하고, 여성경제활동참여율은 상당히 미미한 상승세를 보여주고 있다. 아래의 표에서 확인할 수 있듯이, 여성의 경제활동참여율은 매우 더디게 증가하고 있으며, 특히 가장 생산적인 연령대로 노동시장에서 자신의 경력추구에 매진해야할 30대 여성의 고용율과 경제활동참여율은 매우 낮게 나타나고 있다. 그 결과 모든 연령대에서 고용율 및 경제활동참가율의 성별격차가 나타나고 있지만, 30대 연령의 경우 성별 격차가 가장 크게 벌어지고 있다(〈표 5-1〉 참조).

30대 들어서면서 성별고용율의 격차가 급격하게 증가하는 것은 바로 이 시기 여성들의 경력단절을 야기하는 주요한 요인이 있음을 의미한다. 위의 표에서 알 수 있듯이, 30대에는 성별 고용율 격차가 34.0%까지 가장 크게 벌어지지만, 연령 증가와 함께 다시 여성고용율은 높아지고 있어 오히려 40~50대 초반 성별고용율의 격차는 좁혀지고 있다. 〈그림 5-4〉는 이

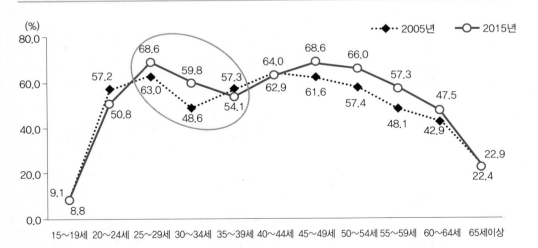

그림 5-4 연령대별 여성 고용율 　　　　　　　　　　　　　　　　　(단위: %)

자료: 통계청. 『2016년 통계로 보는 여성의 삶』. 2016. 15쪽.

러한 여성고용율의 등락을 잘 보여주고 있다. 즉 2015년 기준 여성고용율
은 25~29세와 45~49세에서 68.6%로 가장 높게 나타나지만, 결혼·임신·
출산·육아 등의 경력단절이 발생하는 30대를 기점으로 여성 고용율이 크
게 하락하고 있다. 특히 최근 10년간 30대 여성고용의 저점은 30~34세에서
35~39세로 이동하는데, 이는 평균 결혼연령의 증가와 관련된 기인하는 것
으로 볼 수 있다. 이에 비해 40~49세와 50~54세 경제활동참가율은 증가하
고 있는데, 이는 여성에게 노동이 갖는 의미 변화가 반영된 것일 뿐만 아니
라 생계부양자를 늘려야 하는 가계 상황 또한 반영된 것으로 해석된다.

실제로 2015년 15~54세 기혼여성 가운데 결혼, 임신 및 출산, 육아, 자
녀 교육(초등학생), 가족 돌봄 등의 사유로 직장(일)을 그만 둔 경력단절여성
은 20.6%인 190만 6천 명에 달하는 것으로 나타났다. 연령별로는 30~39세
가 53.1%로 가장 많고, 그 뒤를 이어서 40~49세(30.8%), 15~29세(8.5%),
50~54세(7.7%) 순이며, 경력단절 사유는, 30~39세는 「육아(34.8%)」가 가
장 많고, 나머지 연령대는 「결혼」이 상대적으로 가장 높게 나타나고 있어 여

그림 5-5 | 여성경력단절 사유

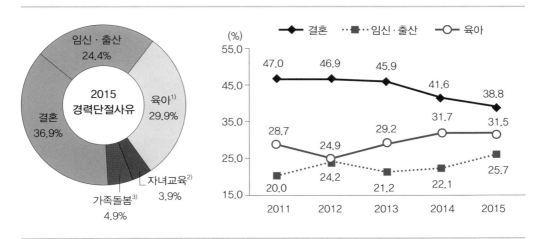

주: 1) 미취학 자녀를 돌보는 일 2) 초등학생 자녀 교육에 한 함 3) 2014년 조사부터 경력단절여성 범위에
　　'가족돌봄' 추가. 「가족돌봄」은 2014년부터 조사되어, 2014년과 2015년 그래프 수치는 2013년 이전 자료와
　　비교 가능하도록 '가족돌봄'을 제외
출처: 통계청, 『2015 일·가정양립지표』, 2015.

성에게 결혼과 출산이 갖는 의미는 상당히 복합적이며 갈등적인 것이 되고 있다. 이는 아래의 〈그림 5-5〉를 통해서 보다 구체적으로 확인할 수 있다(통계청, 2015a).

고용구조의 성별 격차와 여성의 경력단절은 다양한 요인으로 설명할 수 있지만, 무엇보다 가사노동 및 자녀돌봄이 온전한 여성의 역할로 인식되고 있는 가부장적 가족문화의 부정적 결과로 볼 수 있다. 그 이외의 시기에서 확인되는 성별 고용율 격차의 경우에는 인적자본의 성별 격차로 설명될 수 있는 측면 또한 없지 않지만, 이것만이 여성 고용율의 저하를 설명할 수는 없다. 〈그림 5-6〉은 이러한 점을 부분적으로 보여주고 있다. 즉 남녀의 대학진학률과 경제활동율을 동시에 보여주는 그림에서 알 수 있듯이, 여성의 대학진학률은 남성을 앞지르고 있음에도 불구하고 여전히 여성 고용율의 증가는 낮은 수준에서 정체되어 있다. 그 결과 최근 들어 고학력 여성들의 비경제활동인구가 꾸준히 증가하고 있는데, 2007년 25~54세 여성인구 가운데

그림 5-6 교육 진학률과 경제활동 참가율

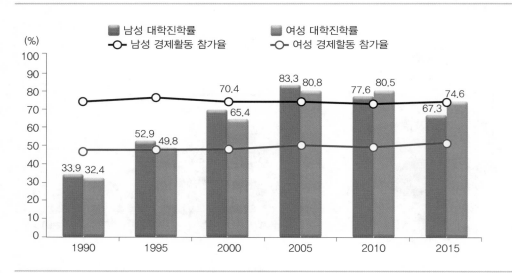

주: 1) 대학진학률의 경우 2010년까지는 대학합격자 기준이며, 2011년부터는 대학등록자 기준임.
자료: 교육부.『교육기본통계』. 각 년도. 통계청.『경제활동인구조사』. 각 년도.
출처: 통계개발원.『한국의 사회동향, 2015』. 2016. 1쪽.

전문대졸 이상의 고학력 여성은 4,053천 명, 2015년에는 5,882천 명으로 꾸준히 증가했으나 이 가운데 비경제활동여성인구의 비중은 줄어들고는 있지만, 전체 비경제활동여성인구수는 2007년 1,282천 명에서 2015년 1,748천 명으로 꾸준히 증가해왔다(한국여성정책연구원, 2017a, 35쪽).

　　또한 〈표 5-2〉에서 볼 수 있듯이, 한국인들은 대체로 여성의 육아부담을 여성취업의 중요한 장애요인으로 꼽고 있을 뿐만 아니라 여성에 대한 사회적 편견과 관행, 불평등한 근로여건을 꼽고 있다. 다만 남성에 비해 여성, 그 가운데서도 출산과 육아기에 해당하는 30대 여성 집단 에서 '육아부담'을 더욱 과중하게 느끼고 있으며, 10대와 20대 여성들은 '사회적 편견과 관행' '불평등한 근로여건'을 꼽는 경향이 더욱 높게 나타났다. 이러한 조사결과는 중요한 함의를 갖고 있다. 즉 여성 고용율의 제고를 위해서는 성별과 세대를 불문하고 가사 및 육아부담의 해소방안 마련과 사회적 편견과 관행, 여성에게 불평등한 근로여건의 개선이 전제되어야 함을 함축하는 것이기 때문이다.

　　이뿐만이 아니다. 여성취업의 질 또한 여전히 좋지 않아 2016년 3월 기준

표 5-2　여성취업 장애 요인(2015년) (단위: %)

	계	사회적 편견 관행	직업의식 책임감 부족	불평등한 근로 여건	일에 대한 여성 능력부족	구인 정보 부족	육아 부담	가사 부담	기타	모르 겠다
전 체	100.0	21.5	4.6	10.8	2.2	1.2	47.5	5.9	0.1	6.2
남 성	100.0	22.6	6.3	10.0	2.6	1.0	44.4	5.3	0.1	7.7
여 성	100.0	20.4	2.9	11.6	1.7	1.5	50.5	6.6	0.0	4.8
13~19세	100.0	34.2	3.7	15.6	2.7	1.5	34.0	4.0	-	4.4
20~29세	100.0	31.5	2.6	16.6	1.4	1.1	40.8	3.6	0.0	2.3
30~39세	100.0	14.6	1.9	9.9	0.8	1.4	65.4	4.6	0.1	1.4
40~49세	100.0	18.7	3.7	12.5	2.3	1.4	52.0	6.9	-	2.5
50~59세	100.0	19.8	3.7	12.9	1.9	2.2	47.1	8.3	-	4.1
60세 이상	100.0	14.1	2.4	6.3	1.5	1.2	53.6	9.2	0.0	11.6

자료: 통계청, 『2015 사회조사』, 2015, 43쪽.

여성 임금근로자 중 40.3%가 비정규직이며, 그 중 47.7%는 시간제 근로자인 것으로 나타나고 있다. 이에 비해 남성임금근로자의 비정규직 비율은 25.5% 이다. 시간제 중심의 비정규직 일자리에서 일하는 여성들의 경우에는 저임 금에 시달리는 것은 말할 것도 없거니와 열악한 노동환경과 함께 모성보호 의 사각지대에 놓여있다. 고용노동부의 조사보고서에 따르면, 1인 이상 사업 체의 여성 월평균 임금은 2015년 178만 1천 원으로 남성 임금의 62.8% 수준 으로 전년(63.1%)보다 0.3%p 감소하고 있으며, 시간당 임금수준은 꾸준히 상승하는 것으로 나타났다(〈그림 5-7〉 참조)[2]. 그러나 여성 비정규직의 월 평 균임금은 121만 원에 불과하여 2015년 기준 최저임금인 월 116만 원에 가까 우며, 이들의 출산 전후 휴가 신청자는 휴가신청 대상자의 30% 미만인 것으 로 나타났다(통계청, 2016b). 이러한 노동시장의 성별 임금격차는 거의 세계

그림 5-7 **남성대비 여성 임금수준** (단위: %)

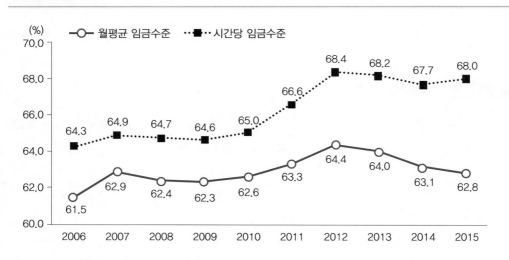

자료: 통계청. 『2016년 통계로 보는 여성의 삶』. 2016. 20쪽.

---

2 최근 자료에 의하면 대졸 이상의 성별평균 임금의 차이도 점점 크게 벌어지는 것으로 나타 났다. 1995년 남성대졸자의 평균임금은 1,770천 원임에 비해 여성은 1,269천 원으로 남성 임금에 비해 여성은 71.7에 그치고 있었으나, 2015년의 경우 남성은 4,697천 원 여성대졸자 는 3,038천 원으로 나타나 성별임금격차는 64.7로 더욱 낮아지고 있는 것으로 확인되고 있 다(한국여성정책연구원, 2017b: 326).

적인 수준이다. 2015년 11월 18일 세계경제포럼(WEF)이 발표한 〈2015년 세계 성차별 보고서〉에 따르면, 한국은 '동일한 업무를 수행할 경우의 임금 평등도'(설문) 항목에서 0.55점으로 116위에 머무르고 있었다. 즉 동일한 업무를 해도 여성은 남성의 절반 정도의 임금을 받음을 의미하는 것으로 불평등한 임금격차는 네팔(105위)이나 캄보디아(15위) 등보다 심각한 수준임을 보여준다.

노동시장에 진입하는 여성들은 입직의 기회부터 직무배치와 승진차별에 이르기까지 다양한 차별적 상황에 직면해 있음은 이미 여러 차례 지적되어 왔다. 예컨대 2015년 각 학교 급별 교원 가운데 여성은 지속적으로 증가하여 초등학교는 교원 4명 중 3명(76.9%)이며, 고등학교도 절반(50.1%)을 넘어서고 있다. 그러나 지속적으로 증가하고 있다고는 하나 교장 가운데 여성의 비율은 초등학교는 28.7%, 중학교 23.2%로 30% 미만이며, 고등학교는 9.5%에 불과하다. 또한 대학(원)의 전임교원의 여교수의 비율은 24.4%에 머물고 있어 여전히 여성의 직위는 남성에 비해 부차적인 것으로 다루어지고 있음을 알 수 있다.

여성의 대학 진학률이 남성을 능가하고 공무원 채용시험에서도 여성돌풍이 세간에 회자되기 시작한 것은 이미 수년 전이다. 2015년 공무원 채용시험 합격자 중 여성의 비율은 5급 공채시험 48.2%, 사법시험 38.6%에 달하며, 7·9급 공채 합격자 중 여성비율은 꾸준히 증가하여 9급의 경우 2015년 52.6%로 합격자 중 절반 이상을 차지하고 있을 만큼 공공의 채용시험에서 여성들은 강세를 보여주고 있다. 그 결과 2014년 공직 내 여성 공무원의 비율은 43.9%에 달하며, 여성의 비중은 매년 꾸준히 증가하는 추세이다. 그러나 일반직 공무원 가운데 여성관리자는 9.7%에 불과하다. 진입이후 일정 시점이 경과해야만 관리직으로의 상승이 가능하다고는 하나, 이러한 시간 변수를 감안한다고 할지라도 이러한 저조한 관리직 비중은 여성들 앞에는 여전한 유리천장이 놓여있음을 보여주는 것이다(통계청, 2016b).

| 표 5-3 | 여성 공무원 비율과 일반직 국가공무원 4급 이상 여성관리자 비율 | | | | (단위: %) |

	여성공무원[1] 비율	4급 이상			
			고위 공무원	3급	4급
2000	31.5	2.1[2]	-	2.1	2.3
2005	38.1	3.2[2]	-	2.0	3.8
2010	41.8	6.3	2.4	4.7	7.2
2011	41.8	7.3	3.2	4.0	8.4
2012	42.7	8.2	3.7	5.0	9.4
2013	42.8	8.8	3.7	5.2	10.1
2014	43.9	9.7	3.4	5.3	11.3

출처: 인사혁신처. 『통계연보』. 각 년도
주: 1) 행정부(국가, 지방), 입법, 사법, 헌법기관을 포함한 전체 공무원 수에 대한 비율임 2) 1,2 급 포함
자료: 통계청. 『2016년 통계로 보는 여성의 삶』. 2016. 26쪽.

3. 여성과 안전

성별 고용격차와 임금격차는 현재 뿐만 아니라 미래의 여성 삶을 제약하는 주요한 조건이 되고 있다. 앞서 살펴본 바와 같이, 여성의 평균기대 수명은 2015년에 이미 85세를 넘고 있지만, 여성의 노동시장 지위는 열악하고 가족의 안정성 역시 과거처럼 견고하지 않다. 이는 여성들이 자신의 생애를 주도적으로 설계해야할 할 필요성과 함께 그들 삶의 불안정성을 동시에 높이는 요인이 되고 있다. 무엇보다 여성들이 체감하는 경제적 안전의 측면을 생각해볼 필요가 있다. 가부장적이거나 가족부양체계를 중요시하는 여성들조차 가족의 구조적 안정성이 약화되는 현실에서는 그들 스스로의 소득보장에 관심을 기울여야 하지만, 여전히 여성의 경제활동 참여경험은 남성의 그것에 못 미치고 있다. 또한 개인의 위험보장으로 설계된 각종 사회보험제도는 기본적으로 본인의 소득 기여금에 기초한다는 점에서 남성보다 직업지위가 불안정하고 일정기간 경력단절을 경험해야 하는 여성들에게는 그 조차 제한된 보장 수단일 수밖에 없다.

이처럼 남성보다 고용지위가 낮은 현실에서 사회보험은 여성들의 경제

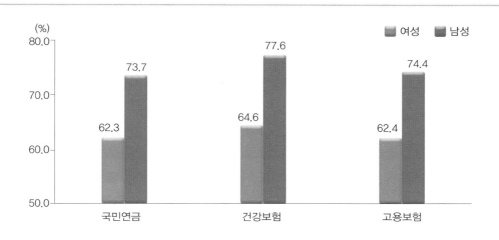

그림 5-8 사회보험 가입률 현황 (단위: %)

출처: 통계청, 『지역별고용조사』. 각 년도 4월
주: 1) 국민연금, 건강보험은 직장가입자만 집계하였으며 지역가입자, 수급권자, 피부양자는 제외 2) 국민연
　금은 공무원, 사립학교 교직원, 별정우체국 직원 등 특수직업연금 포함
자료: 통계청. 『2016년 통계로 보는 여성의 삶』.2016. 21쪽.

적 불안정성을 적절히 해소시켜주는 안전장치로 기능할 수 없는데, 이는 여
성 고용지위의 불안정성은 보험가입 자격요건조차 제한할 수 있기 때문이
다. 실제로 2015년 4월 기준 여성 임금근로자는 국민연금 62.3%, 건강보험
64.6%, 고용보험에는 62.4%가 가입한 것으로 나타났는데, 이는 전년대비
모두 0.1~0.5p 가량 증가한 것이다. 그럼에도 불구하고 여성 임금근로자의
사회보험가입률은 남성보다 상대적으로 낮으며, 비정규직 여성 고용보험 가
입률은 2014년 현재 42.6%에 불과하다(여성가족부, 2015). 여기에 미취업 여
성이 상당수에 이르는 현실을 고려한다면, 남성에 비해 사회적 위험에 대한
대비는 크게 미비할 수밖에 없다. 따라서 여성노인의 노후는 가족원의 돌봄
과 부양 혹은 국가의 지원에 의존할 가능성이 매우 높다. 이런 점에서 여성
의 취업 역시 남성과 동일한 의미에서 선택이 아닌 필수적인 개인과업으로
부각되고 있다.
　이 뿐만이 아니다. 2016년 5월 17일 강남역 사건으로 회자되는 여성대상
혐오 및 폭력사건도 눈에 띄게 증가하고 있다. 문화예술계 성폭력 사건이 세

표 5-4	성폭력 발생 및 검거 현황			(단위: 건, 명)	
구분	발생건수	검거건수	검거인원(명)	조치	
				구속	불구속
2008년	15,970	14,415	15,235	3,011	12,224
2009년	17,242	15,954	16,479	2,681	13,798
2010년	20,375	18,065	19,712	2,973	16,739
2011년	21,912	18,499	20,189	2,614	17,575
2012년	22,933	19,386	21,259	2,492	18,767

자료: 경찰청 내부자료

간을 떠들썩하게 만드는 등(『한겨레』, 2016.10.24.) 다양한 성폭력 사건이 지속되면서 여성은 말할 것도 없거니와 사회성원의 불안이 증폭되고 있는 것이다. 이를 반증하듯, 2014년 기준으로 13~20세 아동대상 성폭력범죄 발생 건수는 2005년도에 비해 279.8% 증가해왔으며(2015 범죄분석), 2010년 이래 성폭력 범죄는 연평균 9.7%의 증가율을 보여주는 것으로 집계되고 있다(2013 성폭력 실태조사). 경찰청 내부 자료역시 성폭력 발생건수는 해마다 증가하고 있으나 검거율은 이와 반비례하고 있음을 보여주면서 여성의 불안을 증폭시키고 있다(〈표 5-4〉 참조).

한편 데이트 폭력 또한 연평균 7,300건에 달하는가 하면, 데이트 폭력으로 사망에 이르는 여성이 연간 100명으로 발표된 바 있다(『경향신문』, 2016.2.16.). 또한 4대 흉악범죄의 연령층별 성별 분포에서 20대 이하와 30대 이하의 여성피해자 비율이 각각 94.7%로 나타나 젊은 여성일수록 범죄피해의 위험성이 증가하고 있으며(2015 범죄백서), 주로 비정규직을 대상으로 하는 남성상급자에 의한 여성의 직장 내 성희롱 피해경험은 남성의 5배 이상인 것으로 나타나고 있다(2015 성희롱실태조사). 여성을 대상으로 한 폭력의 증가원인에 대한 규명은 보다 면밀한 분석이 수반되어야 하지만, 적어도 과거에 비해 다양한 쟁점을 둘러싼 성별 갈등의 증가와 함께 여성이 피해자가 되는 범죄 역시 늘어가고 있음은 확실하다.

남성과는 다른 여성 안전의 취약성은 불안감요인에서도 성별 차이를 보여준다. 예컨대 2016년 사회조사 결과에 따르면, 한국인들은 「범죄발생(29.7%)」을 가장 큰 불안 요인으로 꼽고 있으며, 다음으로 「국가안보(19.3%)」, 「경제적 위험(15.5%)」의 순으로 불안요소를 선택하고 있다. 그러나 성별의 차이가 유의하게 나타나는데, 남자는 '국가안보(22.2%)' '범죄발생(21.9)'의 순임에 비해 여자는 '범죄발생(37.3%)', '국가안보(16.5)'의 순으로 꼽고 있다. 이러한 결과는 여성들이 체감하는 범죄에 대한 두려움이 남성보다 크다는 사실을 말해주는 것이다. 실제로 여성들이 체감하는 범죄에 대한 두려움은 보행권의 제약으로 나타나기도 한다. 예컨대 조사대상자들 가운데 '밤에 집 근처에는 혼자 걷기가 두려운 곳이 「있다」고 응답한 사람은 전체 40.9%로 나타났으며, 두려운 이유는 「인적이 드물어서(59.9%)」가 가장 높게 나타났다. 그러나 이러한 응답이 성별차이가 커서 여성(52.2%)들이 야간 보행에 두려움을 느끼는 비율은 남성(29.4%)의 그것에 1.5배 이상인 것으로 나타났다(통계청, 2016C).

제 3 절 가족의 변화와 재생산의 위기

급속한 사회변동에도 불구하고 90년대 후반 이후 사적영역의 변화는 상당한 충격으로 다가왔는데, 그것은 변화의 속도와 폭이 그 전과는 확연히 구분되는 것이었기 때문이다. 변동의 계기는 경제위기라는 외부적 충격에 의한 것이지만, 산업화와 함께 젠더관계 및 가족 근대성이 점차 확대되고 심화되어왔다는 점에서 가족변화는 예고된 측면도 적지 않았다. 그러나 경제위기를 기점으로 한국인들이 경험해 온 변화는 기대 그 이상의 모습으로 진행되어 왔으며, 특히 급격한 사회변동에서도 가족에 대한 믿음, 즉 가족이 개인을 보호해주는 유일한 기제라는 기대가 사라지게 되었다.

그동안 우리사회는 근대화와 현대화를 동시에 경험했다고 평가받을 정도로 전통과 근대, 혹은 근대와 반근대, 나아가서는 근대와 후기 근대가 모두 병존하는 이른바 비동시적인 것의 동시적 공존 현상이 두드러지는 사회로 규정되어 왔다(임현진·정일준, 1999: 128). 주지하듯이 우리의 근대화, 산업화 과정은 시민사회나 민간의 자발적 참여보다는 강력한 권위주의 정부에 의해 시작되었다. 그 과정에서 정부와 대기업 중심의 일방적인 성장담론을 확산, 유지하기 위한 특정 이데올로기로서 가족주의가 동원되어 왔다. 그 결과 전통적 가족이념으로서 가족주의는 국가주도의 효율적인 성장담론과 권위주의 정치체제 유지의 수단으로 활용되었을 뿐만 아니라 경제성장 일변도의 산업화 과정에서 소외되고 보호되지 못한 개인들은 전적으로 가족의 책임으로 전가되어 왔다(김동춘, 2002). 국가의 노동 및 사회통제의 필요성에서 동원된 가족주의가 한국인들에게는 이념적 차원에서 뿐만 아니라 공적인 안전망의 부재를 메워주는 실질적인 보호망으로 기능해왔던 것이다. 이는 결과적으로 다른 사회에 비해 가족이데올로기가 상당히 구체적이고 실질적인 위력을 갖게 되었음을 의미하는 것이다(김동춘, 2002; 김혜영, 2016: 6-9).

위로부터의 개혁과 산업화전략에 기초한 비약적인 경제성장은 새로운 발전국가의 기틀을 제공하는 한편, 개인의 자율성과 권리의 실현과 보장은 지체된 채 오히려 가족과 사회, 국가를 위한 동원요소로 활용되어 왔던 것이다. 따라서 가족과 사회를 위한 개인적 헌신과 희생은 당연시되고, 국가와 개인, 가족과 개인의 위계성은 다시 가족 내의 성별과 세대의 위계를 공고히 하는 것이었다. 이처럼 경제성장이라는 국가발전전략에 가족주의가 포섭되어 형식적 민주주의에 대한 요구가 절정에 달했던 80년대 후반까지도 가족주의는 주요한 사회 이데올로기로 활용되어왔다. 서구의 근대화, 산업화 과정은 근대가족으로의 전환과 맞물려 진행되어 왔음에 비해 우리는 압축적인 근대화 과정에서 독립된 개인이 아닌 상호부양과 책임에 기초한 공동체적 운명을 짊어진 가족화된 개인, 가족정체성과 미분리된 개인으로 존재해 왔다(김동춘, 2002; 권용혁, 2014). 즉 산업화와 함께 개인주의에 기반한 결혼 및 가족구성이 보편화된 서구사회와 달리 한국은 오히려 급격한 도시화와 산업화 과정에서도 가족에 긴박된 개인들을 양산해 왔던 것이다(백진아, 2009: 김혜영, 2016).

그러나 1990년대 이후 성별분업에 기초한 핵가족 구조가 균열되는 조짐이 발생하면서 한국의 가족은 이른바 '빅뱅'의 시기를 맞이하게 된다. 이런 점에서 유독 1990년대를 '개인'의 재발견기로 꼽는 논자들의 주장에 주목해 볼 필요가 있다(홍찬숙, 2012). 이 시기는 통칭 포스트포드주의나 '노동의 종 말'에 관한 논의가 시작될 만큼 산업 및 생산조직의 변화가 시작되었는가 하 면, 탈권위주의 정부의 출범과 더불어 쇠퇴해진 노동 및 학생운동의 자리를 여성운동, 환경운동 등 소위 신사회 운동이 대체하면서 점차 실질적인 사회 민주화의 요구가 확산되고 있었다. 하지만 이러한 움직임이 결실을 맺기도 전에 IMF라는 경제위기를 경험하면서 우리는 갑작스럽게 글로벌 경쟁체계 의 일상화를 목도하게 되었고, 이러한 사회변화는 또한 가족변동을 예고하 는 것이었다. 실제로 이 시기를 기점으로 가족변화를 둘러싼 다양한 담론이 생산되면서 가족논쟁이 활발하게 진행되고 있음이 확인된다(임인숙, 1999; 함 인희, 2002; 박혜경, 2010). 요컨대 군사독재를 통해 구조화된 정치적 권위주 의와 부계혈통에 기반한 가부장적 핵가족의 균열조짐이 IMF라는 경제위기 를 기점으로 가시화되기 시작한 것이다. 이러한 가족의 변화를 가족의식 및 행태로 구분하여 살펴보면 다음과 같다.

1. 가족의식의 변화: 가족주의 약화와 개인화[3]

가족의 형태적·내용적 변화는 한국인들의 가족의식의 반영물이라는 점 에서 가족관련 의식의 변화를 살펴볼 필요가 있다. 앞서 언급한 바와 같이, 1970, 80년대만 하더라도 개인보다는 단위로서의 가족이 우선되는 경향이 강하게 확인된다면, 오늘날에 와서는 가족 특유의 응집성이 무조건적으로 강조되거나 개인의 권리보다 가족이 우선하는 것으로 보기 어려운 측면들이 분명하게 확인된다. 예를 들면 폭력가족에 대한 공공의 개입이나 방임아동 에 대한 제도적 개입이 용인되고, 불행한 결혼관계보다는 그러한 관계를 해 체하는 개인의 권리는 이미 문화적으로 수용되고 있다. 이러한 변화는 가족 이라는 집단의 영속과 번영, 가족에 대한 개인의 몰입과 헌신을 강조해온 과 거와 달리 개인의 자유롭고 상대적으로 느슨한 인간관계가 우리의 일상과 가족생활에 침투되고 있음을 보여주는 것이다(김혜영, 2008: 73).

3 김혜영(2017)의 원고를 부분 발췌하고, 수정한 것이다.

〈표 5-5〉는 결혼 및 이혼, 재혼에 관한 태도로서 경제위기 직후부터 최근까지 가족의식의 변화를 함축적으로 살펴볼 수 있는 사회조사 자료이다. 〈표 5-5〉에서 확인할 수 있듯이, 결혼규범은 지난 십 여 년 동안 지속적으로 변화하여 결혼규범은 약화되고, 이혼에 대한 수용성은 완만하게 높아지고 있다. 특히 이러한 변화는 미혼 여성 집단에서 두드러지게 나타나고 있다. 이는 최근 청년세대의 노동시장 진입이 어려워지면서 그들의 결혼 지체나 삶의 우선순위가 변화하고 있음을 보여준다. 실제로 결혼필요성은 조사 시점마다 지속적으로 감소하여 '결혼은 반드시 해야 한다'는 응답률은 1998년 33.6%에서 2014년의 14.9%, 2016년 12.5%로 불과 20여년 사이에 절반 가량으로 감소하고 있다. 이는 과거에 비해 혼인의 필요성이나 생애과업으로서의 결혼 우선성이 크게 약화되고 있음을 의미하는 것이다.

뿐만 아니라 전반적으로 결혼을 필수부가결한 것으로 보거나 '하는 것이 좋다'는 응답을 합한 '결혼을 해야 한다'고 보는 견해 역시 지속적으로 낮아지고 있다. 이러한 결혼 인식의 변화는 남성보다 여성에게서 두드러지게 나타나고 있으며, 미혼집단의 경우에는 성별격차가 더욱 크게 나타나고 있음이 특기할 만하다. 또한 제도적인 혼인관계의 절대적 유지에 대한 태도 역시 변화하고 있는데, 이혼을 반대하는 사람들의 비율 또한 지속적으로 감소하고 있기 때문이다. 이에 비해 남성, 60세 이상의 연령층은 여전히 결혼규범이 강하고 과반수이상이 이혼을 부정적인 것으로 규정하고 있다.

재혼에 관해서도 미혼 여성들은 전적으로 본인의 의사에 따른 것이라는 유보적 반응이 73%에 달함에 비해, 60세 이상 집단에서는 '해야 한다'거나 '하지 말아야 한다'는 의견이 비등하게 나타나고 있다. 이처럼 전반적으로 혼인을 매력적인 생애 필수 과업으로 생각하는 사람들이 줄어들면서 재혼의 필요성 역시 완만하게 감소하고 있다. 이러한 한국인들의 의식변화는 행동으로도 가시화되어 2000년 이후 한국 사회에서 유배우 가구의 비율은 지속적으로 감소해 왔다.

결혼태도의 변화는 결혼적령기나 이혼에 대한 금기 등을 약화시키면서 점차 다양한 가족에 대한 수용성을 높이고 있다. 예컨대 13세 이상 인구의 46.6%는 "남녀가 결혼을 하지 않더라도 함께 살 수 있으며", 24.2%는 "결혼

| 표 5-5 | 결혼, 이혼, 재혼에 대한 태도 | | | | | | | | (단위: %) |

	결 혼			이 혼			재 혼		
	해야[1] 한다	해도 좋고 하지 않아 도 좋다	하지[2] 말아야 한 다	해서는[3] 안된다	할 수도 있고 하지 않을 수 도 있다	이유가 있으면 하는 것 이 좋다	해야[1] 한다	해도 좋고 하지 않아 도 좋다	하지[2] 말아야 한 다
1998	73.5	23.8	1.3	60.3	29.1	8.6	19.9	52.2	19.2
2002	69.1	27.2	1.9	58.4	32.9	6.6	20.7	52	16.7
2006	67.7	27.5	2.2	59.9	29.4	6.8	23.3	49.9	15.8
2008	68.0	27.7	2.9	58.6	31.9	7.1	22.8	55	15.3
2010	64.7	30.7	3.3	56.6	33.4	7.7	21.3	58	14.1
2012	63.0	33.4	1.8	48.7	37.8	11	19.4	61.3	13.2
2014	58.8	38.9	2.0	44.4	39.9	12.0	16.5	60.0	15.5
2016	**51.9**	**42.9**	**3.1**	**39.5**	**43.1**	**14.0**	**14.2**	**62.3**	**16.3**
남자	56.3	38.9	2.4	45.0	39.5	11.5	17.2	61.7	13.2
여자	47.5	46.7	3.8	34.2	46.6	16.4	11.3	62.8	19.4
미혼남자	42.9	49.3	3.3	34.0	44.4	13.9	13.5	65.5	8.5
미혼여자	**31.0**	**59.5**	**6.0**	**17.7**	**54.8**	**22.5**	**9.1**	**72.7**	**8.8**
13-19세	37.1	52.4	4.0	28.0	46.8	14.8	7.9	65.5	11.2
20-29세	41.9	50.4	4.7	27.3	49.4	18.7	12.5	70.7	7.5
30-39세	40.7	53.7	4.0	31.7	50.2	15.0	12.7	69.0	11.7
40-49세	44.2	50.9	3.5	32.9	49.9	14.9	11.8	65.1	18.1
50-59세	59.8	36.9	2.0	43.7	41.2	12.8	14.8	58.3	21.0
60세이상	73.2	23.6	1.7	60.6	27.6	9.8	20.6	51.0	22.6

주: 1) '반드시 해야 한다'와 '하는 것이 좋다'를 합한 항목 2) '하지 않는 것이 좋다'와 '하지 말아야 한다'는 응답을 합한 것임

* 무응답 비율은 제외한 것이라는 점에서 세 응답의 합이 100%가 되지 않음.

자료: 통계청, 『사회조사』, 각 년도.

하지 않아도 자녀를 가질 수 있다"고 생각하는 것으로 나타났다. 이러한 응답태도는 지난 몇 년간 조금씩 증가한 것이다. 그러나 전반적으로는 여전히 부정적 태도가 우세한 상황이다. 예컨대 제도적 혼인이 이루어지지 않은 상황에서의 출산은 약 76%가 반대하고 있어 첫 조사시점인 8년 전과 크게 변

화하지 않고 있다. 조사시점 기간 동안 여전한 초저출산이 사회적인 문제로 쟁점화 되고 있지만, 한국인들은 여전히 가족내 출산을 선호하는 것으로 해석된다. 그러나 이러한 태도가 과거처럼 가족 밖 출산에 대한 강한 편견이나 낙인을 의미하는 것으로 보기는 어렵다. 혼인제도 밖의 출산을 찬성하거나 지지하지 않는 것은 현재의 혼인관계 내의 출산조차 상당한 부담과 고민으로 보는 현실인식과 연관되어 있다. 즉, 결혼하지 않고 자녀를 갖는 것에 대한 동의정도가 낮은 것은 그러한 행위에 대한 가치판단 못지않게 결혼제도 밖 출산으로 감당해야 하는 개인들의 어려움과 부담감을 우려하는 현실적 판단 또한 적지 않게 작용하고 있는 것이다.

이에 비해 "외국인과 결혼해도 상관없다"는 진술에 대해서도 13세 이상 국민의 63.2%가 동의하고 있어 결혼에 있어 민족과 인종의 장벽은 크게 완화되었음을 알 수 있다. 이는 처음 조사가 시작된 8년 전에 비해 10%p 증가한 것으로 이미 국제결혼을 통한 다문화가족이 우리의 이웃으로 수용될 만큼 다문화 수용성이 빠르게 증가해 왔음을 보여준다. 하지만, "결혼생활은 당사자보다 가족관계가 우선해야 한다"는 의견에는 53.1%가 동의하고 있어, 아직까지는 '나'보다는 '우리'를 강조하는 집합주의 가족문화의 기조가 유지되고 있음을 알 수 있다. 특히 2008년에 비해 그러한 태도가 별다른 변화를 보이지 않음에 주목할 필요가 있으며, 이러한 가족우선적 태도가 한국인들의 결혼 및 가족행동에서 어떻게 표출될 것인가에 대한 심도 있는 분석이 이루어질 필요가 있다.

한편 결혼문화에 대한 태도는 성별, 세대별 차이가 반영된 것임을 알 수 있다. 위의 표에서 보듯이 청년세대가 여타 세대에 비해 다양한 결혼문화에 대해 수용적이지만, 미혼여성들이 기성의 남성세대들보다 더 적극적으로 동거나 혼전출산을 지지하지 않고 있다. 이는 결혼 및 이혼규범에 관한 성별 및 연령별 태도가 분명한 차이를 보여주는 것과는 사뭇 다른 양상인데, 이는 적어도 한국 사회가 여전한 가부장적 사회라는 점에서 혼전동거와 출산이 갖는 여성억압적 현실이 반영된 결과로 볼 수 있다. 그럼에도 불구하고 청년세대들의 다양한 가족에 대한 수용성은 상대적으로 높은 수준임이 확인된다. 예컨대 "남녀가 결혼을 하지 않더라도 함께 살 수 있다"는 진술에 대해 남성과 20대 30대 연령집단의 수용적 응답비율은 13세 이상 인구의 평균보다 훨씬 높게 나타나고 있다. 이처럼 제도적인 혼인관은 젊은 세대를 중심으로 빠르게 약화되고 있다. 또한 "결혼생활은 당사자보다 가족의 관계가 우선해야 한다"는 의견에는 전반적으로 긍정적 응답이 다소 높게 나타나고 있지만(53.1%), 20대(45.3%), 30대(49.8%)와 여성(50.9%) 집단에서는 상대적으로 낮게 나타나고 있어 결혼생활에서의 당사자주의, 나아가 가족보다는 개인 행복을 중요시하고 있음을 알 수 있다.

90년대 이후 가족 삶의 내용적 측면이나 가족원들의 주관적 의미부여

표 5-6　결혼문화에 대한 태도 변화　　　　　　　　　　　　　　　(단위: %)

		계	동의	전적으로 동의	약간 동의	반대	약간 반대	전적으로 반대
남녀가 결혼을 하지 않더라도 함께 살 수 있다	2008년	100.0	42.3	5.4	36.9	57.7	29.3	28.4
	2010년	100.0	40.5	5.5	35.0	59.5	32.2	27.3
	2012년	100.0	45.9	7.7	38.2	54.1	30.1	24.0
	2014년	100.0	46.6	8.3	38.3	53.4	29.5	24.0
	2016년	100.0	48.0	9.5	38.5	52.0	29.4	22.6
	남 자	100.0	50.7	10.8	39.9	49.3	28.9	20.4
	여 자	100.0	45.3	8.1	37.1	54.7	29.9	24.8
	20~29세	100.0	65.1	15.7	49.4	34.9	23.1	11.8
	30~39세	100.0	62.4	13.8	48.8	37.6	24.8	12.7
결혼하지 않고도 자녀를 가질 수 있다	2008년	100.0	21.5	2.4	19.1	78.5	33.0	45.6
	2010년	100.0	20.6	2.7	17.9	79.4	36.1	43.3
	2012년	100.0	22.4	3.4	19.0	77.6	34.2	43.4
	2014년	100.0	22.5	3.7	18.7	77.5	33.7	43.8
	2016년	100.0	24.2	4.5	19.7	75.8	34.5	41.3
	남 자	100.0	26.7	5.1	21.6	73.3	34.9	38.4
	여 자	100.0	21.9	3.9	17.9	78.1	34.0	44.1
	20~29세	100.0	31.9	7.5	24.3	68.1	36.6	31.5
	30~39세	100.0	32.5	6.7	25.8	67.5	36.3	31.2

		계	동의	전적으로 동의	약간 동의	반대	약간 반대	전적으로 반대
외국인과 결혼해도 상관없다	2008년	100.0	56.0	10.3	45.7	44.0	28.8	15.2
	2010년	100.0	60.3	12.7	47.6	39.7	27.8	11.9
	2012년	100.0	64.4	16.9	47.5	35.6	24.3	11.3
	2014년	100.0	63.2	17.3	45.9	36.8	24.4	12.3
	2016년	100.0	66.1	19.0	47.1	33.9	22.8	11.1
	남 자	100.0	66.5	18.0	48.5	33.5	23.1	10.4
	여 자	100.0	65.8	20.0	45.8	34.2	22.6	11.7
	20~29세	100.0	76.6	29.9	46.7	23.4	16.5	6.9
	30~39세	100.0	76.2	26.3	49.9	23.8	17.6	6.3
결혼생활은 당사자 보다 가족간의 관계 가 우선해야 한다	2008년	100.0	51.0	9.8	41.3	49.0	38.2	10.7
	2010년	100.0	50.3	9.0	41.2	49.7	38.5	11.3
	2014년	100.0	53.1	9.6	43.5	46.9	36.6	10.3
	2016년	100.0	52.0	9.6	42.5	48.0	36.6	11.3
	남 자	100.0	53.2	9.5	43.6	46.8	35.9	11.0
	여 자	100.0	50.9	9.6	41.4	49.1	37.4	11.7
	20~29세	100.0	45.3	7.0	38.3	54.7	41.9	12.8
	30~39세	100.0	49.8	9.0	40.8	50.2	38.2	12.0

자료: 통계청, 『사회조사』, 각 년도.

과정에 대한 관심이 증가하면서 가족의식에 관한 논의가 활발하게 진행되어 왔다. 한국인의 가족의식을 규명하려는 다양한 논의들은 대체로 그 출발부터 가족의식의 혼재나 중층적 특질에 주목해 왔다(장경섭, 1993: 장현섭, 1993; 김규원, 1995; 박부진, 1996; 한남제, 1997: 옥선화 외, 1998; 이재경, 1999; 김혜영, 2001, 2005: 116-117에서 재인용). 이는 가족의식의 변화에도 불구하고, 여전히 한국인의 가족의식에는 현대적, 전통적 특징이 병존해 있거나 사회변화와 가족변화의 지체(lag)로 인한 중층적 특성이 나타나고 있었기 때문이다.

이러한 중층적 특질은 한편에서는 빠른 사회변화와 함께 결혼의 필요성은 말할 것도 없거니와 자녀의 필요성이나 부모부양의식이 약화되는 등 개인화의 증후가 확인되는 동시에 다른 한편에서는 여전히 한국인의 가족 중심성이 유지되고 있음에 기인한다. 또한 가족의식 및 가치의 혼재 양상은 기실 성, 세대, 사회경제적 지위나 생활주기 등에 따른 가족의식의 변화격차가 반영된 것이기도 하고 성별, 세대와 계층지위의 중첩과 교차에 의한 것으로도 볼 수 있다. 이러한 논의를 뒷받침하듯, 가족의식을 둘러싼 성별 및 세대의 차이는 일반적인 가족의식의 특징이라는 주장도 있다(은기수, 2006).

그러나 다른 한편에서는 부모자녀 세대의 가족의식이나 부양의식의 동질성을 확인하는 연구결과들가 보고되기도 한다. 예컨대 세대별 행동특성의 차이에도 불구하고 양 세대 모두 가정의 화목을 생활의 목표로 삼는 정도가 현저하게 높게 나타나 가족생활에 관한 한 세대 간 유사성이 높게 발견되거나(김명언, 김의철, 박영신, 2000), 가족에 대한 심리적 애착정도(몰입도)와 가족가치관 역시 유사하다는 연구결과가 그것이다(김경신, 1998)[4]. 즉 한국에서는 여전히 가족의 중요성이나 결혼의 필요성이 강조된다는 점에서 세대 간 동질성이 존재한다는 주장이 제기되고 있다. 이러한 결과는 청소년의 가치관을 분석한 결과 역시 청소년들이 가지고 있는 가치체계가 시대변화에 따라 바뀌어도 한국문화의 근간이 되는 집단주의적 가족문화는 쉽게 붕괴되지 않을 것으로 예측한 박광배와 김미숙(1992)의 연구결과에서도 뒷받침되고 있다.

이처럼 다수의 논의에서 가족과 관련된 세대 및 연령별 특성에 있어 부분적 차이와 못지않게 공통적으로 가족의 중요성을 강조하는 세대 간 동질적 특성이 동시에 나타나고 있다. 이러한 사실들은 한국가족의 다양성 혹은 모순적인 특질을 그대로 보여주는 것이다. 예컨대 나은영과 민경환(1998)은 세대차이의 발생과 함께 일어나는 한국 사회의 가치이중성을 지적하면서 이를

---

4 예컨대 김명언은 심리적 애착을 가정에서 맡고 있는 역할에 대한 만족도, 다시 태어날 경우 현재 가족의 재 선택 여부, 가족에 대한 긍지, 다른 가족원과의 가치관 유사성, 가족 일에 대한 관심도의 다섯 측면에서 살펴보았을 때 한국 사람들은 전반적으로 자기의 가족에 대해 심리적 애착을 갖고 있는 것으로 결론짓고 있다. 즉 행복한 가정이나 부모에 대한 효도 등의 화목한 가정생활에 대한 중요성은 세대구분에 관계없이 한국인 모두에게 중요한 것으로 인식되고 있다는 것이다(김명언, 1997).

서로 다른 가치를 가진 세대들이 동시에 공존하는 '전이적 공존' 현상을 설명하고 있는데(황상민, 양진영, 2002:76에서 재인용), 바로 그러한 전이적 공존이 한국가족의 현실에도 그대로 반영되어 나타나고 있다는 것이다. 전이적 공존현상은 유독 가족의 영역에서 자주 발견되고 있는데, 이는 무엇보다도 오랜 세월 동안 가족의미와 구성에 있어 개인보다 '우리'를 강조하고 '우리'의 최소단위로서 혈연중심의 친족공동체를 중요시하는 가족주의가 지배적인 행위양식으로 자리 잡고 있어 외형적 변화에도 불구하고 실제적인 관행에서는 여전히 그 영향력이 발휘되고 있기 때문이다. 이런 점에서 한국 사회에서 가치와 관행의 격차가 가장 크고 규범과 행위의 이중적 괴리가 가장 큰 영역이 바로 가족이라는 지적에 귀 기울일 필요가 있다(김병국, 1997; 최준식, 1997). 즉 공적영역에서는 근대적인 평등규범이 작용하지만, 사적영역에서는 여전히 전통적인 유교가치에 기반을 둔 차등적 형태의 사랑과 가족관계를 당연시하는 이중성이 그 요인이라는 것이다.

하지만, 이러한 논의들 대부분이 90년대와 2000년대 초에 집중되어 있으며, 차이와 동질성이 갖는 함의에 대한 심층적 논의로 이어지지 못한다는 한계가 있다. 특히 가족의 극적인 변화가 시작된 2000년 이후 경험적 자료 분석에 대한 심층적 논의가 많지 않다는 점에서 한국인의 가족의식 및 행동에서의 성별, 세대별 특성이 체계적으로 다루어질 필요가 있다. 사회조사를 활용하여 가족의식의 결정요인을 살펴본 김혜영 외(2012)의 연구결과에 의하면, 전반적으로 성별과 연령의 차이는 가족의식의 특성을 구분하는 주요한 축으로 작동되며, 특히 성별에 따른 차이는 거의 모든 세대에서 두드러지게 나타나고 있다. 즉 결혼 및 이혼과 재혼에 대한 경험분석결과에 따르면, 연령대별로 결혼관을 설명해주는 요인들이 다양할 뿐만 아니라 그러한 설명력도 각기 다른 양상으로 나타나고 있지만, 성별이 갖는 효과는 일정한 방향성을 가지면서 상대적으로 높은 설명력을 보여주고 있었다. 특히 1998년에 비해 2010년에는 연령효과는 감소함에 비해 성별변인의 효과는 오히려 커지고 있다. 그리고 이러한 양상은 이혼이나 재혼의 태도에서도 유사하게 나타나 성별 변인의 효과가 과거에 비해 커지고 있음이 확인되었다. 이는 과거에 비해 적어도 결혼생활을 둘러싼 성별의 태도차이가 크고, 나아가 이로 인한 갈등가능성 또한 배제할 수 없음을 의미한다.

가족은 한국 사회의 '압축적 발전'을 가장 극명하게 드러내기도 하지만, 사회변화와 동시화 되지 않는 가족의 문화적 특질 또한 확인된다. 가족의 이러한 중층적 특질은 가족의 복잡성을 증폭시킴은 물론 가족원의 세대나 연령에 따른 변화의 수용 및 해석의 차이를 낳음으로써 사회구성원의 긴장과 갈등을 초래하는 것이다(장경섭, 1993; 장현섭, 1993; 조은, 2002; 김기연, 신수진, 최혜경, 2003). 특히 가족의식의 성별차이는 매우 중요한데, 가족생활에서의 성별 차이는 의식, 태도에서 뿐만 아니라 역할과 기능의 차이를 체계적이면서도 조직적으로 유지하는 특별한 성차별적 사회기제로 작동되어왔기 때문이다.

그러나 산업화와 함께 여성들의 사회참여 및 권리의식은 크게 향상되어 왔으며, 최근들어 고등교육 진입 비율이 남성을 앞지르고 여성의 노동시장 참여가 전 생애에 걸쳐 지속적으로 추구되어야 할 개인과업으로 수용되는 등 커다란 변화가 발견된다. 여성의 지위변화는 가족의미와 기능의 변화와 상관성이 매우 높으며, 향후 여성의 사회참여는 더욱 확대될 것이라는 점에서 가족인식을 둘러싼 성별격차는 가족변화를 촉발하는 매우 중요한 요인이 될 것이다. 그동안 이분법의 논리로 공·사를 구분하고, 여성들의 주된 영역은 '가정'으로 제한하면서 여성의 역할과 노동력을 폄하해 왔음은 주지의 사실이다. 따라서 여성의 사회참여 증가는 가족우선성에 대한 여성의식의 변화와 함께 자녀보살핌의 행동 및 역할인식의 변화가 함축된 것으로 볼 수 있고, 이는 곧 성별관계의 조정이나 재정의 과정과 연동되어 있다.

최근 가족의식의 변화는 결과적으로 성인기 주요과업으로서 가족 만들기, 그리고 이의 필수 요소에 해당되는 결혼과 자녀출산이 모든 사회구성원들에게 당연한 규범으로 수용되지 않는 사회로의 전환되고 있음을 의미한다. 실제로 결혼이 늦어지면서 평생을 제도적인 가족구성 없이 살아가는 개인이나 제도적인 혼인관계 없이 파트너와 생활하는 동거가족, 자발적이거나 비자발적 사유에 의한 무자녀가족 등 다양한 개인과 가족이 증가하고 있다. 또한 이혼에 대한 수용성이 증가하면서 실제 이혼 및 재혼의 증가로 개인들의 혼인이력이 다양해짐은 말할 것도 없거니와 부부와 자녀로 구성된 핵가족 형태에서 생물학적 부모자녀 관계의 복잡성 또한 증가하고 있다.

또한 점차 개인보다는 가족관계에 우위를 두는 태도가 약화되면서 과거와 같이 가족 내에서 수행되어온 자녀 및 노인 돌봄이 더 이상 가족을 통해 충족되기 어려워지는 상황을 쉽사리 목도하게 된다. 예컨대 우리사회에서 맞벌이 가구의 경우 심각한 시간압박으로 인해 자녀보살핌을 위한 시간사용이 채 한 시간도 되지 않지만, 이럴 때 배우자 및 자녀 혹은 그들의 부모를 위한 개인의 선택과 행동은 적어도 그 자신의 시장이력이 훼손되지 않는 범위 내로 제약될 가능성이 매우 높다. 또한 가족 삶의 시간적, 내용적 질적 하락은 일부 가족관계의 부정적인 결과로도 이어지고 있는데, 가족폭력의 비율의 증가나[5] 어린이, 청소년 사건사 비율이 OECD 회원국 가운데 사실상 1위에 달한다는 보도가 바로 그것이다(『한겨레』, 2014.5.2.: 1, 4면).

또한 현재 부모가 생존해있는 가구주들의 부모거주 상태를 살펴보면 생존해계신 부모가 자녀와 함께 거주하는 비율은 29.2%에 불과한 반면, 부모만 따로 살고 있는 경우는 68.2%에 달하고 있다(〈표 5-6〉 참조). 뿐만 아니라 부모와 동거하는 자녀 역시 장남중심에서 점차 장남이외의 아들, 특히 딸이나 사위의 비중이 2배가량 증가하고 있다. 이는 점차로 부모자녀간의 독립적 거주가 보편화됨을 의미하는 것이고, 부모자녀의 독립 거주는 공동거주 방식에 비해 의사결정 과정은 말할 것도 없거니와 가족생활의 접촉면에서 부모의 개입이나 소통의 기회가 크게 줄어들 수밖에 없다. 그렇다면 '결혼관계에서 가족관계를 더 우선시해야 한다'는 것이 갖는 의미 또한 과거와는 다르게 제한적인 것으로 해석될 수 있다.

실제로 부모에 대한 부양의식을 살펴보기 위해 부모 노후부양의 책임주체를 질문한 결과, 노부모 부양의 책임주체는 '가족과 정부·사회'라는 견해가 45.5%로 가장 높게 나타나고 있어 '개별 가족과 사회가 함께 돌보아야 한

---

5 전국가정폭력실태조사는 2004년에 실시되어 시계열적인 분석에는 한계가 있다. 다만 세 차례의 조사결과에 의하면, 가정폭력발생비율은 2004년 44.6%에서 2007년 40.3%, 2010년 53.8%로 증가해왔다. 특히 부부폭력피해율은 OECD 국가 가운데서 방글라데시 다음으로 높아 매우 심각한 수준에 있음을 알 수 있다(한국보건사회연구원, 2013: 14-15). 모를 대상으로 한 존속범죄는 해마다 1천 건을 훌쩍 넘어 증가하는 추세다. 또한 존속살해는 2012년 50건, 2013년 49건, 2014년 60건, 2015년과 지난해 각각 55건이었다. 존속상해와 존속폭행까지 포함하면 최근 5년간 해마다 1천 건 이상의 패륜범죄가 발생했다(『연합뉴스』, 2017.2.22.).

| 표 5-7 | 부모생존 여부 및 동거자(가구주) | | | | | | | | (단위: %) |

	계 (가구주)	부모[1] 생존	부모의 동거자						
			소계	자녀	장 남 (맏며느리)	장남 외 아들 (며느리)	딸 (사위)	부모만 따로 살고 있음	기타[2]
2002년[2]	100.0	62.0	100.0	42.7	24.6	14.5	3.6	56.7	0.6
2008년	100.0	61.4	100.0	38.0	20.1	13.0	4.9	60.2	1.7
2010년	100.0	60.5	100.0	35.3	17.5	12.3	5.5	62.8	1.9
2012년	100.0	58.3	100.0	33.7	16.0	11.2	6.5	64.1	2.2
2014년	100.0	55.2	100.0	31.4	14.6	10.3	6.5	66.0	2.6
2016년	**100.0**	**55.6**	**100.0**	**29.2**	**12.1**	**10.0**	**7.1**	**68.2**	**2.7**

주: 1) 부모 중 한 사람이라도 생존해 있는 경우임   2) '기타 친척' 포함
자료: 통계청. 『사회조사』. 각 년도.

다'는 공동책임론의 증가해 왔음을 알 수 있다. 그러나 공동부양책임의 증가조차 2012년을 기점으로 다소 낮아지고, 대신 '정부사회'의 책임으로 인식하는 비율이 꾸준하게 증가하고 있다. 이는 부모부양의 책임이 자녀와 가족에서 사회로 이동하고 있음을 의미하는 것으로, 2002년 70.7%에서 2016년 30.8%로 절반에 불과할 만큼 부모부양에 대한 '가족' 책임은 빠르게 감소하고 있다. 더욱이 부모부양 책임을 '가족'으로 답하고 있는 사람들조차 부양책임의 주체를 '특정'한 누구로 규정하기 보다는 자녀 전체로 귀속시키는 변화가 나타낸다. 1998년도에는 대다수 한국인들이 부모 부양의 책임이 '가족'에게 있으며 이 가운데 '자식 가운데 능력 있는 자', 그리고 그것의 절반에 해당하는 사람들은 '장남'이라고 응답했지만, 2016년 조사결과에 의하면 부모부양은 '모든 자녀'라는 응답이 71.1%, 장남(맏며느리)은 5.6%, '능력 있는 자'가 17.7%로 나타났다. 이는 부모부양책임이 모든 자녀에게 평등하게 분담되어야 한다는 의식을 반영하는 것인 동시에 책임의 주체가 구체화되지 않은 응답이라고 볼 수 있다. 부모 부양에 관한 인식변화는 한국가족의 주요 구성원리인 부계혈통에 의한 가계 계승원칙의 약화와 연관되어 있으며 이는 남

표 5-8 부모 부양에 대한 견해 (단위: %)

	계	부모 스스로 해결	가족	소계	장남(맏며느리)	아들(며느리)	딸(사위)	모든 자녀	자식 중 능력 있는자	가족과 정부, 사회	정부, 사회	기타
1994	100.0	9.9	87.3	19.6	11.4	-	29.1	27.2	-	-	2.9	
1998	100.0	8.1	89.9	100.0	24.9	7.8	0.6	16.1	50.6	-	1.9	0.1
2002	100.0	9.6	70.7	100.0	21.4	19.7	1.4	27.6	30.0	18.2	1.3	0.2
2006	100.0	7.8	63.4	100.0	19.5	8.1	0.9	49.2	22.2	26.4	2.3	0.1
2008	100.0	11.9	40.7	100.0	17.3	6.7	0.9	58.6	16.4	43.6	3.8	0.0
2010	100.0	12.7	36.0	100.0	13.8	7.7	1.8	62.4	14.3	47.4	3.9	0.0
2012	100.0	13.9	33.2	100.0	7.1	3.9	0.7	74.3	14.0	48.7	4.2	0.0
2014	100.0	16.6	31.7	100.0	6.2	3.5	0.7	75.4	14.2	47.3	5.4	0.0
2016	100.0	18.6	30.8	100.0	5.6	4.5	1.0	71.1	17.7	45.5	5.1	0.0

자료: 통계청. 『사회조사』. 각 년도.

아선호로 아들출산의 문화압력이나 맏아들 중심의 부모부양이 당연시되지 않는 현실을 통해 더욱 명확하게 확인된다.

2. 가족형태와 기능의 변화: 가족의 축소와 재생산 체계의 위기

가족의식의 변화는 결과적으로 가구규모의 축소와 형태의 다양성을 초래하고 있다. 가족의 형태 변화를 살펴보면, 먼저 가구구성원은 1975년 평균 5.0명으로 부터 80년 4.1명, 90년 3.7명, 2000년 3.1명. 2005년 2.9명, 2010년 2.7명, 2015년 2.57명으로 지속적으로 감소해왔다(통계청, 2015). 또한 세대구성에서는 단독가구의 증가와 직계가족의 감소를 확인할 수 있는데, 1990년부터 2005년까지의 가장 주된 가구유형이 4인 가구였다면, 2010년은 2인 가구(24.6%), 2015년에는 1인 가구(27.2%)가 가장 주된 가구유형으로 등장하는 변화가 확인되고 있다(〈그림 5-9〉 참조). 더욱이 지금과 같은 저출산과 혼인의 기피 및 지연이 지속될 경우 가구당 가구원 수는 더욱 줄어

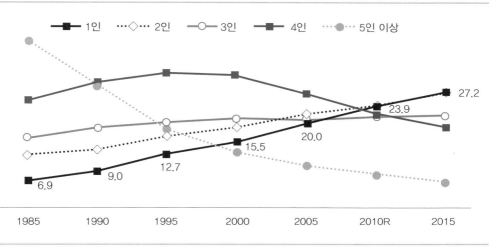

그림 5-9 가구원수별 가구구성의 변화(1985~2015)   (단위: %)

1인 ···◇··· 2인 ─○─ 3인 ─■─ 4인 ···●··· 5인 이상

6.9   9.0   12.7   15.5   20.0   23.9   27.2

1985   1990   1995   2000   2005   2010R   2015

자료: 통계청. 『2016년 통계로 보는 여성의 삶』. 2016.

들 수밖에 없다. 즉, 직계가족을 의미하는 2,3세대 가구의 급속한 감소와 1
인 가구의 비약적 증가는 가족 형태의 가장 주목할 만한 변화양상인 것이다.

뿐만 아니라 결혼의 필요성과 중요성이 감소됨에 따라 청년세대의 과업
으로서의 결혼 우선성은 상당부분 그 설득력이 약화되고 있음이 가시화되
고 있다. 예컨대 우리사회의 혼인연령은 10년마다 2세씩 꾸준히 늦추어지
고 있다. 지난 1980년의 경우 평균초혼연령은 여성 23.2세, 남성 26.4세였
으나 2010년에는 여성 28.9세, 남성 31.8세로 지난 30년 동안 5세 이상 증가
해 왔다. 이처럼 한국 사회의 혼인연령은 지속적으로 높아지는 이른바 만혼
의 경향이 뚜렷하다. 특히 2015년의 경우에는 여성의 평균초혼연령이 30세
를 넘어서기 시작했으며 2016년 현재 남성은 32.8세 여성은 30.1세로 나타
나고 있다(통계청. 2015). 또한 〈그림 5-11〉에서 보듯이 남성의 경우 30~34
세 연령집단에서 조차 혼인율은 59.3건에 머물고 있으며, 여성들은 25~29
세 66.5건, 30~34세 50.1건에 머무르고 있어 단순히 혼인연령의 지연뿐만
아니라 혼인율 자체가 감소됨을 확인할 수 있다. 이렇듯 결혼가치의 변화는
혼인율의 하락으로 나타나고 있다.

그림 5-10 성별 평균혼인 연령

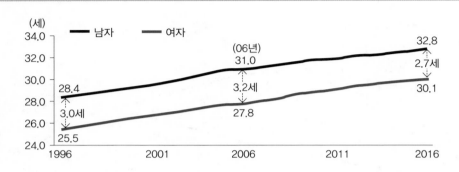

자료: 통계청. 『2016년 혼인·이혼통계』. 보도자료: 8쪽.

그림 5-11 시점별 연령별 혼인율 비교

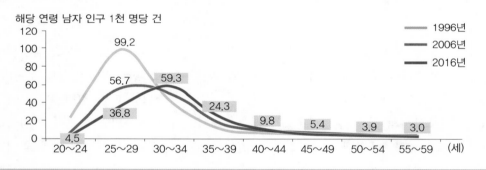

자료: 통계청. 『2016년 혼인·이혼통계』. 보도자료: 11쪽.

그림 5-12 연령별 혼인율(여자), 1995, 2005, 2015

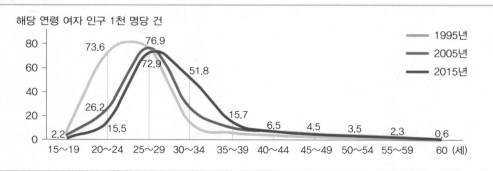

 〈그림5-13〉은 90년대 후반부터 2000년대 초는 혼인이 큰 폭으로 감소하고, 이혼은 증가하는 전환점이 되고 있음을 보여준다. 2014년 기준으로 혼인은 30만 5천 5백 건으로 전년대비 1만 7천 3백 건 감소하고, 이혼은 11만 5천 5백 건으로 전년대비 2백 건으로 0.2% 증가한 것으로 밝혀졌다. 2015년 조(粗)혼인율(인구 1천 명당 혼인 건수)은 5.9건으로 1970년 통계 작성 이후 최저수준임이 확인되고 있다. 〈그림 5-13〉에서 보듯, 혼인율은 1980년을 정점으로 감소세를 보여주다가 1990년부터 반등세를 보여주었으나, 1996년 이후 다시 감소세로 돌아서면서 결코 그 이전 수준으로 회복될 기미를 보이지 않고 있다. 즉 1985년 이후 증가하던 혼인건수와 혼인율은 IMF 이후 큰 폭으로 감소하기 시작하여 현재 조혼인율은 6.0에도 미치지 못하는 수준에 있다.

 〈그림 5-14〉는 출산율의 급격한 하락을 보여줌과 동시에 출산율의 두 급락지점이 80년~85년과 2000~2005년으로 2000년 급락 이후 초저출산 경향은 지금까지 지속되고 있다. 이처럼 혼인의 필요성이 감소되고 평균결혼연령이 지속적으로 증가하며 출산에 대한 개인적 기대가 낮아지면서 출산율

그림 5-13 **혼인건수와 조혼인율의 변화(1970~2016)** (단위: 건수, %)

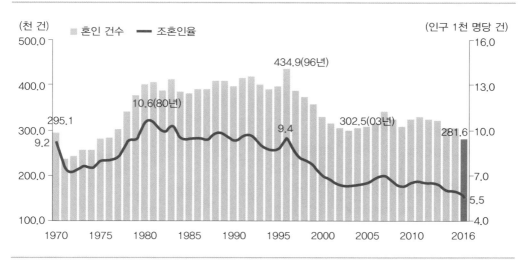

자료: 통계청, 『2016년 혼인·이혼통계』 보도자료. 2017. 2쪽.

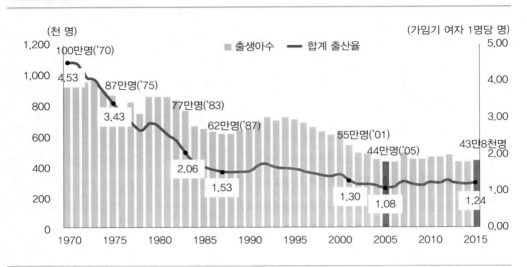

그림 5-14 출생아 수 및 합계출산율의 변화: 1970 ~2015　　(단위: 건수, %)

자료: 통계청. 『2016년 통계로 보는 여성의 삶』. 2016. 4쪽.

이 급격하게 낮아지고 있음은 곧 가족의 개인화가 가족의 재생산기능을 잠식하는 수준에 이르렀음을 의미한다. 이는 향후 가족의 의미는 물론 구성의 방식과 기능의 변화를 초래할 수 있다는 점에서 매우 주의 깊게 살펴볼 필요가 있다. 실제로 혼인행태의 변화로 인한 가구원 수 변화에서 확인한 바와 같이, 전형적인 핵가족인 부부와 미혼자녀를 의미하는 3인 가구는 2000년을 전후로 하여 뚜렷하게 감소하는 반면, 부부가족은 측정시점마다 증가해 왔다.

3. 가족불안정성의 증가와 젠더불평등[6]

자본의 글로벌화는 상품의 생산과 판매는 물론 자본과 인력, 심지어 취향과 기호의 이동이 민족과 국가의 경계를 넘나들게 만듦으로써 지구의 시간과 공간을 응축시키는 세계화를 초래한 바 있다. 그러나 세계화로 인한 세계

---

6 이 부분은 필자가 참여한 연구과제(변수정·김혜영·백승흠·오정아·기재량. 2016) 가운데 일부의 내용 발췌, 수정한 것이다.

시장주의의 확대는 산업과 기업의 경쟁을 촉발하고, 이러한 변화에 의한 노동시장의 유연화는 만성적인 고용 불안과 양극화된 일자리로 이어지고 있다. 우리사회에서도 이른바 세계화로 인한 경쟁의 심화는 분명한 사회적 사실이 되고 있다. 이에 비해 내구소비재의 발달과 기호품의 다양화로 인한 가구당 평균적인 가족소비의 수준은 지속적으로 상승하면서 가족간 생활격차는 지속적으로 확대되고 있다. 예컨대 대도시를 중심으로 한 주거비의 지속적인 상승과 소자녀임에도 불구하고 해마다 증가하는 자녀교육의 비용과 성인자녀의 유예되는 독립은 지속적인 가계부담으로 작용하고 있다(양정호, 2004; 김혜영, 2008b).

이러한 상황은 가족의 사회경제적 지위에 따른 생활기회의 격차를 확대할 뿐만 아니라 취약계층 가족의 경우에는 생계소득자를 최대화하거나 소비를 최소화하는 새로운 가족전략을 취사선택할 수밖에 없다는 점에서 가족구조의 변화를 가져오고 있다. 즉 가구재생산비용은 일정수준 이하로 낮추기 어렵다는 점에서 임금취득이 가능한 성인을 중심으로 생계소득자를 최대화하게 되는데, 핵가족의 형태에서는 결과적으로 남편과 아내가 주축이 되어 가구생계소득자를 최대화하는 즉 맞벌이 부부의 증가를 낳게 된다. 여기에 더해 현대사회에서는 결혼과 일을 양립하거나 결혼제도 이외의 삶을 선택하는 여성들이 꾸준히 증가하면서 2인 생계부양자 가족은 더욱 증가할 수밖에 없다. 특히, 가족의 경제적 불안정성은 학력이나 기술, 자본을 소지하지 못한 저소득층가구에서 더욱 심화되어 나타난다는 점에서 이들 계층의 기혼여성들의 노동시장 참여는 선택이 아닌 생존의 문제와 직결되는 것이다(김혜영, 2008a). 실제로 2014년 기준 유배우 11,825천 가구 가운데 맞벌이 가구는 43.9%를 차지하는 것으로 나타났다(통계청, 2015c)

이런 점에 비춰본다면 최근 들어 급증한 이혼 및 미혼인구의 증가는 자율적 개인들의 가족형성과 유지가 쉽지 않음을 보여주는 지표에 다름 아니다. 노동시장의 논리가 가족으로까지 침투함에 따라 가족 속의 여성과 남성은 각기 자신들만의 노동이력에 따라 가족생활을 조정해야 하는 상황에 몰리게 되고, 이는 끊임 없는 일터의 요구와 가족생활의 요구사이에서 균형 찾기가 쉽지 않게 되었음을 함축하는 것이다(벡-게른스하임, 1999; 김혜영 2008a). 즉 노동시장의 압력에 의해 가족생활시간표는 일터의 요구에 따라 자유로이 조정되어야 하며, 노동시장에서 직업경력의 유지는 개인과 가족 모두의 생사와 연관되어 있다는 점에서 대부분의 개인들은 노동시간을 늘리고 가족시간을 줄이는 경향이 나타나고 있다(신경아, 2012: 21).

무엇보다 과거와 달리 오늘날의 결혼관계는 적어도 당사자의 주관적인 의미부여와 만족에 따라 관계의 지속성 여부가 결정되는 순수한 관계로 변화해 가면서 결혼과 가족은 상호 충분한 만족을 주고받을 수 있도록 지속적인 노력과 유대의 이벤트가 요구되는 과업이 되고 있다(벡 & 벡-게른샤임, 1999; 김혜영, 2006: 24). 그러나 이러한 이벤트와 기획은 모두에게 가능한 것이 아니라는 점에서 결혼은 또 다른 상징재화로 전환될 가능성이 농후해지고 있다. 심화된 글로벌 경쟁으로 대다수 개인들은 시장진입부터 고용지위 유지에 이르기까지 자신의 상품성을 지속적으로 극대화해야하는 과제를 안고 있다. 따라서 결혼비용을 위시한 가족재생산비용의 지속적인 증가와 과도한 노동경쟁에서 오는 시간압력에도 불구하고 결혼 및 가족에 대한 욕망을 충분히 충족시킬 수 있을 것이라는 기대는 대단히 현실적이지 않은 것이 되고 있다. 특히 다양한 사회적 위험이 일상화된 사회에서 아무런 자원도 갖지 못한 개인들의 경우에는 새로운 기획의 대상으로 변화해가는 결혼 및 가족구성의 기회를 적절히 포착해내기 어려운 상황이 되고 있다.

이는 결과적으로 결혼과 가족생활의 계층적 양극화로 이어지고 있다 (Furstenberg, 2014: 13). 계층적 양극화는 가족의 형태나 생활방식에 있어 커다란 차이를 유발하는 동시에 동일한 방식으로 가족을 구성한다고 할지라도 계층적 질서에 따라 이들이 직면하는 가족현실은 상당히 다른 함의를 가지게 된다. 즉 현대가족의 특징으로 묘사되는 가족다양성 역시 특정의 계층에서는 자발적이고 자의적인 선택의 결과일 수 있지만, 자신의 선택이 구조화되어 있는 계층에서는 선택권이 박탈된 상황적 결과에 지나지 않을 수 있는 것이다. 이런 점에서 본다면 혼자서 생활하거나 가족구성의 변화를 경험하는 저소득층 삶에 주목해야 할 필요가 있다. 실제로 지난 10년 동안 1인 가구의 증가율은 30대와 40대가 가장 높았으며, 이들의 비중은 총 증가한 1인 가구의 42%에 달한다. 따라서 오늘날 1인 가구의 증가는 곧 청년실업의 증가나 소득불안정으로 인해 결혼하지 않은 미혼인구가 증가하는 것과 깊은 연관이 있음을 알 수 있다(김혜영, 2015: 163).

　가족임금의 이데올로기가 깨어지고 실질적으로 많은 가구가 맞벌이 혹은 2인 생계부양자 구조로 전환되는 가족의 변화는 여성의 역할 및 지위의 변화와 맞닿아 있다. 불안정한 노동시장으로 인해 남성의 생계부양자적 지위가 위협받게 되고, 생계유지를 위한 기혼여성의 취업이 증가하면서 성별관계의 근본적인 변화가 발생할 가능성이 높아지기 때문이다(Coontz, 1992). 실제로 〈그림 5-15〉에서 확인할 수 있듯이, 이혼율은 1970년 이래 지속적으로 증가해왔지만, 특히 90년대 후반이후 가파르게 상승하고 있음이 확인된다. 이는 신자유주의로 인한 가족구성 및 유지의 원리가 변화하고 있으며, 그러한 변화에 적응하지 못한 개인들이 적지 않음을 의미하는 것이다.

　더욱이 기혼여성의 취업효과는 가족의 계층적 배경에 따라 상당히 다른 것으로 판명되고 있어(김영미, 신광영, 2008; 김혜영, 2008b: 79) 개인들이 체감하는 가족의미와 지위변화 또한 계층별로 상이할 가능성이 매우 높을 것으로 판단된다. 즉 중상위 이상의 소득이 보장되는 여성들의 경우에는 그들

그림 5-15 이혼 건수 및 조이혼율 추이, 1970~2016 　　　　　(단위: 건수, %)

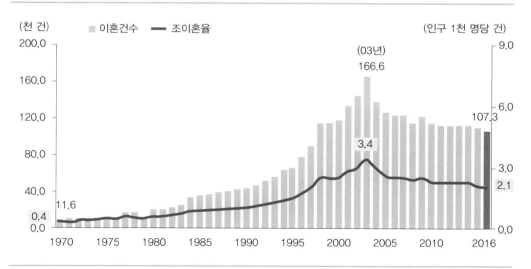

자료: 통계청, 『2016년 혼인·이혼통계』 보도자료: 20쪽.

의 취업을 통해 가족의 생활기회와 함께 여성 자신의 지위향상을 확보할 수 있음에 비해 하위소득계층의 여성들은 취업으로 인한 계층상승 효과는 물론 가족 삶의 질 향상도 쉽지 않기 때문이다. 따라서 중간층이하 계급의 여성취업자들은 상대적으로 자원이 풍부한 중상류층 여성들과 달리 이중부담에 시달리거나 이를 해결하기 위해서는 전통적인 성 역할 거부나 가족 내 권력관계가 허용하는 한에서 성별분업구조의 변화를 모색할 수밖에 없게 된다(김혜영, 2008b).

이런 점에서 가족 내에서 불균등하게 분배되는 가사노동 및 보살핌노동은 여성들로 하여금 결혼이 갖는 매력요인을 감소시키는 주요인으로 작용하고 있음이 분명하다. 현재 청년기 여성들에게 허용된 생애노동시장 전망 역시 부모의 계급적 지위에 크게 좌우되고 있다. 즉 부모지원을 통해 전문직에 종사하는 고스펙 청년집단이 있는가 하면, 비정규 직업을 전전할 수밖에 없거나 최소한의 인적자본 축적조차 여의치 않은 청년층이 공존할 만큼 가족 간 격차가 크게 확대되고 있다. 특히 저소득계층의 경우에는 맞벌이에도 불구하고, 양극화된 시장상황에 의해 가족 간 소득격차를 개선하지 못할 가능성이 농후하고, 그 결과 돌봄 대체 자원마저도 취약해질 수 있다. 따라서 이들 계층에서는 경제적인 취약성이 심각해지면 심각해질수록, 성별위계보다는 생활의 압박이 갖는 긴요함으로 인해 일자리의 조건과 상황에 맞춰 구분적인 성역할에서 벗어난 일상을 경험할 가능성이 높다. 그리고 이러한 변화에 유연하게 적응하지 못하는 개인들은 남녀를 막론하고 결혼관계의 갈등이나 해체와 같은 위기국면에 빠질 위험이 적지 않다.

그러나 가사노동의 성별구조를 살펴본 조사결과에 의하면, 가족 내 여성의 역할은 여전히 변화되지 않고 있다. 〈표 5-9〉에서 확인할 수 있듯이, 기혼남녀의 가사활동 참여시간은 연령별 평균이나 행위자 평균 모두에서 남성들의 참여는 여성보다 매우 낮게 나타난다. 2014년 생활시간조사결과에 따르면, 유배우 가사노동시간은 남자 50분, 여자 4시간 19분으로 나타났는데, 이는 5년 전 조사보다 남자는 7분 증가하고 여자는 7분 감소하고 있을 뿐이다. 이를 다시 맞벌이가구와 비맞벌이로 구분해 본 결과, 남성들의 가사노동은 기본적으로 맞벌이 여부에 크게 영향을 받지 않고 있다. 비맞벌이 가구의

표 5-9	맞벌이 상태별 가사노동시간												(단위: 시간:분)

	2004				2009				2014			
	맞벌이		비맞벌이		맞벌이		비맞벌이		맞벌이		비맞벌이	
	남	여	남	여	남	여	남	여	남	여	남	여
가사노동	0:32	3:28	0:31	6:25	0:37	3:20	0:39	6:18	0:40	3:14	0:47	6:16
가정관리	0:20	2:47	0:15	4:19	0:24	2:38	0:19	4:11	0:26	2:35	0:25	4:14
가족 및 가구원 돌보기	0:12	0:41	0:16	2:06	0:13	0:42	0:20	2:07	0:14	0:39	0:22	2:02

주: 1) 2014년도 가정관리에는 '학습관련 물품구입, 교제 및 여가활동 관련 물품구입'이 포함됨
자료: 통계청. 『생활시간조사』. 각 년도.

가사노동시간은 남자 47분으로 맞벌이 가구 남자와 별 차이가 없으나, 여자들은 비맞벌이와 맞벌이 가구간 격차가 크게 나타나고 있었다. 그럼에도 불구하고 맞벌이가구 여성들의 가사노동시간은 맞벌이 남성의 그것보다 3.3배 이상 더 긴 것으로 조사되었다(〈표 5-9〉 참조). 또한 이러한 가사노동 참여의 성별격차는 다른 나라에 비해 우리사회에서 더욱 크게 나타나고 있어 성고정적인 사회문화가 여전히 견고하게 유지되고 있음을 말해준다(〈그림 5-16〉 참조).

그림 5-16	주요국 가사노동시간	(단위: 분)

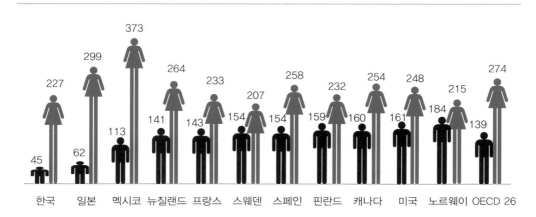

자료: 통계청. 『2014년 생활시간조사결과』. 2015. 13쪽.

일차적인 가사노동의 부담을 짊어진 여성들은 남성에 비해 차별적이고 주변부적인 지위를 감수하면서조차 열악한 노동시장을 정면 돌파해야 한다는 점에서 일과 가족 선택을 둘러싼 여성들의 고민은 과거보다 더욱 치열할 수밖에 없다. 미혼여성들의 결혼 의식이 다른 연령집단의 여성이나 남성보다 부정적인 것으로 나타나고, 이혼커플의 증가는 바로 이러한 사회적 상황과 무관하지 않다고 볼 수 있다. 실제로 OECD국가를 위시하여 대부분의 산업화된 사회에서 이혼율은 증가해왔지만, 우리사회만큼 빠른 시간 내에 증가한 사회는 많지 않다. 더욱이 서구와 우리사회 모두 이혼은 어느 정도 계층적 현상이지만, 최근에 와서는 더욱 계층적 효과가 커지고 있다는 주장이 제기된 바 있다. 즉 서구와 마찬가지로 이혼율의 상승폭은 다소 둔화되고 있지만 전체 인구를 구성하는 하위집단, 즉 교육수준이 낮은 계층의 이혼율 격차는 지속되거나 확대되고 있다는 것이다(Raley & Bumpass, 2003; 우해봉, 2011: 141에서 재인용)[7].

이처럼 2000년 이후 신자유주의적 시장질서가 갖는 위력은 곧 가족의 형태와 기능의 변화를 넘어 그 의미조차 빠르게 해체시키고 있다. 요컨대 신자유주의는 자본주의의 출발과 함께 시작되어온 개인노동력의 상품화와 시장화를 더욱 강제하면서 가족의 개인화를 촉발하고 있는 것이다. 그동안 개인주의가 확대재생산 되면서 자율적 개인들의 친밀한 공간으로서 가족생활이 전면에 부각되어온 산업사회와 달리 신자유주의 사회에서는 친밀성의 공간마저 개인화하고 더욱 양극화된 계층적 공간으로 분화되면서 오늘날 가족은 다양화를 넘어 복잡성의 증후를 보여주고 있다. 물론 이러한 현상은 지난 50년간 서구 가족변동의 주요한 흐름과 그 맥락을 같이 하는 것이다. 대부분의 서구국가들 역시 우리보다 앞서 성관계와 결혼제도의 연관성이 감소 혹은 단절되는 양상을 보여주고 있으며, 이로 인한 非결혼관계내의 출산은 증가

---

7 예컨대 미국여성의 교육수준별 이혼패턴을 분석한 결과에 의하면 최근 수십 년간 대졸자 집단의 이혼율은 급속히 감소함에 비해 교육수준이 낮은 집단은 이혼율이 증가할 뿐만 아니라 혼인 초기단계에서 이혼발생의 경향성이 높아지고 있었다(Martin, 2006; Isen and Stevenson, 2010). 일본의 경우 1980년 인구센서스에서 이혼율의 교육수준의 효과가 낮았음에 비해 2000년 센서스 분석결과에서는 유의한 수준으로 나타났다고 한다(Raymo, Iwasawa and Bumpass, 2004; 우해봉, 2011:141에서 재인용).

하고 부부관계는 더욱 불안정성해지고 있다. 뿐만 아니라 부모 자녀 관계 역시 유동적이고 복잡하며 다양한 방식으로 나타나고 있는데, 한부모의 자녀이거나 양부모라 할지라도 생식부모가 아닌 부 또는 모와 거주하는 자녀들이 크게 증가하는 등 가족의 형태적 다양성과 내용적 복잡성이 나타나고 있다(Furstenberg, 2014; 김혜영, 2014:165에서 재인용).

제 4 절 여성 및 가족정책의 방향과 과제

1. 여성정책의 성과와 과제

(1) 기존 여성정책의 특징과 한계

한국의 여성정책은 취약한 상황에 놓인 여성들을 보호하고 최소한의 삶을 보장하기 위한 요보호 대상 부녀정책으로부터 출발하여 2015년 양성평등기본법이 발표되기까지 의미있는 변화를 보여준다. 미군정 시기부터 1980년대 초반까지의 여성정책은 주로 요보호 여성에 대한 복지차원의 시혜적 정책이라는 점에서 여성들이 경험하는 차별양상에 대한 근본적인 문제제기가 이루어졌다고는 볼 수 없다(황정미, 2001). 오히려 이 시기의 여성정책은 여성이 경험하는 다양한 차별적 사회현상에 대한 적극적 대처방안이라기보다는 어려운 처지에 놓인 일 여성들에게 최소한의 삶을 보장하기에 급급한 잔여적 복지정책에 불과한 것으로 평가할 수 있다.

우리사회에서 여성정책이라는 용어가 본격적으로 사용되기 시작한 것은 1983년 국무총리 정책자문기관의 하나로 "여성정책심의위원회"가 구성되면서 부터라고 볼 수 있다. 이 시기는 근대 국가기획 과정에 동원하기 위한 여성발전이나 어려운 여성들을 돕는 복지시혜정책에서 벗어나 비로소 여성의 차별적 상황을 인식하고, 이에 대한 제도적 노력이 가시화되고 있기 때문이다. 그리고 이러한 자각에 힘입어 1995년에는 "여성발전기본법" 제정되었는데, 이는 여성정책을 추진하기 위한 구체적인 시행계획과 정책추진체계가 마련되는 주요한 계기가 되었다는 점에서 상당히 의미 있는 계기로 평가받고 있다. 기본법에 의거한 여성정책은 5년 마다 중기계획의 수립 및 추진이 명문화되었는데, 1차 기본계획에서는 남녀평등의 촉진과 여성의 사회참여, 여성의 복지증진이 핵심적인 정책목표로 제시되고 있다. 이로써 90년대 중반부터 한국의 여성정책은 성평등 추진을 가시화하게 되는데, 여성발전을 모색하기 위한 다양한 법, 제도의 구비가 이를 뒷받침하고 있다. 예컨대 1987년 남녀고용평등법을 시작으로 1991년 영유아보육법, 1994년 성폭력특별법 등이 발의되고 제정되었던 것이다(김경희·이재경, 2012: 2-3).

이러한 법제도의 구비에도 불구하고 당시의 여성정책을 통해 실질적인 성평등이 구현되었다고 보기는 어렵다. 다만 여성을 차별하는 제도와 사회구조에 대한 다양한 문제제기가 활발하게 전개되는 시기로 평가 가능하다. 그러나 1995년 북경행동강령(Beijing Platform for Action)에 따라 선택된 성평등 전략의 하나인 성주류화를 적극 제도화하면서 2000년 이후 성별영향평가나 성인지예산 관련법 제정 등이 추진되는 등 정책성과가 명확하게 가시화되기 시작한다. 성주류화는 여성을 대상으로 하는 여성정책을 넘어 모든 정책에 젠더관점을 적용함으로써 주류를 전환하려는 정책의도를 천명하고 있으며, 그 결실이 하나로 2004년 여성발전기본법의 개정과 함께 성별영향분석평가와 성인지 통계의 근거가 마련되었던 것이다. 또한 2006년에는 국가재정법의 제정을 통해 성인지예산 관련규정을 포함하는 등 성주류화 전략의 도입과 제도화라는 성과를 거두었다. 하지만 실제 이러한 제도화 도입을 통한 추진성과가 여성정책으로의 환류나 성주류화로 안착되지 못했다는 한계를 갖고 있다. 명시적인 여성정책의 패러다임은 성평등 정책이었으나 이를 실현하기 위한 도구적 개념인 성인지 관점은 오히려 주변화되는 의도치 않은 결과에 직면하게 된 것이다(배은경, 2016). 즉 성인지 정책은 여성과 남성과의 차이를 고려하여 정책을 수행하는 것인 동시에 이를 위해 남성과 여성의 요구를 파악하여 이를 적극 정책에 반영하는 접근법이다. 하지만 실제 운영과정에서는 전통적인 성별분업에 기초한 여성의 요구를 반영하거나 남성과의 단순비교나 산술적 평균에 기초한 동등성을 강조함으로써 근본적인 젠더질서의 변화나 성평등 정책이 갖는 정치적 의미를 잃어버리게 되었다는 비판을 받고 있다(이재경·김경희, 2012: 5-6)

　한편, 1997년 IMF와 같은 경제위기에도 불구하고 실질적인 남녀평등사회 구현을 위한 제도마련과 함께 이를 실질적으로 실현하기 위한 추진체계, 즉 여성정책담당관실과 여성정책조정회의와 여성정책책임관까지 도입하는 등 성평등 정책추진을 위한 조정기능이 지속적으로 강조되어 왔다. 그러나 경제위기 이후 적극 도입된 신자유주의는 무한경쟁과 이로 인한 양극화가 초래되면서 시장적 사회문화와 급격한 개인화가 확산되는 양상을 보여주었다. 이는 곧 집합적 가치나 이를 위한 공공적 활동보다는 개인의 시장적 이익에 전념케 할 뿐만 아니라 성별의 차이 없이 모든 남녀가 파편화되고 고립된 상황에서 유급노동에 매진해야 하는 상황으로 변화되었음을 의미한다. 이러한 변화는 곧 가족불안정성은 말할 것도 없거니와 초저출산 현상을 낳는가 하면, 다른 한편에서는 '성매매방지법'이나 '호주제폐지'와 같은 성평등 정책이 적극 추진되면서 동시에 '건강가정기본법'과 같은 가족주의에 기반을 둔 정상가족 담론이 법제화되는 모순적 결과로 나타나고 있었다. 또한 시장주의의 확산에 따른 정부업무 평가의 강화와 함께 여성정책에서 중요한 조정기능이 소홀히 다뤄지거나 평가 절하되면서 참여정부 후반기에는 점차 실질적인 성평등 확산이라는 제도목표는 상당부분 후퇴하고 있다(배은경, 2016: 29-30). 다만 이 시기에는 가족돌봄의 공백현상에 주목하여 돌봄 사회화의 필요성이나 일가정양립의 의제가 전면에 등장하면서 성평등 의제가 더욱 다양화되었음은 주목할 만하다. 비록 이러한 의제와 관련법제도의 마련이 뚜렷한 성과를 거두지는 못했지만, 적어도 그동안 여성이 전담해온 돌봄노동의 가치와 의미를 재평가하고 남성의 생계부양과 여성의 돌봄노동이라는 성별분업 이데올로기의 약화를 공론화하는 계기를 제공하였음은 분명하다.

　참여정부에 뒤이어 탄생한 보수정부로 여성정책의 조정 및 기획기능은 더욱 약화되고, 저출산·고령화에 따른 보수적인 가족정책의 뒷전으로 밀려나게 되었다. 물론 이시기의 가족정책 역시 그동안 여성이 수행해온 돌봄노동의 재평가와 돌봄의 사회적 분담을 통한 탈가족화보다는 시장화의 논리가 반영되어 가족정책을 기형화하는 변화 또한 확인된다(윤홍식, 2014). 이러한 와중에 탄생한 양성평등 기본법은 기본적으로 실질적인 성평등사회를 구현하지 못한 상황에서 남녀의 역차별을 우려하여 남녀의 동등한 참여를 강조함으로써 여성정책을 더욱더 복잡하고 이중적인 것으로 만들고 있다. 예컨대 2015년 여성정책기본법이 양성평등기본법으로 전면 개정('15.7.1. 시행)되었고, 동법에 의거하여 「제4차 여성정책기본계획('13~'17)」을 수정·보완하여 2015년에는 제1차 「양성평등정책기본계획('15~'17)」이 수립공표된 바 있다. 이때의 정책목표는 '여성·남성이 함께 만드는 양성평등 사회'를 비전으로 '성별 격차 해소', '일과 가정의 조화', '차이와 인권 존중'을 3대 목표로 설정하고, 이를 실현하기 위한 7대 대과제, 21개 중과제, 66개 소과제가 제시되어 있다. 하지만, 이러한 정책 기조는 여성 내부의 다양한 집단의 차이와 성별과 교차되는 계급 및 세대 등 다양한 사회적 범주간 불평등에 대해서는 둔감하게 만들면서 양성의 협력적 관계만을 강조하는 효과를 갖는다는 점에서 상당한 비판을 받고 있는 것이 사실이다.

그러나 여전히 한국여성들이 경험하는 차별은 적지 않을 뿐만 아니라 특별한 보호 장치나 과거와 같은 보수적인 가족으로의 회귀조차 쉽지 않은 현실에서 무방비하게 시장에게 내몰리고 있다. 그럼에도 불구하고 현재 여성가족부의 양성평등정책은 차별적인 성별관계의 시정이 아닌 양성의 균형과 조화에 초점을 맞추고 있다. 그간의 학계, 정부, 여성운동계의 지난한 노력으로 여성의 굴절된 삶을 개선하는 다양한 법, 제도의 근간이 마련된 것은 사실이나 이것이 여성을 구속하는 다양한 차별적 구조의 실질적 해체를 의미하는 것은 아니다. 기본적으로 성평등이란 여성과 남성 간에 역사적으로 축적되어온 구조적 불평등을 '차별의 프레임'으로 해석하고 이를 해소해가려는 이념적 방향성을 제시하는 것이다(신경아, 2016:3). 이런 점에서 본다면, 과거에 비해 여성들의 교육수준과 사회참여가 높아지고는 있으나 여성의 차별적 지위가 근본적으로 개선된 것으로 볼 수 없다. 여전히 한국여성들의 성별격차는 세계적인 수준이며, 성별을 넘어 대다수의 사람들은 불안정한 일터로 내몰리는 상황에서 여성차별을 공론화하는 것에 대한 부담도 적지 않다. 따라서 여성정책의 목표와 방향이 분명하게 재정립되지 않을 경우 거세어진 경쟁의 파고 속에서 여성은 쉽게 폄하되고 수구적 논리와 맞싸우면서도 과거처럼 유급노동에서 면제된 전업주부로도 돌아가지 못하는 모순적 상황에 직면할 가능성이 적지 않다.

(2) 정책의 방향과 과제

앞서 논의한 바와 같이 급속한 경제성장에 힘입어 여성들의 수명과 교육수준이 크게 높아지게 되었고, 결혼 및 출산의 의미변화로 여성의 생애주기 또한 변화하면서 여성의 생활세계는 크게 변화해 왔다. 특히 과거에 비해 자신의 삶에 충실해야하는 인구학적 조건 외에도 신자유주의적 시장상황은 여성의 자립과 독립을 요구한다는 점에서 일과 가정생활의 양립 필요성은 증가하고 있는 반면, 전통적 성별분업의 정당성은 크게 약화되었다. 따라서 과거에 비해 여성의 사회참여 욕구는 증가되었으며, 여성들은 새로운 경험을 통해 가족에 긴박된 삶이 아닌 적어도 일과 가족생활의 병행 혹은 일중심의 경력추구를 시도하고 있다. 이는 여성내적 변화는 말할 것도 없거니와 안정적인 남성생계부양자의 지위를 기대할 수 없는 사회 환경적 변화가 반영된 것이다.

그러나 다른 한편, 우리사회는 여전한 성불평등 구조를 보여주고 있다. 돌봄과 가사노동에 대한 성별분담은 요원하고, 노동시장에서의 여성지위 역시 변함없이 낮은 것이 현실이다. 여성들의 일에 대한 의미와 태도가 변화하고 고등교육진학률이 남성을 앞지르고 있지만, 2015년 기준 여성전체 고용률은 49.9%에 불과하다. 이는 남성 전체 고용률 71.1%에 비교하면 크게 낮은 수준이며 대졸여성의 대기업 취업률 또한 남성의 58%수준에 불과하고 최근 7년간 점점 악화되고 있고 있다. 또한 정규직의 여성비율은 38.5%임에 비해 비정규직 가운데 여성의 비율은 54. 9%에 달하고 있다(한국노동연구원, 2016). OECD 국가 중 한국의 성별임금격차는 36.6%으로 10년 연속 부동의 1위를 차지한다는 언론보도는 전혀 새삼스러운 일이 아닌 것이다(OECD, 2016).

이런 점에서 본다면 한국 사회의 성불평등 해소와 여성의 삶을 보장하기 위한 최우선적 과제는 여성들에게 좋은 일자리를 제공하는 일이다. 이러한 문제의식이 처음은 아니어서 이미 1987년에 "남녀고용평등법"의 제정과 2000년 "남녀차별금지법"이 도입된 바 있다. 2001년 1월 여성정책의 본격적 추진을 내걸은 여성부를 중심으로 다양한 성차별적 관행을 제거하고 여성발전의 계획을 수립해왔다. 그러나 이러한 법제정과 추진체계의 도입에도 불구하고, 고용분야의 적극적 조치 정책들 가운데 어느 것도 여성에 대한 불평등과 차별이 정책의 핵심논리로 반영된 것은 없었다고 평가된다. 오히려 성평등 정책의 제도화과정에서 평등의 정치는 변질되어 여성의 저발전을 문제의 중심에 둠으로써 평등의 가치와 원칙은 상실되었다는 것이다(유정미, 2012; 이재경·김경희, 2012: 21). 그리고 이러한 경향은 여전하다.

예컨대 최근 여성고용율 제고를 위한 여성가족부의 대응방안은 주로 여성일자리 확보를 위한 새일센터의 확충이나 맞춤형직업훈련 확대 등 경력단절여성 취업지원서비스의 확충에 초점이 두어지고 있다. 이는 신규노동력 수요창출보다는 노동력 공급 부분, 즉 여성들로 하여금 시장수요에 부합되는 상품성을 구비할 수 있는 지원에 주안점을 둔 것이다. 물론 다른 한편에서는 여성 창업 지원 강화나 대학창조일자리센터 등에 '청년여성 특화프로그램' 운영 표준매뉴얼을 보급하는 등 여성일자리 확대에도 관심을 보이고 있지만, 뚜렷한 성과를 거두기에는 상당히 제한적이고 미흡한 조치가 아닐 수 없다. 더욱이 이러한 정책기조는 성평등을 목적으로 하는 것이 아니라 여성인력의 활용이나 국가경쟁력 제고가 주요 논거가 되고 있다는 점에서 정책의 지향성이 왜곡되고 있다는 우려를 낳고 있다(이재경·김경희, 2012). 따라서 향후에는 적어도 여성고용율을 OECD 평균수준으로 끌어올리기 위한 실질적이고 포괄적인 정책의 마련과 함께 그러한 정책마련의 필요성과 목적에서의 성평등성 확보가 명문화되어야 할 것이다.

특히 오늘날의 20~30대 세대들은 실질적인 성평등을 요구하고, 이를 어느 정도 체험해온 세대라는 점에서 이들의 일자리 창출정책의 마련은 매우 시급하다. 이들은 여타 세대에 비해 남성과의 차이를 수용하기 어려울 만큼 주도적인 자신의 삶을 기획하려는 세대인 동시에 결혼을 선택한다고 할지라도 남성들로부터 안정적인 생계부양을 기대할 수 없는 세대이기 때문이다. 따라서 생애 첫 일자리부터 좌절하거나 차별받지 않을 수 있는 입직문화와 고용기회가 제공되어야 한다. 물론 청년남성들의 취업도 쉽지 않은 상황이라는 점에서 여성취업을 위한 다양한 지원책이 일시적이나마 젠더갈등을 부축일 수도 있다. 하지만 성별이나 가족상황 등에 차별받지 않고 개인의 실력에 따라 공정하게 평가받을 수 있는 고용기회와 다양한 입직의 절차와 관행의 투명성이 강력하게 추구되어야 하고, 이를 위한 법과 제도의 마련은 매우 중요하다. 또한 청년세대에 적합한 일자리 창출과 함께 일자리를 둘러싼 세대 간 대타협기구가 마련되어야 할 것이다. 당장 신규일자리 창출이 어렵다면 적어도 저임금 비정규 일자리를 양질의 안정된 정규직이나 차별 없는 시간제 일자리로 전환하기 위한 정책 수단마련을 통해 세대 간 절충과 공유의 방안이 강구되어야 한다.

다음으로는 한국의 성별임금격차가 세계 최고의 수준이라는 점에서 성별임금격차를 낮추기 위한 혁신적인 정책이 마련되어야 한다. 성별 임금격차는 여성들에게 비정형적 일자리가 집중되어 있음과 무관하지 않다는 점에서 비정규직과 정규직 임금격차를 해소하고 비정규직의 임금을 정규직의 70~80%수준으로 끌어올리기 위해 노력이 수반되어야 할 것이다. 더욱 본질적으로는 동일가치 노동에 대한 동일임금의 구현이라는 노동시장적 정의가 사회전반으로 확산되어 공정임금법 제정이 촉구되어야 한다는 사실이다.

이와 동시에 남성 중심적인 직장문화를 개선하여 여성의 관리직 비율을 높이고, 성평등한 파트너십 구축을 통해 합리적이고 효율적인 조직문화가 정착될 수 있도록 다양한 성차별적 조직문화 관행을 폐지해야 할 것이다. 기업의 새로운 문화는 여성의 경력유지와 승급의 효과만을 가져오는 것이 아니다. 조직의 비전을 공유하고 다양한 협업 형태로 근무해야함에도 불구하고 상급자에 의한 여성하급자의 직장 내 성희롱 피해경험율이 적지 않은 것이 우리의 현실이다. 따라서 공정하게 입직하여 합리적으로 경쟁하는 직장문화의 조성은 조직의 발전은 물론 성별을 넘어 개인의 발전에 기여할 수 있다. 또한 여기에는 개인과 조직의 발전을 동시에 고려하는 기업 및 직장문화 조성을 위해 생애주기에 따른 다양한 가족돌봄의 요구에 유연하게 반응해야 함은 두말할 나위가 없다. 기업과 같은 민간부문은 정부 등의 공공부문에 비해 단기간의 이해관계에 매몰될 우려가 큰 만큼 기업 및 조직의 일·생활 균형을 보장하는 제도설계와 직장문화가 정착될 때까지 정부의 다양하면서도 실질적인 인센티브가 제공되어야 한다.

성별 및 인종, 계층, 세대를 배려하는 방식은 무엇보다 공공부문이 선도해야 한다. 성평등 문화 확산을 위해서는 정부가 강력한 의지를 피력하고 수범 사례로 실천해야 하는 것이다. 우리사회는 이미 1948년 제헌헌법부터 70년간 헌법 내 평등과 성별에 의한 차별금지를 명시하고 있음에도 불구하고 한국의 성평등 지수는 조사대상국 가운데 하위를 차지하고 있다. 그러한 낮은 위치는 무엇보다 여성들의 차별적인 사회참여의 결과이다. 여성의 교육수준이 높아지고 다양한 공공부분의 채용시험에서 여성돌풍이 나타나고 있지만, 정부부문의 관리직 역시 여성의 비율은 대단히 낮은 편이다. 따라서 공공부문을 우선으로 하는 여성의 대표성제고 및 참여 확대방안이 차기 정부에서는 전격적으로 실시되어야 할 것이다. 공공부문의 여성대표성 제고는 성차별적 조직관행과 정책추진과정에 대한 성평등 관점의 적용과 성인지력을 크게 높일 수 있을 뿐만 아니라 민간부분으로의 파급효과도 적지 않기 때문이다.

끝으로 성평등 실현을 촉진하고 현존하는 불이익의 제거를 위한 국가노력의 명시와 적극적 차별시정조치를 명문화하고, 이를 주도해 나갈 수 있는 실질적 권한이 여성정책 추진 기구에게 부여될 수 있어야 한다. 여성정책은 기존의 정책목표나 비전실현을 위한 특정 중앙부처와의 조정업무가 필수적이라는 점에서 여성정책 전담기구로서 여성가족부의 조정권한이 확장되는 일은 대단히 중요하다. 여성가족부가 여성을 대상으로 하는 다수의 정책들을 성인지적 관점으로 관통하고, 구체적인 실행력을 확보해야만 실질적인 성평등을 확보할 수 있기 때문이다.

과거에 비해 사적, 공적인 영역에서 젠더갈등의 경험이 증폭되면서 신체적 우위를 과시하거나 강압적으로 자신의 뜻을 관철하려는 남성이 증가하면서 한편에서는 한국 사회에 여성비하나 폄하 및 혐오 문화가 확산되고 있다. 그런가 하면 이러한 남성들의 행동에 대한 부당함을 지적하는 여성들의 권리의식 또한 높아지면서 젠더갈등의 증폭 가능성 또한 적지 않다. 새로운 문화정착에는 다양한 갈등과 시행착오의 과정은 필수적일 수 있다. 그럼에도 불구하고 그러한 갈등이 상호 물리적이고 신체적인 차이로 인한 위협과 위해로 진행되지 않도록 젠더폭력에 대한 명확한 지침과 확실한 가해자처벌 및 교정방안이 마련되어야 한다. 그러나 이보다 더욱 중요한 것은 지난 20여 년간 여성가족부로 통칭되는 제도적 장치가 실질적인 성평등을 담보하지 않았음을 성찰하고 성평등 정책의 기조를 명확히 제시하고 그 논거를 재정립하는 일은 더욱 중요하다. 향후에는 남성에 의한 생계부양이나 여성에 의한 가사전담과 자녀돌봄의 구분이 유효하지 않을 가능성이 더욱 높아질 뿐만 아니라 일자리를 둘러싼 성별, 세대별 긴장과 경합이 더욱 거세어지기 때문이다. 새로운 사회질서로의 전환과 이를 수용하기 위해서 성평등의 가치와 전략은 더욱더 중요하고 유효해질 것임은 너무나 자명하다.

2. 가족정책의 방향과 대안

(1) 가족변화의 정책적 함의

가족변동에 대한 세간의 충격은 1997년 경제위기 이후 두드러지는데, 이는 산업화과정에서 완만하게 변화해온 가족의 근대성이 완성되기도 전에 침식되어갔다는 변화의 급진성과 함께 가족에 대한 한국인의 독특한 이데올로기가 더 이상 가족 현실을 뒤덮을 정도의 방어력을 상실해갔기 때문이다. 경제위기 이후 가시화된 젠더 및 가족구조의 불안정성은 위기의 해소 이후에도 결코 완화되지 않았으며, 오히려 혼인과 자녀출산이라는 가족고유의 기능은 지속적으로 위축되어 사회재생산체계 마저 잠식되는 결과를 낳게 되었다. 결혼 및 가족관계의 안정성 약화는 가족구조의 변형 및 해체를 의미하는 것이고, 이는 결과적으로 가족제도를 통한 사회성원의 충원과 이들에 대한 안정적인 사회화 및 노약자 보호라는 전통적 가족기능을 위협하는 것이다. 불과 십 여 년 만에 개인에 대한 가족의 구속력과 보호와 돌봄의 기능이 크게 약화되었음은 더 이상 놀라운 일이 아닌 것이다. 동시에 이러한 가족변화는 사적영역의 축소와 위축, 나아가 정책개입의 급속한 확장을 요청하는 것이었다. 이제까지 가족이 수행해왔던 보호와 돌봄의 기능이 잠식되거나 상실되면서 가족의 주요기능 가운데 일부는 공공서비스로 혹은 시장에서 구매 가능한 서비스 상품으로 빠르게 외주화 되고 있다.

오늘날 가족이 경험하는 다양한 위험과 갈등은 사회구조적으로 구성되는 것이라는 점에서 보편적인 가족정책은 가족구성으로 인해 개인들이 당면하는 다양한 사회적 위험을 예방하고 최소화하기 위한 국가의 개입과 지원의 성격을 갖는다. 특히 가족이 당면한 위험은 결코 개별 가족의 자원이나 가족 응집력만으로는 해결되기 어렵다는 점에서 개인과 개별 가족을 넘어서는 다양한 돌봄의 연대와 분담체계의 구축은 매우 중요한 가족정책의 목표이자 과제가 되고 있다. 서구 선진사회들이 가족의 돌봄 노동을 누구와 어떻게 함께 분담할 것인가에 집중하는 것은 바로 이러한 문제의식을 공유한 결과이다. 우리 사회 역시 가족정책의 출발부터 돌봄의 사회화를 주된 목표로 하고 있지만, 세계경제의 불확실성과 불안정성이 심화되면서 가족이 전담해온 개인 돌봄을 개인과 시장, 사회가 함께 균형적으로 분담할 수 있는 장기적이고 거시적인 사회체계의 구축으로 확장되지 못하고 있다.

가족관련 공공 정책과 서비스의 확장은 이제까지 '사적 공간'으로 개념화되어온 가족 삶을 다양한 정책 구호와 쟁점의 대상으로 변화시키면서 점차 공공 정책의 개입이 필요한 영역으로의 전환되는 것을 의미한다. 하지만, 가족변화를 단순한 문제적 현상으로 간주하고 이의 대중적 요법을 제공하는 것이 가족변화의 근본적 대응책이라고 볼 수 없다. 외형적으로 확인되는 결혼 및 가족 다양성과 이질성은 곧 개인이 직면한 노동 및 사회 환경의 계층 분화와 무관하지 않으며, 오늘날 청년세대들의 개인화된 라이프스타일 추구 또한 정보기술사회로의 진입과 함께 시장화에 덧대어진 소비주의의 확장 등과 같은 사회문화적 변동과 긴밀히 연계되어 있기 때문이다. 따라서 지금의 가족 변화는 단순히 개인의식이나 가치의 변화만으로 설명이 되지 않으며, 이는 개인 및 개별 가족차원의 해법마련이 용이하지 않음을 의미한다. 세계화, 시장화에 따른 노동시장의 불안정성이 보편화되는 사회적 변화가 가족의 변동을 낳고, 이로 인한 저출산, 고령화, 만혼과 같은 인구구조의 변화는 다시 가족변화와 맞물리고 있기 때문이다.

그럼에도 불구하고 여전히 미진한 가족지원 인프라와 성차별적 사회구조는 젠더 및 세대 갈등은 말할 것도 없거니와 가족구성의 지연과 회피를 지속시키는 구조적 요인이 되고 있다. 또한 사회가 충분한 대책을 마련하지 않은 상황에서 자녀양육과 노부모 부양에 대한 '가족과 사회의 공동 책임' 요구는 자칫 부양 및 양육책임의 공동(空洞)화로 이어질 수 있다. 특히 자녀양육과 달리 노부모 부양은 여타 형제나 노부모 자신 및 사회책임으로 분산, 귀속되는 경향이 빠르게 확산되고 있다. 그 결과 과거에는 자식을 돌보고 부양하는 부모역할에 몰두했으나 노년기에 들어와서는 자식에게 버림받는 노인빈곤층이 등장하거나 부양료 소송이나 부모부양을 둘러싼 가족갈등이 급증하고 있다.[8]

(2) 가족정책의 추진과정 및 한계

사적영역으로서 가족은 한 개인의 삶의 질은 물론 사회통합과 유지에 결정적 역할을 하고 있다. 따라서 개별 가족에 미친 경제적 위기는 단순히 개인이나 가족의 위기에 국한 되는 것이 아니라 가족이 속한 사회의 지속가능성에도 직접적인 영향을 미치고 있다. 이런 점에서 가족변화를 반영하는 다양한 정책의 입안과 실천은 그 어느 때보다 중요하다. 하지만, 가사 및 돌봄 관련 상품서비스의 발달과 함께 사회적 돌봄 비용이 급격하게 증가하고 있음에도 불구하고 가족변화의 다층성과 복잡성은 명확한 정책개입의 지점과 범주의 확정을 어렵게 만드는 요인이 되고 있다. 더욱이 현재 가족변화에 대응하는 사회정책의 설계는 상당한 사회적 비용을 요구하는 것이라는 점에서 가족의 의미와 변화가 갖는 정책적 함의를 둘러싼 다양한 논쟁과 갈등이 유발되기도 한다.

그럼에도 불구하고 대다수의 산업화된 국가에서는 보살핌을 필요로 하

---

8 예컨대 한 일간지에 따르면 2007~2013년 사이 선고된 부양료 청구사건 판결문 226건 가운데 부모, 자식간 소송이 144건이며, 10건 가운데 3건이 바로 상속빈곤층 부모가 제기한 것이라고 한다. 이들의 31.4%는 증여나 상속을 통해 재산을 미리 자식들에게 증여해지만, 이들의 월 생활비는 34만 원에 불과하고 노령연금 등으로 생계를 잇는 경우가 94.4%, 36.1%는 단 한명의 자녀로부터도 지원을 받지 못한 것으로 밝혀졌다. 이러한 부양료 소송은 대법원 통계에 따르면 2002년 68건에서 2013년 250건으로 증가하고 있다(『중앙일보』, 2014.6.17).

는 개인을 효과적으로 보호하고, 지속적인 사회성원을 안정적으로 충원하기 위한 고민을 이미 중요한 사회적 과제로 다루고 있다. 그 결과 선진 사회에서는 국가가 가족의 삶과 재생산 문제에 깊이 관여하고 있다. 우리사회 역시 가족정책 추진을 위한 근거 법을 제정하고, 해당부서를 신설한 바 있다. 2005년 6월 여성부를 여성가족부로 확대·개편하면서 명시적인 가족정책을 추진하기 시작한 것이 바로 그것이다. 가족정책 추진을 위한 주무부서가 중앙정부 내에 설치되면서 가족정책의 목표와 방향이 가시화되고, 정책추진을 위한 구체적인 로드맵과 관련 서비스 전달체계가 구축된 것은 매우 고무적인 일이 아닐 수 없다.

그러나 가족정책의 근거로서 제정된 건강가정기본법은 출발부터 '건강가정'을 둘러싼 개념 및 이념논쟁을 유발하는 등의 순조롭지 않은 출발을 보인 것이 사실이다. 건강가정기본법의 골자를 살펴보면, 가족 고유의 가치와 사회적 자본을 강조하고, 가족기능을 상실하지 않도록 사전적인 개입과 지원이 중요함을 명시하고 있다. 이러한 가치지향은 곧 가족문제의 예방을 통해 산업사회의 근대 가족을 재현할 수 있다는 이념이 내포되어 있다는 점에서 상당한 논란을 낳았다. 특히 건강가정담론에 기초한 가족정책은 대인서비스 지원정책의 접점과 연계성보다는 "개인을 중심으로 하는 서비스에서 생활단위인 가정을 중심으로 하는" 가족서비스 제공을 강조함으로써 가족정책의 정체성과 독립성을 강조하고 있다(조희금, 2003). 하지만, 이는 '단위로서의 가족'과 '가족구성원으로서의 개인'이라는 대립적 관계를 부각시키는 것일 뿐만 아니라 개인과 집합체의 논리적 충돌가능성을 고려하지 않는다는 비판을 낳고 있다. 즉 가족의 고유한 가치와 기능의 복원은 암묵적으로 우리사회와 개인의 삶에 기능적인 특정 형태의 가족복원을 전제로 하는 논리적 구조를 갖는 것인 동시에 집합으로서 가족의 가치와 기능을 강조함으로써 온전한 주체로서의 개인보다는 가족내 역할과 지위를 우선시하는 것이다. 결과적으로 이는 근대가족의 정상성과 우선성을 강조하게 된다는 것이다. 이러한 논란에도 불구하고 가족정책 추진을 위한 근거법의 마련과 정책추진체계의 구비는 비교적 빠르게 추진되는 성과를 거두고 있다. 하지만, 가족정책의 정체성과 위상 및 기능을 둘러싼 다양한 쟁점은 충분히 해소되지 못했다는 아쉬

움을 남겨주었다(김혜영, 2012: 81에서 재인용).

현재 가족정책은 건강가정기본법에 따라 5년마다 중기계획을 수립, 발표하고 있다. 현재는 제3차 건강가정기본계획(2016~2020)이 수립, 추진되고 있다. 2016년 발표된 제3차 기본계획에 따르면, 가족교육과 상담을 강조하는 가족관계 증진 서비스 기반조성, 맞벌이, 한부모, 다문화, 취약 및 위기가족 등 다양한 가족유형별 맞춤형 서비스 지원강화, 정부-가족-지역사회를 연계하는 돌봄지원 강화와 육아휴직활성화 및 복귀강화, 일가정양립 사각지대 해소, 기업의 일·가정양립 실천촉진 등을 강화하여 남성과 여성, 기업이 함께하는 일·가정양립 실천, 고비용 결혼문화 개선 및 임산부배려, 행복한 육아문화 확산 등의 생애주기별 출산친화적 사회문화조성, 가족정책 추진체계 강화라는 6대 영역의 53개 과제를 추진하고 있다(여성가족부, 2016).

특히 2017년도 여성가족부 홈페이지에 게재된 중점과제는 "누구나 쉽게 접할 수 있도록 생애주기별 부모교육 정착"을 목표로 생애주기별 부모교육을 위한 매뉴얼·콘텐츠 개발 및 기관별 부모교육 전문강사 보수교육실시, 도움이 필요한 가정 등 대상별 맞춤형 부모교육의 제공이 제일의 과제로 설정되어 있다. 또한 한부모 가족의 양육여건 개선과 자립역량 강화 및 자립지원, 양육비 이행 실효성 확보를 위한 양육비 이행점검 강화와 같은 맞춤형 가족지원서비스의 제공과 결혼·양육 친화적 사회환경조성을 위한 찾아가는 아이돌봄 지원확대, 건전하고 합리적인 육아문화 조성, 실속 있고 의미 있는 작은 결혼 문화 확산사업을 제시하고 있으며, 다문화가족 자립지원 서비스 및 인식개선을 위해서는 다문화가족 정착 단계별 지원 강화와 다문화 자녀 미래인재 양성 추진, 다문화가족 정책 총괄 및 서비스 전달체계 효율화를 주요 추진과제로 제시하고 있다.

이러한 여성가족부의 가족정책 추진에는 가족정책의 정체성과 위상 등을 둘러싼 논란이 적지 않다. "가족모두 평등하고 행복한 사회"라는 정책비전을 달성하기 위해 여성가족부가 제시한 제일의 사업영역은 생애주기별 부모교육이며, 결혼·양육 친화적 사회환경 조성을 위해서는 집으로 찾아가는 아이돌봄서비스 지원확대나 건전하고 합리적인 육아문화 조성, 실속 있고 의미 있는 작은 결혼 문화 확산 등의 사업이 제시되어 있다. 이러한 사업들은 모두 변화에 취약한 가족구조 및 사회환경에 대한 개인 및 개별가족의 적응에 초점이 맞춰진 것이다. 뿐만 아니라 다양한 가족에 대한 맞춤형 서비스 지원으로 제시된 내용 역시 자녀양육과 돌봄이 취약한 가구에 대한 부분적 지원에 불과하다. 이는 분명 최근 한국가족이 당면하고 있는 '가족'이 제도와 구조로서 경험하는 '사회적 위험들(social risks)'에 대한 근본적인 대응방안이기보다는 개별 가족이 당면한 '가정적 위험'에 대한 국가의 기능적 개입내지 개인 및 개별가족의 적응지원서비스 제공으로 볼 수 있다(김인숙, 2007: 266). 실제로 OECD 국가를 기준으로 우리나라의 가족관련 복지정책 지출 수준은 덴마크와 영국, 아일랜드 등의 선진국에 약 1/4 수준에 머무르고 있으며 OECD 평균 지출비용에도 훨씬 못 미치는 수준에 있다는 점에서 정책의 효과성을 기대하기 어렵다(황은정, 장혜림, 2015).

　여기에 더해 명시적인 가족정책의 출범과 함께 저출산·고령화 현상을 인구문제로 규정하고 그것의 해법을 위해 저출산 정책이 보건복지부라는 별도의 부처에서 추진됨으로써 시작부터 저출산·고령화의 처방이 가족이 경험하는 다양한 위험과 갈등에 대한 사회적인 해법마련보다는 단순한 인구문제로 규정함으로써 전방위적으로 구조화되는 개인과 가족의 위험에 효과적으로 대응하지 못하게 되었다는 한계가 지적되어 왔다. 그러나 여전히 가족, 보육, 저출산, 아동정책은 별개로 추진되고 있다. 가족정책과 인구정책, 보육정책, 아동정책은 분리가능하지 않음에도 불구하고 현재는 각기 다른 중앙부처의 별도 정책국의 고유사업으로 다뤄지고 있으며, 각 정책의 통합과 조정 및 연계를 위한 명시적인 상설기구는 발견되지 않고 있다. 자녀출산은 특정 사회가 가족에 거는 기대와 가치로부터 자유롭지 않을 뿐만 아니라 여성역할에 대한 규정과 지위, 나아가 재생산과 돌봄 노동을 사회가 어떻게 규정하고 있는가에 좌우된다는 점에서 가족정책의 주요한 쟁점 가운데 하나이다.

　대부분의 사회에서 가족정책은 아동정책이나 성평등 정책 등과 중첩 혹은 혼재되기도 하며, 상호 연관된 문제틀 내에서 주요한 정책이슈가 만들어지는 이유가 바로 여기에 있으며, 이와 연관된 정책추진체계 역시 이러한 문제를 바라보는 사회의 관점이 반영되어 있다. 가족정책의 추진방식과 주요 내용은 각기 고유한 사회문화적 맥락에 따라 상이하게 이루어지고 있다는 점에서 일반화할 수 없다. 예컨대 저출산문제의 심각성에 적극 대응해온 일본의 경우에는 별도의 가족정책이 추진되기보다는 '소자화(小子化)대책'의 범주 내에서 가족관련 쟁점들이 다루어지거나 법제도 및 사회보장제도 등에 산재해 있다. 이는 일본의 오랜 가족주의의 산물로 일본의 사례가 갖는 긍정적 함의는 미약하다. 오랜 시간 다양한 소자화 정책에도 불구하고 일본은 출산효과는 물론이고 일가정양립이 가능하다거나 가족친화적인 사회로 분류되고 있지 않기 때문이다(김지미, 2014). 이에 비해 명시적인 가족정책의 추진을 선언하면서 인구동향에 적극 대응해온 독일이나 프랑스의 정책추진 사례는 우리에게 시사하는 바가 크다.

가족정책 추진방식을 분류해보자면, 크게는 포괄적이고 통합적인 가족정책추진체계를 구비하거나 가족의 특정기능이나 이슈에 초점을 맞추어 행정체계를 구비하는 경우, 독립적이거나 명시적인 가족담당 기구는 없으나 구체적이고 다양한 가족관련 정책이 시행되는 국가로 분류 가능한데, 바로 전자의 사례로서 독일과 프랑스를 꼽을 수 있다. 독일은 가족정책의 주요 대상들을 모두 동일한 부처에서 포괄적으로 지원하는 추진체계를 보여주는 대표적인 국가로 독일의 포괄적이고 통합적인 추진체계의 구축은 바로 점진적인 가족정책의 영역 확대라는 맥락에서 이해될 수 있다(김혜경 외, 2013). 독일의 정부조직형태가 주는 시사점은 무엇보다 통합적인 부처체계로 인해 가족정책의 실질적 총괄지원이 가능하다는 점이다. 가족정책의 주요 분야는 소득보장, 시간정책, 대인서비스, 가족지원서비스 전달체계 등이지만, 실제로 독일의 연방 가족여성부는 가족정책 주무부서로서 이 분야를 모두 총괄하는 종합사회정책으로서 가족정책을 운영하고 있다는 점이다. 예컨대, 아동수당, 부모수당, 아동양육수당 등 지급을 관리·감독하면서 가족 대상 현금급여정책을 운영하는가 하면, 저출산 문제 극복을 위하여 부모시간을 획기적으로 도입한 바 있다. 뿐만 아니라 자원봉사, 복지서비스 전달체계 관련 업무를 통하여 가족 단위 대인서비스와 가족지원서비스 전달체계를 관리 감독함으로써 여성, 노인, 아동, 청소년 등 개별 가족 구성원을 대상으로 하는 개별 정책의 상위 개념으로서 가족정책을 집행하고 있다. 그 결과 독일은 가족 관련 업무에 관한 부처 간 조정은 효율적으로 이루어지고 있다는 장점을 갖는다(김영미, 김혜영, 신문주, 정재훈, 윤홍식, 2009: 122-123). 예컨대 아동수당 재원 조달 및 지급은 노동청(Bundesagentur für Arbeit) 산하 가족금고(Familienkasse)이지만, 가족금고 운영과 관련한 정책 틀은 가족여성부와의 협의와 주도하에서 만들어지고 있다(장혜경, 이진숙, 손승영, 2006).

이에 비해 프랑스는 가족정책관련 다양한 기구와 주체들이 유기적으로 결합하여 가족관련 사회쟁점에 적극 개입하는 보편적이고 명시적인 정책을 추진해오고 있다. 프랑스의 가족문제는 가족·아동·여성권부에서 다루고 있지만, 의제별로 여타 중앙부처에서 다뤄지기도 한다. 특히 프랑스의 가족정책은 국무총리 산하기관인 고등가족위원회(Haute Coseil de la Famille)를 통해 주요한 가족정책의제를 논의하면서 다양한 법률안이나 정책안을 정부에게 권고하고 가족관련 재정사항은 심의의결하고 있다. 고등가족위원회(HCF)는 주요 가족 관련 다양한 단체의 대표들로 구성되어 있다는 점에서 다양한 의제발굴은 물론 이해관계 조정이 가능하다는 장점을 갖는다. 여기에 더해 프랑스의 가족정책은 사회보장총국(DGAS)과 긴밀한 연계업무가 진행되고 있는데, 이는 가족관련 수당제도의 운영기구인 전국가족수당금고(CNAF)가 사회보장국내에 포함되어 있기 때문이다. 전국가족수당금고는 가족에 대한 수당지급이나 재정지원을 주로 담당하며, 특징적인 것은 전국가족수당금고의 주요한 사안을 심의하는 운영위원회에 노동자, 기업, 가족단체의 대표들과 정부관료 및 전무가가 다양하게 구성되어 주요 가족정책 방향 등을 결정하고 있다는 사실이다(김영미 외, 2009: 62-65; 유은경, 2016).

(3) 가족정책의 새로운 방향과 정책 과제

우리 사회의 최근 변화들은 선진사회의 변화흐름과 상당한 동조화를 보여주고 있다. 특히, 저출산·고령화가 갖는 인구학적 함의와 함께 가족형태의 변화추이를 살펴본다면, 적어도 한국의 가족은 과거의 그것과는 사뭇 달라질 것으로 판단된다. 향후의 가족은 규모의 측면에서는 지금보다 훨씬 더 작아질 수 있으며, 개인의 생애주기에 따라 가족의 구성과 해체가 유동적으로 변화할 것이라는 점에서 내용적으로 보다 다양하고 복잡할 것으로 예측된다. 따라서 가족정책의 토대로서 동거와 세대 단위에 해당되는 가구와 혈연 및 혼인관계가 일치되는 특정의 가족형태를 전제하는 것은 결코 적절하지 않으며, 이런 점에서 가족정책의 패러다임 전환은 불가피하다.

우리사회는 오랜 시간 가족을 중심으로 한 상호 부양과 돌봄의 책임을 개인의 마땅한 규범으로 규정해왔으며, 실제 다양한 사회적 지원체계 역시 가족부양의무에 기초해왔다. 그러나 이제 한국 사회를 규정해왔던 전통적 가족의식인 가족주의는 현실적으로 구현되기 어려운 이념이 되고 있다. 현대사회에서는 모든 남녀에게 노동시장의 참여가 선택이 아닌 생존의 문제로 다가오고, 글로벌 경쟁의 장으로 변화한 노동환경에서는 남녀노소 누구나 자신의 상품성을 극대화해야하는 과제를 안고 있다. 이러한 시장상황은 개인들로 하여금 새로운 기획의 장으로 변화한 가족 요구에 적절히 대응하기 어렵게 만드는 것이 사실이다. 가족은 여전히 소중할 것이지만, 실제로는 그 소중한 가족을 구성하기도 어렵고 유지하기는 더욱 어려워지는 것이 오늘의 현실이기 때문이다. 여전히 현대인들에게 사랑에 대한 가치는 유효하다. 그러나 사랑을 위해 결혼하고, 사랑을 위해 이혼을 선택해야 하는 아이러니를 경험하는 개인들이 점차 증가하고 있음은 쉽게 확인된다(벡, 벡-게른샤임, 1990). 따라서 최근의 가족변화는 단순히 가족현대성을 의미하기 보다는 신자유주의로 인한 시장화의 파고가 가족내부로 침투함으로써 개인의 삶을 분절적이고 파편화된 것으로 변화시키는 과정과 결부된 것으로 보아야 한다.

요컨대 신자유주의적 시장질서가 갖는 위력은 곧 집단으로서 가족이 갖는 의미와 기능의 변형을 넘어 개인노동력의 상품화와 시장화의 우선성을 강조함으로써 개인주의에 기초한 가족의 개인화, 자율적 개인들의 친밀한 공간으로서 사적생활이 전면에 부각되고 있다. 그러나 다른 한편에서 '친밀성 영역'으로서의 가족은 철저히 계층화되는 양상을 보여준다(김혜영, 2014). 더욱이 중산층의 몰락이 확실시 되는 현시점에 와서는 남녀를 넘어 모든 개인들이 가족형성을 통해 이념형적인 가족의 삶을 추구하기보다 시장 진입을 위한 이력의 관리와 유지에 매진함으로써 사랑과 구애, 심지어는 결혼 및 출산까지도 분절적이거나 생애 특정시기에만 취사선택하는 것으로 변화하고 있다. 따라서 중산층의 삶이 보장받는 가족들은 유년기부터 스펙과 실력관리를 위한 가족의 팀플레이를 통해 핵가족의 이상을 구현하고 있지만, 신자유주의 경제의 근본적인 유동성과 불안정성에 직면한 대다수 중하위계층이나 노동자 계층은 가족구성으로 인한 위험을 회피해야 하는 상황에 직면해 있다. 그리고 이러한 가족의 위험시대는 곧 핵가족의 균열뿐만 아니라 가족에 기초한 젠더관계와 재생산체계의 기본적인 변화로 이어질 것이며, 동시에 이에 적응하지 못하는 개인 및 가족의 부적응적 결과가 크게 증가할 것으로 예측된다. 이런 점에서 주요한 몇 가지 가족관련 정책을 제안하면 다음과 같다.

첫째, 보편적인 가족정책의 지속적 추진은 대단히 중요하지만, 이때의 가족은 누군가는 돌보고 누군가는 가족을 부양하는 일인생계부양자 가족은 결코 아니라는 점에 유의해야 한다. 적어도 함께 일하고 함께 돌보는 2인 부양자 혹은 2인 돌봄과 2인 유급노동체계의 가구, 나아가 스스로 자신과 가족을 돌보고 부양할 수 있는 개인의 삶이 보장받는 가족정책이 설계되어야 한다. 건강가정기본법의 근간이 되었던 가족주의는 이제 소수의 사람들만이 실현 가능한 가치가 되었다는 점에서 가족정책의 기조는 반드시 새롭게 수정되고 전환되어야 한다. 그리고 이러한 사회적 현실을 반영하여 개인에 대한 사회적 안전망 설계에서는 가족부양책임주의를 최소화해야 할 것이다.

둘째, 일·가정생활의 양립이 가능한 사회환경이 정착될 수 있어야 한다. 무한경쟁에 대한 제어장치의 일환으로 일·가정양립사회로 전환되지 않을 경우 대다수 개인들은 노동시장에 압도되어 가족의 구성과 유지의 부담을 안게 되고, 이는 결과적으로 지금과 같은 만혼, 비혼 인구의 증가와 초저출산 사회로 귀착될 것이기 때문이다. 이를 위해서는 장시간 근로관행이 만연된 직장문화가 하루빨리 개선될 필요가 있지만, 여전히 기업과 근로자간의 이견차이가 좁혀지지 않고 있다. OECD 평균 노동시간 1,770시간이지만, 한국은 2,124시간으로 최장시간의 근로시간을 기록하고 있음은 주지의 사실이다 (OECD, 2015). 장시간 근로관행은 노동자들의 정신적, 육체적 건강을 악화시키고 가정생활의 안정성은 물론 개인 삶의 질을 피폐화시키는 구조적 조건이 되고 있다. 장시간 근로 관행에 대한 근본적인 성찰 없이 부모시간 보충을 위한 다양한 서비스 제공에 초점을 두는 현재의 정책은 개인의 직장내

차별이나 성별에 따른 차별적 선택을 강요할 뿐이다. 부모가 자녀를 낳고 돌보는 전반적인 활동이 가능할 수 있는 근로시간과 필요에 따른 시간서비스를 요청할 수 있는 근로자 중심의 선택적 노동유연성이 확보되어야 함은 대단히 중요하다.

나아가 육아휴직 제도 활성화와 남성의 참여를 촉진하기 위한 제도방안이 모색되어야 할 것이다. 이를 위해서는 공공부문으로부터 시작하여 민간부문이 이를 적극 도입하는 방식으로 아버지의 휴가사용이 촉진될 수 있는 가족친화적 환경이 마련되어야 할 것이다. 이를 위해서는 무엇보다도 이러한 휴가사용이 전체 가구소득의 손실을 최소화할 수 있도록 소득대체율이 현실화되어야 한다. 2016년 9월말 기준, 전체 육아휴직자(67,873명) 중 남성 육아휴직자는 5,398명으로 육아휴직자 가운데 7.9%에 불과하다(한국여성정책연구원, 2016). 이는 남성 및 기업의 인식부족과 함께 여전한 생계소득자로서의 부양부담을 갖는 남성들의 소득보전이 매우 낮은 현실이 반영된 것이다. 아울러 이러한 일·가정양립정책이 한부모 등과 같은 가족들에게 특별한 박탈감을 느끼지 않도록 이들에 대한 특별한 관심과 지원방안 역시 동시에 마련되어야 하며, 정규직만 혜택 가능한 정책이 아니라 일하는 모든 근로자들에게 선택 가능할 수 있는 재원의 마련과 구체적인 방안이 시급히 마련될 필요가 있다.

셋째, 가족 돌봄 노동에 긴박된 여성들은 양질의 인적자본을 소유하고 있다고 할지라도 가족주기에 따라 노동경력 단절을 경험하거나 가족과 일 사이에서 끊임없이 갈등할 수밖에 없다는 점에서 고용정책과 함께 여성의 경력추구가 선택 가능한 것이 될 수 있도록 돌봄 노동의 부담을 최소화하는 제도가 마련되어야 한다. 왜냐하면 여성들이 일과 가정에서 느끼는 갈등은 출산이나 초기 양육과 같은 자연적인 재생산 활동 자체에 기인하기 보다는 양육과 돌봄, 노인보호 등과 연관된 가족재생산 활동을 그 사회가 어떻게 인식하고 대처 하는가에 크게 좌우되기 때문이다(김혜영, 2005; 2008). 따라서 가족정책의 핵심에는 이러한 자녀돌봄 지원이 폭넓게 포함되어야 할 것이다. 장시간 근로가 일상화된 가부장적 사회분위기는 여전히 자녀출산 및 육아와 가사노동을 여성의 일로 간주하고 있는 것이 사실이다. 여기에 더해 자녀를 안전하게 믿고 맡길 수 있는 보육시설의 부재는 여성의 일을 더욱 어렵게 만드는 핵심적 요인이 되고 있다. 특히 저출산의 해법으로 어린이집과 어린이 집에 대한 지원은 꾸준히 증가해 왔으나, 2015년 현재 4만2,500여 개의 어린이집 가운데 국공립어린이집은 약 6.2%에 불과한 상황이다(보건복지부, 2015). 일본만 하더라도 대략 40%, 프랑스 66%, 스웨덴은 72%가 국공립어린이집임에 비춰본다면 우리사회 민간보육의 점유율은 상당히 높은 편에 속한다. 믿고 맡길 어린이집으로 국공립어린이집에 대한 선호도가 매우 높게 나타나고 있지만, 국공립어린이집의 입소대기는 여전히 높은 상황이다. 따라서 민간보육 지원방식의 보육서비스를 재고하는 장기적인 대응방안이 하루빨리 마련될 필요가 있다.

넷째, 제한된 재화와 시급한 사회적 현안이 적지 않은 상황에서 포괄적인 가족지원체계를 마련하기 위해서는 다양한 가족의 삶을 지지하고 배려하는 일이 매우 중요하고 시급하다는 사회적 공감대가 우선적으로 확보되어야 한다. 저소득계층을 위시한 주변부 가족으로부터 점차 맞벌이 가구나 유자녀 가족 일반을 포괄하는 보편적 가족지원체계의 구축에는 이를 위한 재원마련과 분배의 우선적 순위가 결정되어야 하는데, 이는 사회적 합의가 수반되어야 가능해지는 일이다. 요행히 우리사회는 일련의 경제위기를 경험하면서, 경제위기가 가장 먼저 가족의 삶을 왜곡하고 피폐화시키고 있음을 확인한 바 있다. 따라서 성장일변도의 사회에서 일과 가족생활의 균형을 중시하는 사회로 전환해야 하고, 이를 위한 정책수단으로서 보편적인 가족정책의 중요성은 쉽게 납득시킬 수 있을 것이다. 또한 보편적인 가족정책의 추진을 위해서는 자녀출산 및 양육에 대한 사회공동의 책임성이 지금보다 강조될 필요가 있다. 나아가 작금의 저출산 시대에 더 이상 부모의 선택이나 가구형태에 의해 배제되고 차별받는 아동은 있을 수 없다는 사회적 메시지가 강력하게 제시되어야 한다. 이를 위해서는 다양한 가족에 대한 적극적 포용과 차별 배제가 명문화될 필요가 있다. 이는 부모의 배경이나 가족형태에 따라 아동의 미래가 흔들리지 않도록 태어난 모든 아동에 대한 기초적인 부양의 책임을 사회가 자임하겠다는 의지가 구체적인 정책으로 가시화되어야 하기 때문이다. 이러한 전제가 수용되고 우선적 투자와 분배의 영역으로서 가족정책의 위상이 정립된다면 저출산 문제는 말할 것도 없거니와 한국인의 삶의 질 개선에서 상당한 효과를 거둘 것으로 전망된다.

끝으로 이러한 점에서 가족정책은 특정한 과제만을 추진하는 전달체계의 방식이 아닌 주요 정책추진의 주요한 관점인 동시에 사회정책의 총합으로 기능할 수 있는 포괄적 정책추진체계로의 재편과정이 필요하다. 가족정책은 조세, 복지, 돌봄, 여성 및 아동, 청소년, 인구정책을 관통할 수 있고 조정할 수 있는 방식으로 추진되지 않는다면 고유한 독자적인 정책영역을 확보하기 쉽지 않을 뿐만 아니라 그 정책의 효과성 또한 크지 않기 때문이다. 저출산·고령화에 대한 대응방안으로 비교적 빠른 시간 내에 다양한 돌봄 정책이 빠르게 확대되고 있지만, 보육정책이나 일가정양립정책의 방향과 내용이 현재의 가족정책과 어떻게 연계되고 접점을 갖는지, 나아가 어떠한 점에서 상호 차별적이거나 중첩적인 것인가가 명확하지 않은 상황에서 각각의 영역을 확장해가고 있다. 따라서 현재의 정책지형은 투입예산 대비 효과성과 실효성의 측면에서 의심받고 도전받을 가능성이 적지 않다. 가족정책의 가장 뜨거운 쟁점이 돌봄 지원방식과 범위에 관한 것이라는 점에서 현재의 가족정책은 어떠한 지향점을 가지고 무엇을 우선적인 과업으로 추진하고 있는가를 근본적으로 재고하고 성찰해볼 필요가 있다.

● 참고문헌

권용혁. 2014. "자유주의와 공동체주의: 개인과 공동체의 관계 재구성 시도." 『사회와 철학』 28: 105-130.

김경신. 1998. "부모와 청소년자녀의 가족가치관과 세대 간 유사성." 『한국가족 관계학회지』 3(1): 43-65.

김기연·신수지·최혜경. 2003. "한국인의 세대별 가치관과 생활행동." 『한국가정 관리학회지』 1(3): 87-99.

김두섭·박경숙·이세용. 1999. "중년층의 세대관과 노후부양관." 삼성생명 사회 정신건강연구소. 연구보고서 99-6.

김명언·김의철·박영신. 2000. "청소년과 성인간의 세대차이와 유사성." 『한국심 리학회지: 사회문제』 6(1): 181-204.

김동춘. 2002. "유교와 한국의 가족주의." 『경제와 사회』 55: 93-118.

김영미·김혜영·신문주·윤홍식·정재훈·홍승아. 2009. 『통합적인 가족정책추진 체계구축방안』. 여성가족부 내부자료집

김인숙. 2007. "건강가정기본법 제정과정에서 나타난 가족 및 가족정책 담론." 『한국사회복지학』 59(3): 253-280.

김지미. 2014. "일본 보육정책의 재편과 '가족주의' 특징." 『일본문화연구』 51: 77-101.

김혜경. 2013. "부계가족주의의 실패?: IMF 경제위기 세대의 가족주의와 개인 화." 『한국사회학』 47(2): 101-141.

김혜경·강이수·김현미·김혜영·박언주·박혜경·손승영·신경아·은기수·이선이· 이어봉·함인희. 2013. 『가족과 친밀성의 사회학』. 다산출판사.

김혜영. 2005. "가족의식의 세대적 특성." 『가족과 문화』 17(1): 115-146.

_____. 2008. "한국가족의 다양성 증가와 이중적 함의." 『아시아여성연구』 47(2): 7-37.

_____. 2011. "신자유주의 시대 가족의 동향: 실태와 쟁점을 중심으로." 비판사 회학 추계학술대회 발표자료집.

_____. 2012. "기로에 선 가족정책, 어떻게 할 것인가." 『한국여성학』 28(3): 63-94.

_____. 2013. "위험사회, 한국가족의 중층적 변화와 정책과제." 한국사회학회 편.『화합사회를 위한 복지』. 나남. pp. 211-240.

_____. 2014. "유동하는 한국가족: 1인가구를 중심으로."『한국사회』15(2): 55-94.

_____. 2016. "'동원된 가족주의' 시대에서 '가족위험'의 사회로."『한국사회』17(2): 3-44.

_____. 2017. "한국가족주의의 변화와 전망." 중앙사회학연구소.『한국사회학연구』8호.

김혜영·김상돈·박선애. 2012.『가족관련 가치 및 의식과 가족의 미래』. 한국여성정책연구원.

나은영·민경환. 1998. "한국문화의 이중성과 세대차의 근원에 관한 이론적 고찰 및 기존조사 자료 재해석."『한국심리학회지: 사회문제』4(1): 75-93.

배은경. 2016. "젠더관점과 여성정책패러다임: 해방이후 한국여성정책의 역사에 대한 이론적 검토."『한국여성학』32(1): 1-45.

백진아. 2009. "한국의 가족변화 : 가부장성의 지속과 변동."『현상과 인식』33(1,2): 204-224.

변수정·김혜영·백승흠·오정아·기재량. 2016.『다양한 가족의 출산 및 양육실태와 정책과제: 비혼동거가족을 중심으로』. 한국보건사회연구원.

신경아. 2012. "서구사회 개인화 논의에 대한 여성주의적 고찰."『페미니즘연구』12(1): 1-33.

_____. 2016. "여성정책에서 성평등정책으로?: 젠더정책의 오해와 이해."『한국여성학』32(4): 1-36.

심영희. 2013. "개인화의 두 유형에 관한 연구: "가족중심 생존지향형"과 "황혼 및 가정내 이혼형"을 중심으로."「사회와 이론」23: 277-312.

유은경. 2016. "양육수당제도 개혁을 통해서 본 프랑스 가족정책의 변화."『아시아여성연구』55(2): 79-114.

윤홍식. 2014. "박근혜정부의 가족화정책과 성·계층·불평등의 확대: 보수정부 6년의 가족정책을 중심으로."『경제와 사회』101: 87-116.

임인숙. 1999. "미국학계의 가족변화논쟁."『가족과 문화』11(1): 23-46.

임현진·정일준. 1999. "한국의 발전경험과 성찰적 근대화-근대화의 방식과 근대성의 성격." 『경제와 사회』 41: 123-151.

장경섭. 1991. "핵가족이데올로기와 복지국가-가족부양의 정치학." 『경제와 사회』 15: 173-203.

장현섭. 1993. "한국가족은 핵가족화하고 있는가." 『한국사회사연구회논문집』 39: 42-80.

주재선·송치선·박건표. 2017b. 『2016 한국의 성인지 통계』. 한국여성정책연구원.

조희금. 2003. "국가는 왜 건강한 가정의 육성을 지원해야 하는가." 『가족해체방지 및 건강가정육성지원을 위한 공청회』 자료집. pp.105-107.

진미정·변주수·권순범. 2014. "한국 가족생애주기의 변화: 1987년 공세권 연구와의 비교." 『가족과 문화』 26(4): 1-24.

황은정·장혜림. 2015. "OECD 국가의 아동가족복지정책 유형과 아동웰빙의 관계-지출 수준과 급여균형성을 중심으로." 『한국아동복지학』 52: 163-207.

황정미. 2001. "개발국가의 여성정책에 관한 연구: 1960~1970년대의 한국 부녀행정을 중심으로." 서울대학교 박사학위논문(미간행).

함인희. 2002. "한국가족의 위기: 해체인가, 재구조화인가." 『가족과 문화』 14(3): 1-25.

홍찬숙. 2012. "한국사회의 압축적 개인화와 젠더범주의 민주주의적 함의." 『여성과 역사』 17: 1-23.

Beck, U & Beck-Gernsheim. 1999. 『사랑은 지독한 혼란』 강수영·권기돈·배은경 역. 새물결.

Chang, Kyung-Sup & M-Y., Song. 2010. "The Stranded Individualizer under compressed modernity: South korean Women in individualization without individualism." *British Journal of Sociology* 61(3): 539-564

Coontz. S. 1992. *The Way We Never Were*. New York: Basic Books.

Esping-Anderson. 2009. *Incomplete Revolution*. Blackwell.

Furstenberg, F. 2014. "Fifty Years of Family Change: From consensus to

Complexity." *The Annals of the American Academy of Political and Social Science* 654(1):12-30

Popenoe, David. 1988. Disturbing the Nest. New York: Aldine De Gruyter.

여성가족부. 2016. 『제 3차 건강가정기본계획(2016~2020)』

여성가족부. 2017. 『2017년 여성가족부 업무계획 안내』

여성가족부. 2015. 『1차 양성평등기본계획』

보건복지부. 2015. 『2015 전국보육실태조사』

통계청. 『한국의 사회지표』.

통계청. 『경제활동인구조사』.

통계청. 2015a. 『2015년 일가정양립지표』보도자료.

통계청. 2015b. 『2015 사회조사』 보도자료.

통계청. 2015c. 『2014년 생활시간조사결과』 보도자료.

통계청. 2016a. 『2015년 생명표』 보도자료.

통계청. 2016b. 『2016년 통계로 보는 여성의 삶』 보도자료.

통계청. 2016c. 『2016년 사회조사』 보도자료.

통계청. 2016d. 『2015년 혼인·이혼통계』 보도자료.

통계청. 2017. 『2015 인구주택총조사 표본 집계 결과: 여성·출산력·아동, 주거 실태』 보도자료

통계개발원. 2016. 『한국의 사회동향, 2015』.

한국보건사회연구원. 2013. 『2013 전국가정폭력실태조사』

한국여성정책연구원. 2016. KWDI Brief no.40.

한국여성정책연구원. 2017a. 『알기쉬운 성인지 통계, 2016』.

한국노동연구원. 2016. 『비정규직 노동통계』

OECD. 2016. 『한국경제보고서』.

동아일보. 2015. 7. 21. 경제면.

중앙일보. 2014. 6. 17.

한겨레. 2014.6.10. 5면 종합.

연합뉴스. 2017.2.22.

KBS보도. 2015.5.22.

https://ko.wikipedia.org/wiki. 검색일 2015.10.30.

[찾아보기]

[저자약력]

● 이종수 ──────────────────────────────

연세대학교 행정학과 교수
• 주요 논문: (2015) "공동체주의 이론의 부상과 자치공동체에 대한 함의", 박순애 편, 한국
  행정학 좋은 논문 14선, 박영사
• 주요 저서: (2015) 〈공동체: 유토피아에서 마을만들기까지〉, 박영사

● 한 준 ──────────────────────────────

연세대학교 사회학과 교수
• 주요 논문: (2017) 한국의 사회이동, 현상과 인식
• 주요 저서: (2017) 〈서울사회학 서울의 공간, 일상 그리고 사람들(공저)〉, 나남

● 엄한진 ──────────────────────────────

한림대학교 사회학과 교수
• 주요 논문: (2015) "동질화에 대한 반발로서의 극단주의 현상: IS와 유럽 극우의 사례를 중
  심으로", 경제와사회 107호
• 주요 저서: (2014) 〈이슬람주의: 현대 아랍세계의 일그러진 자화상〉, 한국문화사

● 윤민재 ──────────────────────────────

연세대학교 국가관리연구원 연구교수
• 주요 논문: (2012) "한국의 대통령 리더십과 통치성, 그리고 정치사회", 기억과 전망
• 주요 저서: (2017) 〈민주화 이후 한국사회와 신자유주의〉, 오름

● 김혜영 ──────────────────────────────

숙명여대 정책산업대학원 교수
• 주요논문: (2017) "'동원된 가족주의'의 시대에서 '가족 위험'의 사회로", 고려대학교 한국
  사회연구소, 한국사회
• 주요저서: (2014) 〈가족과 친밀성의 사회학(공저)〉, 다산출판사

한국 사회와 미래의 사회통합

2017년 8월 25일 초판 인쇄
2017년 8월 30일 초판 1쇄 발행

편저자   이   종   수
발행인   배   효   선

발행처   도서
          출판   法   文   社

주 소   10881 경기도 파주시 회동길 37-29
등 록   1957년 12월 12일 제2-76호(윤)
TEL   (031)955-6500~6 FAX (031)955-6525
e-mail (영업) bms@bobmunsa.co.kr
       (편집) edit66@bobmunsa.co.kr
홈페이지 http://www.bobmunsa.co.kr

조 판 (주) 성 지 이 디 피

정가 23,000원   ISBN 978-89-18-04100-1